장애학생을 위한

음악교육의 이론과 실제

Theory and Practice of
Music Education for Students with Disabilities

민경훈 · 김희규 · 조대현 · 한수정 · 임영신 · 박희선

최근영 · 한선영 · 이미선 · 조수희 · 이지선 공저

학지사

머리말

우리나라에 특수교사 양성기관이 최초로 설립된 지 어느덧 60여 년이란 세월이 흘렀다. 이러한 흐름 속에서 오늘날 전국에 특수학교가 많이 증가하였고, 특수교육 교육과정이 자주 개정되었으며, 특수교육을 위한 시설과 매체도 크게 변화 · 발전하였다. 특수교육을 위한 음악교육 영역에서도 최근에 새로운 특수교육 음악과 기본 교육과정이 시행되었으며, 이에 따라 특수학교 국정 도서로서 초등학교 · 중학교 · 고등학교 음악교과서가 개발되어 사용되고 있다.

특수교육을 위한 음악교육은 다양한 음악 활동을 통해 인지적 · 정서적 · 신체적 발달을 도모할 때 가치가 있다. 장애학생의 다양한 감각 체계를 고려하면서 이루어지는 음악 활동은 장애학생의 지각과 운동 능력을 길러 주고, 사고력, 기억력, 주의 집중력의 발달을 촉진시킨다. 특히 노래 부르기, 연주하기, 음악 만들기, 집중하여 음악 듣기, 신체표현하면서 음악 듣기 등과 같은 다양한 음악 활동은 장애학생에게 음악적 즐거움, 정서적 안정, 언어의 발달, 성취를 통한 자존감 형성, 문제 행동의 감소, 참여와 협력을 통한 사회성 발달 등 교육의 전반적인 면에서 큰 도움을 준다.

그러나 아직까지도 교육의 현장에서 음악 수업을 효과적으로 설계하고, 보다 더 나은 교수 방법을 찾아내는 일은 여전히 어렵기만 하다. 이것이 특수교육에서 다루어지는 음악교육의 현주소인 것이다.

우리는 특수교육대상 학생을 위한 음악교육의 진전을 위해서 어떤 방향을 추구하고, 어떻게 수업을 설계하고, 어떤 방식으로 수업을 이끌어 가야 하는가? 이 같은 질문은 특수교육 정책을 수립하는 행정가, 특수교육과 음악교육에 관심을 가지고 연구하는 학자, 그리고 현장에서 실제로 수업을 하는 현장 교사를 고민하게 만든다. 특수교육을 위한 음악교육이 음악적 즐거움과 함께 개인의 정신적·신체적·사회성 발달에 큰 도움을 준다는 확신과 믿음으로부터 출발해야 한다는 점에서 결코 단순한 교육은 아니다.

이러한 배경에서 특수교육에서 음악을 가르치는 교사에게 음악교육에 관한 이해의 폭을 넓혀 주고, 동시에 음악 지도를 위하여 많은 아이디어를 제공해 줄 수 있는 저서 『장애학생을 위한 음악교육의 이론과 실제』가 새롭게 출간된 것은 매우 기쁜 일이다. 이 책은 장애학생 음악교육에 관한 기본 서적으로, 교사가 음악을 가르치는 데 필요한 이론과 수업의 현장에서 실제로 활용할 수 있는 내용을 담고 있다. 즉, 이 책은 장애학생에게 음악을 가르칠 때 교사가 어떠한 태도를 가져야 하고, 어떻게 지도를 하여야 하는지를 알려 주는 가장 기본적인 책이라고 할 수 있다.

이 책에는 두 가지 큰 특징이 있다. 첫째, 음악교육에 관한 보편적인 이론들을 특수교육의 맥락에 맞게 재구성하여 특수교육에서 음악을 가르치는 교사가 쉽게 이해하도록 하였다. 둘째, 이 책의 저자 대부분이 특수교육 교육과정을 개발하거나 혹은 특수교육 음악교과서를 집필한 전문가로서, 최근의 교육과정과 교과서를 바탕으로 음악을 체계적이고 구체적이며 효과적으로 지도할 수 있도록 이 책을 집필하였다.

이 책의 내용은 크게 3부로 구성되어 있다. 제1부 '이해하기'는 특수교육에 필요한 이론적 기초로, 장애학생과 관련한 음악교육의 철학 및 역사, 특수교육 음악과 교육과정의 이해 및 수정, 음악이론의 기초, 장애학생을 위한 다양한 음악 지도 방법의 이해, 특수교육공학, 음악과 수업 모형에 관한 내용을 제시하고 있다. 제2부 '실천하기'는 특수교육과 관련한 음악교육의 이론을 수업의 현장에 적용하고 실천에 옮기는 영역으로, 음악의 다양한 표현 활동과 관련한 교수·학습 방법, 감상 활동과 생활화의 맥락에서 교수·학습 방법, 평가의 실제를 다루고 있다. 제3부 '넓히기'는 제1부와 제2부에서 다루어지는 내용 외에도 더 알아야 할 내용과 정보를 소개하는 영역으로, 융합교육과 통합교육을 위한 음악 교수·학습 방법, 평생교육에서 성인장애인 음악교육의 실태, 장애인을 위한 음악교육의 연구 동향을 제시하고 있다.

이 책이 장애학생 음악교육에 관계하는 예비 교사와 현장 교사의 이론적 지식을 넓혀 주고, 또한 교사가 현장에서 음악 수업을 계획하고 수행하는 데 실질적으로 큰 도움을 줄 수 있기를 기대한다.

마지막으로 어려운 출판계 사정에도 불구하고 출간을 허락해 주신 학지사 김진환 사장님과 편집을 위해 수고해 주신 박수민 선생님께 깊은 감사의 말씀을 드리며, 이 책이 출간되기까지 함께 고생해 주신 모든 직원 여러분께도 진심으로 고마운 마음을 전한다.

2020년 9월
저자 대표 민경훈

차례

제3부   넓히기

제1부
이해하기

제1장

장애학생을 위한 음악교육의 철학

민경훈

교사는 교육자로서의 확고한 신념과 소명 의식을 가지고 자신의 임무를 수행하여야 한다. 그 이유는 교사의 행위가 학생의 삶에 있어서 매우 중대한 영향을 끼칠 수 있기 때문이다. 특수학교에서 음악을 가르치는 교사는 장애학생에게 음악이 왜 중요한지 그리고 무엇을 가르치고 어떻게 가르쳐야 할지 끊임없이 생각하여야 한다. 이 장에서는 특수교육의 관점에서 음악교육의 필요성을 논하고, 음악 활동에 필요한 결정과 행동에 근본적인 해결의 실마리를 제공해 줄 수 있는 철학의 세계를 탐색하고자 한다.

1. 장애학생을 위한 음악교육의 이해

1) 장애학생 음악교육의 필요성

18세기 전반까지 장애인 음악교육에 관한 연구는 거의 찾아보기 힘들다. 이 점에서 18세기 후반에 장애인을 위한 음악교육의 가능성을 보여 준 프랑스 의사인 이타드(J.-G. Itard, 1774~1838)의 업적은 매우 의미가 있다고 본다. 이타드는 1799년 7월 프랑스의 남부 아베롱(Aveyron) 숲에서 발견한 12세 정도의 야생 소년 빅터(Victor)를 대상으로 5년 동안 교육적 실험을 하면서 감각 훈련을 시켰다. 그가 시도한 교육은 의도한 만큼 성공을 거두지는 못했지만, 이 훈련은 감각교육과 사회성 교육의 영역에서 어느 정도의 성과를 거두며 지적 장애인도 교육시키면 개선될 수 있다는 확신을 심어 주었다. 특히, 이타드는 개별 학습, 교사와 학습자 간의 신뢰 형성, 신체적 안정을 통해 교육의 효과를 증대시킬 수 있다고 주장하였다. 그의 체계적인 교육 방법은 정신 지체 아동을 위한 교육 방법을 개발시키는 데 큰 공헌을 하였으며, 세갱(E. Seguin, 1812~1880)과 몬테소리(M. Montessori, 1870~1952)의 교육 방법에도 큰 영향을 끼쳤다(김희규 외, 2011).

스위스의 음악교육자 자크-달크로즈(É. Jaques-Dalcroze, 1865~1950)는 몸의 움직임을 통한 음악적 리듬 학습을 함으로써 장애학생의 행동능력을 개선시킬 수 있다는 신념을 가지고 지적 장애학생을 위한 음악교육에 힘썼다. 그는 신체적 리듬 활동을 통해서 음악성을 길러 주는 교육 방법인 유리드믹스(Eurhythmics)를 개발하였는데, 이 유리드믹스는 장애학생의 신체적 감각과 표현능력을 크게 발전시키는 데 지대한 도움을 줌으로써 장애학생 음악교육의 발전에 큰 공헌을 하였다.

독일의 음악교육자 오르프(C. Orff, 1895~1982)는 병원의 심리치료사와 그의 동료 음악교육자들과 공동으로 특수교육과 관련한 음악교육 연구들을 수행하였다. 이러한 연구들은 현재까지도 지체 장애, 자폐성 장애, 행동 장애, 언어 장애 등을 가진 학생의 교육과 치료에 매우 효과적으로 활용되고 있다. 특히, 오르프와 그의 동료 케트만(G. Keetmann)이 함께 만든 교육용 음악 교재『오르프-슐베르크, 어린이를 위한 음악(Orff-Schulwerk, Musik für Kinder)』은 일반 아동뿐만 아니라, 장애

아동을 위해서도 매우 효과적으로 이용되고 있다(민경훈, 2015).

자크-달크로즈 그리고 오르프와 같은 음악교육자는 특수교육에서 음악교육이 왜 중요하고 의미가 있는지를 실천적으로 보여 주었으며, 특수교육 음악과 교육과정을 개발하는 데 큰 영향을 끼쳤다.

2) 특수교육을 위한 음악교육의 정체성

'특수교육을 위한 음악교육'은 특수교육, 교육철학 그리고 음악교육의 영역이 함께 융해되어 하나의 특정한 형태를 이룬다. 그리고 이 형태가 독립된 기능을 가지고 목적하는 바를 성취하기 위하여 뚜렷한 지향성을 보일 때 특수교육을 위한 음악교육으로서 정체성을 지닌다고 말할 수 있다.

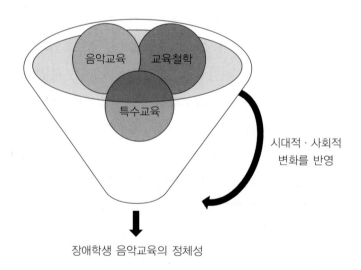

[그림 1-1] 특수교육을 위한 음악교육의 정체성

(1) 교육철학

'교육철학(philosophy of education)'은 교육학 영역 중 하나로, 철학에 바탕을 두고 교육의 개념, 목적, 원리 그리고 교육의 내용과 방법을 탐구하는 학문이다. 교육철학에서는 "교육을 왜 해야 하는가?" "교육을 왜 받아야 하는가?" "교육을 어떻게 하여야 하는가?" 등의 질문이 중심에 놓인다.

(2) 특수교육

'특수교육'이란 신체적 · 정신적 · 사회적 발달 장애 등으로 인하여 특수한 교육적 요구가 필요한 사람에게 그 요구를 충족시켜 줄 수 있는 적절한 교육을 의미한다. 이러한 점에서 특수교육은 장애학생의 특수한 교육적 필요에 따라 알맞은 교육 내용과 방법을 제공해 주어야 한다. 특수교육의 목적은 장애로 인한 특수성을 고려하여 장애학생의 정신적 · 신체적 · 사회적 능력을 발달시켜 주는 것으로, 궁극적으로는 행복한 삶을 영위하도록 기초를 닦아 주는 데 있다.

(3) 음악교육

'음악교육'이란 용어는 두 가지 관점으로부터 서로 다른 개념으로 나타난다. 하나는 '음악적 기능을 위한 교육'이고, 다른 하나는 '음악을 통한 교육'이다. 일반적인 학교의 음악교육은 음악을 통한 교육의 개념으로 이해된다. 많은 나라는 학교의 교육과정에 음악 교과를 포함시키고 있다. 이는 음악 활동이 인간의 근본적인 문화적 행위이며 또한 교육적으로 매우 중요한 요소로 간주되기 때문이다. 20세기 이후에는 음악 지도 방법이 많이 개발되고 발전되었는데, 이러한 지도 방법들은 학교와 사회의 음악교육의 발전에 큰 영향을 끼쳤다. 대표적인 예로, 자크-달크로즈는 신체의 움직임을 통해 음악적 감각을 발달시켜 주는 '유리드믹스' 교수법을 개발하였고, 코다이(Z. Kodály)는 손기호(hand signs)를 사용하여 노래 부르는 방법을 고안하였으며, 오르프는 언어, 신체동작, 음악을 통합한 '원초음악(Elementare Musik)'의 형태를 적용하여 다양한 지도 방법을 만들었다.

(4) 장애학생 음악교육

'장애학생 음악교육'이란 신체적 · 정신적 · 사회적 발달의 장애로 인해 특수한 교육이 요구되는 학생을 대상으로 교육의 목적과 원리에 기초하여 음악교육의 내용과 방법을 다루는 교육 영역이다. 장애학생 음악교육은 장애학생이 일상생활에서 음악을 즐길 수 있도록 돕는 데 필요하며, 조화로운 인성의 함양, 신체적 기능과 인지능력의 촉진, 의사소통능력과 문제 해결능력의 신장 그리고 사회성 발달을 위하여 삶의 전 과정에 걸쳐 매우 가치가 있다. 특히, 오르프의 음악교육 방법은 장애학생을 위하여 매우 유용하게 이용되고 있는데, 오르프가 사용한 '오르프 악기

(Orff-instrument)'는 현재까지도 장애학생을 위한 음악 활동에 적극 활용되고 있다.

3) 기술적 요소를 반영한 장애학생 음악교육

특수교육을 위한 음악교육은 장애학생의 인지, 신체, 언어, 정서, 사회성, 자존감 등의 발달을 도모하는 교육이다. 이 점에서 장애학생을 지도하는 교사는 음악 수업을 계획할 때 음악교육의 중요성을 이해하여 확고한 신념과 뚜렷한 목표를 가지고 접근하여야 한다. 특수학교 음악교육은 기술적 요소에 따라 다양한 방법으로 전개되며, 이에 따라 음악교육의 효과성도 다르게 나타난다. 장애학생에게 일반적으로 필요하다고 생각되는 기술적 요소로는 '의사소통 기술' '학업 기술' '운동 기술' '정서 기술' '조직화 기술' '사회성 기술' 등이 있다(장혜성 외, 2007). 이러한 기술적 요소들의 다양한 관점으로부터 음악교육의 중요성을 탐색하는 것은 장애학생을 위한 음악교육을 설계하는 데 도움을 준다. 〈표 1-1〉은 각각의 기술적 요소에 따른 음악교육의 방법과 효과성을 보여 준다.

〈표 1-1〉 기술적 요소에 따른 장애학생 음악교육의 방법과 효과성

기술적 요소	방법 및 효과
의사소통 기술	장애학생은 언어 표현에 어려움을 보일 수 있지만 매력적인 소리 혹은 좋아하는 음악이 나오면 몸을 흔드는 등 비언어적인 표현을 통해 자신의 느낌을 표현할 수 있다. 어느 정도 언어적 소통이 가능한 장애학생에게 '내 이름은 진수' '내가 좋아하는 과일은 사과' 등을 언급할 수 있는 간단한 노래를 제공함으로써 의사소통 기술을 향상시킬 수 있다.
학업 기술	노랫말의 뜻을 생각하며 노래 부르는 활동을 통해 학습에 필요한 개념과 기술을 습득할 수 있다. 또한 다양한 종류의 악기를 연주하면서 다양한 모양과 수의 개념을 획득할 수 있다. '거북이와 토끼'처럼 대조되는 동물을 비교하는 활동은 음악의 차이(빠름/느림, 높고/낮음 등)를 인식하는 능력을 강화시켜 준다. 핸드벨 연주에서는 자신의 연주 차례가 아닐 때는 멈추어야 하는데, 이러한 활동은 인내심을 길러 주고 또한 자신의 행동을 통제하고 조절하는 능력을 길러 준다.
운동 기술	신체적 기능에 제약을 받는 장애학생은 몸의 움직임이 불편하여 음악 활동을 하는 데 제한을 받는다. 청각적 자극은 움직임을 촉진하여 대근육과 소근육의 발달을 도와준다. 음악을 들으면서 율동을 하거나 걷고 뛰는 동작을 통해 대근육의 기능을 향상시킬 수 있고, 탬버린을 손가락으로 쥐어 연주하면서 소근육의 기능을 강화할 수 있다.

정서 기술	장애학생은 자신의 감정을 표현하거나 다른 사람의 감정을 읽는 것에 서툴다. 경쾌한 음악 그리고 익숙한 음악은 장애학생에게 즐거움과 만족감을 준다. 음악은 불안과 우울 등의 감정을 해소시키는 데도 도움을 준다. 음악을 들으며 깊게 숨을 쉬고 잠시 휴식을 취하는 활동은 신체적 감각을 이완시켜 편안한 정서를 유지시키는 유용한 방법이 될 수 있다.
조직화 기술	조직화 기술이란 조직적인 활동을 위해 일정한 질서를 형성시키는 기술을 말한다. 음악을 들으면서 규칙적으로 움직이는 행위, 연주 활동에서 자신의 연주 차례를 기다리는 행위, 그리고 음악적 신호에 따라 모두 반응하는 행위 등이 조직적 음악 활동에 속한다. 악기 수업 후에 악기를 질서 있게 동일한 장소로 옮기거나 집단 안에서 원형을 유지하는 것 등은 환경의 조직화를 가능하게 만든다.
사회성 기술	장애학생이 음악 활동에서 서로 손을 잡고 율동을 하거나 혹은 악기를 가지고 함께 연주하는 경험은 사회성과 협동하는 능력을 길러 준다. 장애학생은 익숙한 노래를 함께 부르고 율동을 따라함으로써 자연스럽게 서로 협동하고 소속감을 느끼게 된다.

2. 철학의 관점과 장애학생 음악교육

　학교의 음악과 교육과정은 가장 먼저 음악교육의 이상적인 가치와 성격을 명시하고, 그 다음 음악과의 목표와 배워야 할 내용을 제시한다. 그리고 이러한 음악과 교육과정은 시대적·사회적 흐름에 따라 계속적으로 개발된다. 그러나 시대가 변한다고 할지라도 음악교육을 수행하는 데에 있어서 기본적으로 고려해야 할 중요한 철학적 쟁점이 존재한다. 특히, 플라톤(Platon), 아리스토텔레스(Aristoteles), 루소(J. J. Rousseau), 듀이(J. Dewey) 등과 같은 철학자 혹은 교육사상가의 철학적·교육적 사상은 인간의 삶과 교육에 큰 영향을 주었으며, 음악교육학자들은 그들의 사상으로부터 귀한 음악교육적인 아이디어를 얻어 학교의 현장에 반영시켰다. 이러한 점에서 교육에 영향을 끼친 다양한 철학적 관점을 살펴보고, 이와 같은 사상이 어떻게 음악교육에 반영되었는지를 이해하는 것은 장애학생을 가르치는 교사에게 학교 현장에서 음악교육의 중요성에 대한 확신과 함께 음악 수업을 계획하고 수행하는 데 큰 도움을 줄 것이다.

1) 철학의 관점과 교육

(1) 이상주의

이상주의(idealism)는 실재와 진리가 인간의 정신에 의해서 지각되는 것이며, 이러한 정신은 시대와 장소를 초월하여 영원불변한 것으로 존재한다고 믿는 사상에 바탕을 둔다. 플라톤은 감각 기관을 통해서 감지된 사물은 덧없고 일시적인 것이지만, 이데아(idea)는 영속적인 것이라고 주장하였다(이홍수, 1990). 그는 근본적인 실재는 외형적 대상이 아니라 생각하고 사고하는 것 그 자체이며, 외형적 대상은 단지 영구적 이데아의 불완전한 형상이라고 말하였다.

이상주의에 바탕을 둔 교육철학은 교육으로서 가치가 있다고 생각되는 것을 학교가 추구하는 목적으로 삼고, 합리적인 논리에 따라 교육을 계획·조직하도록 하는 데 의미를 둔다. 이상주의 관점에서 본 교사는 지식을 가르치는 것뿐만 아니라, 훌륭한 교수방법을 사용함으로써 학생으로부터 스승으로서의 권위를 인정받으며 좋은 교사의 모델이 되어야 한다. 이상주의에 바탕을 둔 교육은 도덕적·윤리적 가치에 대하여 큰 관심을 갖는데, 이러한 인식은 인간에게 궁극적으로 가치가 있다고 생각되는 조화로운 인격 함양을 학교가 추구하는 목적으로 다루도록 고무한다.

(2) 실재주의

실재주의(realism)는 플라톤의 제자인 아리스토텔레스(Aristoteles)에서 기원한다고 볼 수 있다. 아리스토텔레스는 그의 저서 『물리학(Physics)』에서 존재하는 사물과 존재하지 않는 사물을 구별하는 데에는 증거가 필요하다고 주장하였다. 그는 진리와 실재가 추상적 관념의 세계 안에 존재하는 것이 아니라 인간의 감각이 지각·감지할 수 있는 것에서 존재한다고 보아, 사물의 실재를 과학적으로 분명하게 파악하는 것이 중요하다고 강조하였다. 따라서 실재주의자는 인간의 감각이 진리 탐구의 대상이 되어야 하며, 실제의 관찰과 과학적 증거를 통해서 진리에 이르러야 한다고 주장한다.

실재주의자는 교육과 관련해서 실제로 경험이 풍부한 전문가가 교과의 내용을 조직하고 가르쳐야 한다고 주장한다. 그들은 어떤 학문이든 그 분야에서 최상의 학문적 자원이라고 할 수 있는 전문가의 견해를 중시한다. 이 점에서 교사는 교육의 전 과정에서 중심체인 것이다. 즉, 무엇을 가르칠 것인지를 결정하고, 어떻게 가르쳐야 할지 그 방법을 찾는 사람이 결국 전문 교사라는 것이다. 실재주의 관점에서 보는 교육은 평가에 대해서도 중요하게 다룬다. 여기에서의 평가란 학생을 관찰하는 평가로, 이 평가는 학생이 어떠한 적성과 소질을 가지고 있는가, 그리고 장래에 필요로 하는 정보와 기술을 습득하였는가에 대해 깊은 관심을 보인다.

(3) 자연주의

자연주의(naturalism)는 루소(J. J. Rousseau, 1712~1778), 스펜서(H. Spencer, 1820~1903) 등에 의하여 지속적으로 발전되어 왔다. 자연주의는 객관적 자연주의와 주관적 자연주의로 구분된다. 객관적 자연주의는 코메니우스(Comenius)에 의하여 발전되었는데, 이것은 인간이 외계의 절대적인 자연, 즉 자연계의 현상과 법칙에 따라야 한다는 것이다. 이와는 달리 루소는 주관적 자연주의의 입장을 취하는데, 이 사상은 인간의 내면에 내재하는 자연에 따를 것을 주장한다. 즉, 루소는 인간의 육체와 내면의 자연적 본성을 존중하여 인간의 신체적 · 인지적 발달 단계에 따른 교육과정 및 학습을 중요하게 다룬다. 인간의 잠재적 능력과 신체의 자연스러운 발달 단계에 따라 가르침과 배움이 실천되어야 한다는 원칙은 모든 교과에 적용될 수 있는 보편화된 원리이다.

루소는 교육에서 아동의 수준에 적합하지 않은 난해하고 복잡한 내용을 다루어서는 안 되고, 그들의 능력에 알맞은 쉽고 단순한 교육 방법을 사용해야 한다고 주장한다. 그의 자연주의 발달 단계 이론은 연령별로 나타나는 학생의 신체적 · 인지적 능력에 따라 학습 경험과 활동이 이루어지는 모든 교과의 교수법과 교육 방법에 큰 영향을 주었다.

(4) 실용주의

실용주의(pragmatism)는 19세기 이후 퍼스(C. S. Peirce, 1839~1914), 제임스(W. James, 1842~1910), 듀이(J. Dewey, 1859~1952) 등과 같은 미국 철학자에 의하여 전 세계에 널리 확산되었다. 듀이는 영속적인 것은 아무것도 없으며, 사물은 끊임없이 변하기 때문에 궁극적인 지식이나 영속적인 실재를 얻는 것은 불가능하다고 주장하였다. 이처럼 실용주의란 경험을 통해 형성된 새로움이 가치가 있다는 입장에서

영속적인 진리나 이데아는 존재하지 않으며 모든 것은 시간의 흐름에 따라 변화한
다고 보는 관점이다. 실용주의자는 현실적인 삶에서 실용적으로 유의미한 것을 기
준으로 그때그때마다 가치와 의미를 규정한다.

　　실용주의에 바탕을 둔 교육은 도덕적인 내용을 중시하는 이상주의, 관찰과 과학
적 증거를 중시하는 실재주의, 그리고 인지적 발달의 특성을 중시하는 자연주의와
는 달리 실제의 경험을 중시한다. 즉, 내용적 측면보다는 다양한 경험을 통해 기술
과 방법을 터득하는 방법적인 면을 중요하게 다루는데 이러한 점에서 학생의 주체
적인 경험을 학습의 기본으로 삼는다.

2) 철학적 관점과 음악교육의 관계성

　　앞서 살펴본 다양한 철학적 관점으로부터 교육적 내용과 방법을 종합적으로 정
리하여 음악교육과의 관계성을 제시하면 〈표 1-2〉와 같다.

〈표 1-2〉 철학적 관점과 음악교육의 관계성

철학	이상주의	실재주의	자연주의	실용주의
대표적 사상가	플라톤	아리스토텔레스	루소	듀이
철학의 근본 원리	• 근본 실재는 외형적 형상이 아닌 사고임 • 사고에 의한 실제의 확신을 중시	• 근본 실재는 눈에 보이는 외형적 형상임 • 감각으로 인지하는 것과 과학이 밝혀 주는 것을 중시함(관찰과 과학적 증거 중요)	• 인간에 내재하는 자연적 발달 단계를 존중(주관적 자연주의)	• 사물은 변하며, 영속적인 것은 없음
교육의 철학적 배경	• 비판적 사고와 논리적 사고의 개발 중시 • 사고를 바탕으로 가치가 있다고 생각되는 것을 교육의 궁극적 목적으로 삼음	• 교육 분야에서 입증된 교육 전문가의 입장을 중시(교육 내용적 측면) • 학교는 합리적·경험적 지식 중에서 선정된 것을 전달하는 것이 임무	• 인간에게 내재하는 자연을 신뢰하고, 조장하고, 개발하는 것이 참교육이라고 함 • 신체적·인지적 발달 단계에 알맞은 교육 내용을 중시 • 학생의 흥미, 관심, 태도 등을 중시	• 지식과 정보를 수합하고 기술을 습득하는 방법 중시 • 학생의 주체적 경험을 학습의 기본으로 함(방법적 측면)

음악 교육 으로의 적용	• 음악이 지니고 있는 위대하고 영구적인 면을 강조 • 조화로운 인격 형성 중시(도덕적 측면) • 교사의 권위 중시	• 음악교육 활동의 중심체는 가르치는 교사(교육 내용의 선정·조직·지도방법 결정) • 실제로 음악적 기술을 익히는 것을 중요하게 생각	• 학생의 관심도와 흥미도가 기준 • 음악의 창의성과 스스로 음악의 발견 중시	• 악곡을 체험하는 과정 중시 • 음악의 탐색 과정을 통해 음 조직의 원리를 발견 • 능력의 존중을 통해 미적 가능성을 최대한 계발

3) 철학적 관점에서의 학교 음악교육

학교의 음악과 교육과정은 다양한 철학적 관점을 바탕으로 이루어진다. 즉, 학교가 추구하는 궁극적인 목적은 이상주의 관점을, 학년 및 학교급별의 단계적 구분은 자연주의 관점을, 학년 및 학교급별에 따른 적합한 학습 내용의 선정은 실재주의 관점을, 그리고 수업에서 노래 부르기·연주하기·음악 만들기·감상하기 등과 같은 활동은 실용주의 관점을 적용시킬 수 있다. 〈표 1-3〉은 학교의 음악교육에서 다양한 철학적 관점을 적용한 예이다.

〈표 1-3〉 철학적 관점에서의 학교 음악교육 예시

이상주의 관점	학교 음악교육의 궁극적 목적			
자연주의 관점	초등학교 (3~4학년)	초등학교 (5~6학년)	중학교	고등학교
실재주의 관점	전문적인 학습 내용의 구성	전문적인 학습 내용의 구성	전문적인 학습 내용의 구성	전문적인 학습 내용의 구성
실용주의 관점	노래 부르기 연주하기 창작하기 감상하기 등	노래 부르기 연주하기 창작하기 감상하기 등	노래 부르기 연주하기 창작하기 감상하기 등	노래 부르기 연주하기 창작하기 감상하기 비평하기 등

4) 철학적 관점과 장애학생 음악교육

(1) 이상주의

이상주의 관점에서의 음악교육은 조화로운 인성 함양, 절제하는 능력, 그리고 음악을 통한 마음의 정화와 관계한다. 플라톤은 『공화국(Republic)』에서 음악교육은 훌륭한 도덕적 품성을 함양하기 위해 필요하다고 주장하였다(이홍수, 1990). 장애학생 음악교육을 담당하는 교사는 조화로운 인격 형성과 인성적 측면을 고려하여 조화로운 인격 형성에 도움을 줄 수 있는 교육적인 악곡과 수업 방법을 고려하여 지도하여야 한다. 교사는 도덕적인 내용이나 마음을 정화시킬 수 있는 내용을 담고 있는 음악, 그리고 공동체에서 즐거운 마음을 불러일으킬 수 있는 다양한 음악 활동을 통해서 장애학생이 건전한 정신과 조화로운 인격을 함양할 수 있도록 도와주어야 한다.

(2) 실재주의

실재주의 관점에서의 음악교육은 교과의 지식 체계를 잘 이해하는 권위 있는 해당 전문가가 선정해 주는 음악적 내용이나 활동을 다룬다. 여기에서의 해당 전문가란 음악적 능력과 특수교육에 관한 전문적 지식을 동시에 겸비한 자를 의미한다. 교사는 장애학생의 능력에 알맞은 노래 부르기, 연주하기, 청음놀이하기, 창의적으로 표현하기 등과 관련하여 적합한 학습 내용을 선택하고 다양한 음악 활동을 전개시킬 수 있는 역량을 갖추어야 한다. 장애학생의 특성에 따라 알맞은 교육 내용을 제공해 줄 때 그들의 음악적 의욕을 불러일으킬 수 있다.

(3) 자연주의

학생의 능력에 알맞은 악곡을 선정하여 즐겁게 가르칠 때 학생은 쉽게 음악을 받아들이고 내면화할 것이다. 학생이 음악을 재미있게 배움으로써 자신의 것으로 소화시켰을 때 그들은 음악적 능력을 새롭게 변화시켜 표출할 수 있는 창의적인 힘을 발휘할 수 있다.

장애학생 음악교육을 수행하는 교사는 학생의 신체적·인지적 발달 과정과 능력을 존중하면서 개개인의 음악적 발달과 동기화에 대하여 고민하여야 한다. 교사는 학생이 좋아하거나 부르기 쉬운 노래 활동을 하면서, 그리고 즐겁고 재미있게 참여할 수 있는 놀이와 같은 음악 활동을 하면서 음악적 즐거움을 베풀어야 한다. 교사는 학생의 개인별·연령별 특성을 고려하는 것 외에도 학생이 음악 활동에 스스로 만족하고 기쁨을 느낄 수 있도록 칭찬, 격려 그리고 상장 등과 같은 긍정적인 강화물을 사용할 필요가 있다.

학생이 악곡에 흥미를 갖지 못한다면 교사는 음악 수업을 효과적으로 이끌어갈수 없다. 교사가 장애학생의 능력과 흥미를 고려하지 않고 단지 학습의 목표에 도달하기 위하여 수업을 진행하거나 혹은 학생의 신체적·인지적 발달 정도를 고려하지 않고 복잡하거나 어려운 악곡을 선정하면 학생은 수업을 거부할 것이다. 똑같은 학습 목표라도 교사의 능력에 따라 수업이 쉽게 혹은 어렵게 전개될 수 있다. 교사는 아무리 어려운 과제라 할지라도 상황에 따라 쉽게 그리고 흥미롭게 이끌어 나갈 수 있는 다양한 방법을 구사할 수 있어야 한다. 장애학생을 위한 음악교육은 학생 개개인을 완전한 개체로서 존중하고 쉬운 방법으로 접근함으로써 학생이 음악 활동에 자발적·적극적으로 참여하도록 이끌어야 한다.

(4) 실용주의

실용주의 입장에서의 음악교육은 악곡 자체의 위대함보다는 음악을 체험하는 과정을 중시한다. 즉, 음악을 이해하고 훌륭하게 연주하기까지의 과정을 중요하게 생각한다. 음악교육은 다양한 활동을 통해 음악적 탐색의 과정을 거칠 때 교육적으로 의미가 있다.

장애학생을 위한 음악교육은 다양한 음악적 경험을 통한 스스로의 발견에 큰 관심을 가져야 한다. 학생은 노래 부르기, 연주하기, 창작하기, 감상하기 등의 다양한 음악 활동을 통하여 자신의 음악적 기량을 향상시킬 수 있다. 이러한 점에서 교사는 장애학생의 음악적 경험을 최대한 존중해 주고 음악적 가능성을 계발할 수 있도록 적극적으로 도와야 한다. 더 나아가, 장애학생 음악교육은 음악 외적인 과정에도 관심을 가져야 한다. 즉, 음악 활동은 장애학생의 신체적·인지적 건강에 도움을 줄 뿐만 아니라, 협동을 통하여 사회성을 길러 주는 데 기여하기 때문에 활동이라는 그 자체만으로도 충분히 교과의 역할을 수행하고 있다고 볼 수 있다.

3. 미학의 관점과 장애학생 음악교육

'미학(aesthetics)'이란 예술에서 아름다움이 무엇인지를 논하는 철학의 한 분야이다. 음악 미학은 음악 예술의 본질과 가치, 음악 작품의 미적 법칙성, 미의 기본 구조와 형태, 인간 사회에서 음악의 역할과 기능 등을 다룬다. 미학적 관점에서 음악교육은 음악의 본질이 무엇이며, 그리고 미적 특성을 경험할 수 있는 적절한 주제를 선정하여 어떻게 지도하여야 할지에 대하여 고민하여야 한다. 다양한 미학적 관점으로부터 표현하거나 전달하고자 하는 내용이 크게 달라질 수 있기 때문에 음악의 미를 한 가지 이론만으로 설명하기는 어렵다. 여기에서는 음악 미를 결정해 주는 다양한 미학적 관점을 살펴보고자 한다.

1) 관련주의

관련주의(referentialism)의 미학관은 예술 작품의 가치를 작품 외의 사물에 관련을 짓는다는 것이 특징이다. 많은 작곡가가 특정한 이념과 관련하여 혹은 동물이나 자연을 묘사하기 위하여 다양한 음악적 요소와 기법을 사용하여 작곡을 한다. 그리고 음악은 이념, 행진, 종교, 산업, 명상 등과 같은 음악 외적인 목적을 가지고 만들어지기도 한다. 관련주의 음악은 어떠한 특정 이념을 심어 주는 것, 또는 사물이나 자연을 제목으로 하여 그 제목에 부합한 내용을 전달하는 것을 목적으로 한다. 그러므로 교사가 관련주의적인 음악을 다룰 때에는 학생이 음악 외적인 대상을 생각하면서 음악을 듣거나 노래를 부르도록 지도해야 한다. 관련주의의 관점에서 본 장애학생 음악교육에는 생상스의 〈동물의 사육제〉에 등장하는 동물들 알아맞히기, 자연 혹은 동물을 대상으로 한 노래 부르기, 의식 행사와 관련된 노래 부르기 등이 있다.

2) 형식주의

형식주의(formalism)는 19세기 음악미학가 한슬릭(E. Hanslick, 1825~1904)의 미

학 이론에서 비롯된 사상이다. 형식주의는 관련주의와 달리 예술 작품의 질을 형식에 둔다. 형식주의자는 예술의 의미가 예술 작품 그 자체에 존재한다고 주장한다. 그들은 음악 작품의 의미를 발견하기 위해서는 음향이라는 그 자체에 주의를 기울여야지 음악 이외의 그 어떤 외적인 사물과 연관을 지어서는 안 된다고 강조한다. 형식주의는 예술적 경험에 있어서 지적 행위를 중요하게 여기기 때문에 이에 상응하는 음악적 지식과 실기의 기술을 주된 관심으로 삼는다. 여기에서 음악적 지식이란 음악을 이루는 구성 요소(예: 리듬, 가락, 화성, 셈여림, 빠르기, 음색, 형식 등)와 그 구성 요소의 짜임새를 음악적으로 의미 있게 지각하는 것이다.

　형식주의의 관점에서 학교의 음악교육은 음악 작품의 형식적 속성을 이해하기 위한 인지적 학습을 목표로, 음악의 구성 요소, 음들의 상호 관계, 음악의 형식 등에 대한 개념적 학습과 분석적 태도를 중시한다. 그러나 지적 학습과 분석하는 활동을 지나치게 강조하는 음악 수업에서는 통찰력 및 음악적 사고력이 증진될 수는 있으나, 자칫 음악 활동에서 중요하게 여기는 개인의 순수한 감정 이입이 제한될 수 있다. 음악교육이 음악적 구성 요소의 이해와 사고력 신장을 위하여 인지적 학습에 너무 치중하게 된다면, 음악적 즐거움과 정서적 감흥을 고무시키는 감성적 영역의 학습이 상대적으로 약화될 수 있기 때문에 지적인 이해가 부족한 학생은 음악에 대한 흥미를 쉽게 잃어버릴 수 있다.

　음악 수업이 지나치게 음악 외적인 사물에 중심을 두는 관련주의도 문제이지만, 음악을 이해하기 위하여 너무 지적이고 논리적인 음악 사고를 강조하는 형식주의도 문제가 있다. 이러한 점에서 음악 수업은 한 면만을 중시하여 획일적인 관점만으로 몰아가서는 안 되고, 균형 있게 다양한 관점에서 다루어져야 한다. 특히, 음악을 지도하는 교사는 하나의 작품을 다룰 때 형식주의와 관련주의의 사이에서 어떻게 접근하는 것이 작곡가의 의도에 부합한지를 생각하여 음악 수업의 효과를 극대화하여야 한다. 형식주의 관점에서 장애학생을 위한 효과적인 음악 학습으로는 론도 카드(예: Ⓐ-Ⓑ-Ⓐ-Ⓒ-Ⓐ)를 활용한 음악 듣기, 한 도막 형식(a-b)의 노래 암기하여 부르기, 셈여림 및 **빠르기** 이해하기, 음색 구별하기 등이 있다.

3) 표현주의

표현주의(expressionism)는 인간이 체험하는 일상의 경험을 예술의 심미적 속성으로 보고, 경험을 바탕으로 한 음향의 상징적 의미를 중요하게 다룬다. 인간은 주변 환경과의 작용을 통해 안정과 불안, 긴장과 이완, 균형과 불균형 등을 경험하게 된다. 표현주의 작곡가는 이러한 경험을 바탕으로 자신의 내면에 잠재되어 있는 욕구나 욕망을 추상적인 음향을 통하여 분출한다.

표현주의 관점에서 교사는 음향의 상징성을 존중하여야 한다. 음악 작품의 미를 삶의 경험에 바탕을 둔 음향의 상징적 의미에 둔다는 점에서 교사는 학생에게 그들 삶의 모습을 소리를 통하여 표현해 보도록 권장할 수 있다. 여기에서의 '삶의 모습'이란 학생 주변에서 충분히 경험할 수 있는 다양한 사건이나 현상을 의미한다. 교사는 학생이 자신의 주변 환경에서 보고 겪은 경험으로부터 느낀 감정의 상태를 음향으로 표현해 보도록 지도할 수 있다.

표현주의 관점에서의 음악 지도는 장애학생을 위해서도 가능하다. 장애학생은 자신이 생활 속에서 다양한 경험을 통해 느낀 감정을 여러 가지 오르프 악기를 활용해서 자유롭게 음향적으로 표현할 수 있다. 즉, 기쁨·즐거움·희망·외로움·분노 등을 다양한 타악기 혹은 가락악기 등으로 표현할 수 있다.

4. 특수교육에서 적합한 음악 활동

특수학교 음악교육은 특수학교에서 음악을 가르치고 배우는 데 있어서 수반되는 모든 교육적·음악적 행위를 포괄한다. "특수학교에서 왜 음악을 가르쳐야 하는가?" "장애학생을 위해서 의미 있는 음악 활동은 무엇인가?" "특수학교 교육과정이 추구하는 음악교육은 어떤 유형이어야 하는가?" 이러한 질문들의 관심과 함께 깊이 있는 연구들은 특수학교 음악교육의 정체성을 강화하며, 이러한 정체성은 특수학교에서 음악을 담당하는 교사가 특수학교 음악교육의 필요성에 대한 뚜렷한 신념을 가지고 정확한 방향으로 자신의 임무를 수행할 수 있도록 나침판 역할을 할 것이다.

특수학교 초등학생을 대상으로 하는 음악교육에서는 3·4학년의 경우 생활 속에서 소리를 주의 깊이 탐색하는 경험이 중요하다. 소리를 듣고 모방하는 행위, 신체 또는 물건을 이용하여 소리를 탐색해 보는 행위, 여러 가지 소리를 구별하는 행위, 생활 속에서 다양한 소리를 경험하는 행위 등이 특수학교 3·4학년의 음악 활동으로 적합하다. 5·6학년의 경우에는 음악의 기본적인 구성 요소를 경험하는 활동, 다양한 악기의 소리를 듣고 구분하는 활동, 생활 속에서 적극적으로 음악 활동에 참여하는 행위 등이 충분히 경험되어야 한다.

특수학교 중학생을 대상으로 하는 음악교육은 중학교 1~3학년을 통합한 교육과정에 따라 이루어진다. 이 시기에는 다양한 음악 활동을 통해 음악을 활용할 수 있는 능력을 길러 주는 것이 중요하다. 무리 없는 발성으로 노래하는 것, 바른 주법으로 연주하는 것, 악기의 음색을 구별하는 것, 그리고 즉흥적으로 연주하는 행위 등이 이 시기의 음악 활동으로 적합하다.

특수학교 고등학생을 대상으로 하는 음악교육은 중학교 과정을 바탕으로 다양한 음악 활동을 통해 보다 더 적극적으로 생활 속에서 음악을 활용할 수 있는 태도를 길러 주는 것이 필요하다. 이 시기의 음악교육으로는 악곡의 느낌을 살려 합주하는 활동, 음악의 구성 요소를 파악하는 활동, 다양한 악기의 종류와 음색을 탐색하는 활동 등이 중요하다.

💡 생각 넓히기

1. 장애학생을 위한 음악교육의 필요성에 대하여 토론해 봅시다.

2. 음악교육의 가치와 방법을 결정해 주는 다양한 철학의 관점을 설명해 봅시다.

3. 음악의 미를 결정해 주는 미학적 관점들에 대하여 이야기해 봅시다.

⊕ 참고문헌

김희규, 김찬수, 김현자, 민경훈, 손상희, 송민경, 이종열, 정동영(2011). 특수교육 음악교육
　　　론. 서울: 교육과학사.

민경훈(2015). 특수교육에서 오르프 음악지도방법의 수용적 가치. 융합예술치료교육, 제1권
　　　제1호, 15-32.

민경훈(2017). 특수학교 음악교육의 의미와 2015 개정 특수교육 음악과 기본 교육과정
　　　개발 방향 탐색. 음악교육공학, 제33호, 39-58.

민경훈, 김신영, 김용희, 방금주, 승윤희, 양종모, 이연경, 임미경, 장기범, 조순이, 주대
　　　창, 현경실(2010). 음악교육학 총론. 서울: 학지사.

방금주 역(1991). 음악교육의 기초. 서울: 삼호출판사.

이홍수(1990). 음악교육의 현대적 접근. 서울: 세광음악출판사.

장혜성, 장혜원, 황은영, 김은영(2007). 장애아 음악활동의 이론과 실제. 경기: 교육과학사.

정영근, 정혜영, 이원재, 김창환(2002). 교육학적 사유를 여는 교육의 철학과 역사. 서울: 문음사.

Ables, H. (1984). *Foundation of Music Education*. New York: Schimer Books.

Bamberger, J. (2000). *Developing Musical Intuitions*. New York: Oxford University
　　　Press.

Dewey, J. (1934). *Art as Experience*. New York: Minton Balch.

Gardner, H. (2000). *Intelligence Reframed: Multiple Intelligences for the 21st Century*.
　　　Basic Books.

Langer, S. K. (1951). *Philosophy in a New Key*. New York: New American Library.

Mark, M. L. (1996). *Contemporary Music Education*. New York: Schimer Books.

Reimer, B. (2003). *A Philosophy of Music Education*. NJ: Prentice Hall.

제2장

장애학생 음악교육의 역사

이지선

장애학생의 음악교육 역사를 이해하는 것은 시대별 사회적 상황, 교육적 관점 속에서 장애학생을 위한 음악교육은 어떻게 이루어졌는지 살펴보는 과정이라 할 수 있다. 그리고 현재의 장애학생 음악교육과 미래의 음악교육 방향을 전체적인 역사적 관점에서 생각해 볼 수 있다는 점에서 의미가 있다. 이 장에서는 장애학생 음악교육의 시작, 특수교육 음악과 교육과정의 변천 과정, 음악 교과서의 변천 과정 등 장애학생을 위한 음악교육의 전반적인 역사적 흐름을 살펴보고자 한다.

1. 장애학생 음악교육의 시작

장애학생을 위한 음악교육은 시대적 상황에 따라 이루어졌는데, 제1차 특수학교 교육과정 이전까지의 음악교육은 조선 시대부터 개화기 전, 개화기, 일제강점기, 해방 후부터 정부 수립 초기로 나누어 볼 수 있다.

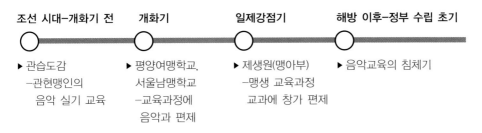

[그림 2-1] 시대에 따른 장애학생 음악교육의 변화

1) 조선 시대-개화기 전

우리나라의 장애인 음악교육은 조선 시대 관현맹인 제도에서 시작되었다고 할 수 있다. 관현맹인 제도는 당시 여자들이 있는 궁중 잔치에 악공을 들여보낼 수 없었기 때문에 관습도감의 창기가 사죽과 장고를 배우지 못했을 때 관현맹인에게 반주를 맡기는 것에 목적이 있었다(임안수, 2010). 시각장애인을 대상으로 처음 음악실기 교육이 이루어졌다는 점에서 관습도감의 관현맹인 제도는 음악교육에 있어 매우 의미가 있다.

관습도감은 조선 시대 초기 음악 실기 연습을 담당했던 관청이었는데, 관습도감의 사(師)였던 박연이 세종 13년 시각장애 음악인에게 직책을 부여하고 녹봉을 주도록 간청하였다. 이를 계기로 1445년 음악에 재능이 있는 시각장애인 18명을 관습도감에 입속시켜 음악교육을 실시하게 되었으며, 이후 관현맹인이 관습도감의 창기에게 음악 실기를 지도하기도 했다.

관현맹인 제도는 1447년 창기가 관현을 익히게 되면서 침체기를 겪기도 했으나 1457년(세조 3년) 관습도감이 악학도감으로 통합되고 다시 장악원으로 흡수된 이후

[그림 2-2] 이원기회계첩(1675)

장악원에서 열린 연회 기록 그림으로 아래쪽에 등을
지고 앉아 있는 악공이 관현맹인이다.

출처: 국립청주박물관.

**[그림 2-3] 대비전 진풍정 및
중궁예연-관현맹 복장**

출처: 국립국악원(2004).

에도 계속 전승되다가 고종 21년에 폐지된다(임안수, 2010).

2) 개화기

1881년 고종은 일본의 문물과 제도를 시찰하기 위해 64명의 조사 시찰단을 파견
했다. 그때 일본의 시각 · 청각장애인 교육 및 복지기관인 맹아원에 대한 보고서가
작성되었고, 유럽에 특사가 파견되는 등 장애학생 교육을 위한 노력이 있었다. 그
러나 당시의 시대적 상황상 장애학생을 위한 교육은 실현되지 못하고 서양의 근대
적 교육 방법이 선교사들에 의해 시작되었다.

개화기의 대표적인 장애인 교육기관은 로제타 셔우드 홀(Rosetta Sherwood Hall)
이 설립한 '평양여맹학급'이다. 로제타 홀은 1898년 6월 평양 최초 여성병원인 광혜
여원을 설립하고, 한쪽 방에서 시각장애 소녀인 오봉래에게 뉴욕 점자를 기반으로
4점식의 한글점자를 개발하여 지도하였고 뜨개질과 같은 직업교육도 실시하였다
(여광응, 강문주, 1999). 로제타 홀은 학생 수가 점차 증가하면서 1900년 정진소학교
의 부설로 '평양여맹학급'을 만들었다. 평양여맹학급은 1909년 정진소학교가 이전
하고 건물 전체를 단독으로 사용하게 되면서 학교체제로 바뀌어 '평양여맹학교'가
된다.

평양여맹학급과 평양여맹학교의 교육과정은 정규과목과 실업교육으로 구성되

[그림 2-4] 로제타 홀 여사　　　[그림 2-5] 로제타 홀 여사와 평양여맹학교 학생들

출처: 김정권, 김병화(2002).

어 있었고, 음악은 정규과목에 속해 있었다(여광응, 강문주, 1999; 정혜진, 2007). 음악교육은 〈표 2-1〉과 같이 처음에는 기악과 성악만 지도되다가 1908년 이후 악기 연주법, 점자를 통한 악보 읽기가 추가되는 등 교과의 내용이 다양해지고 장애 유형의 특성을 고려한 교육이 이루어졌다. 또한 평양여맹학교에서는 시각장애 특성을 고려한 교재·교구로 촉각적인 기기를 활용했는데, 맹인용 주판, 점자타자기, 돌출형 지도, 점역화된 찬송가와 음악책 등이 있었다(여광응, 강문주, 1999).

〈표 2-1〉 평양맹학교와 평양여맹학교의 교육 내용

구분	연도	정규과목	실업교육
평양 여맹 학급	1906	한글, 성서, 지리학, 음악(기악, 성악)	마사지, 편물, 수공예품 제작법
	1907	한글, 성서, 지리학, 음악(기악, 성악), 초보 단계의 수학	마사지, 편물, 수공예품 제작법
평양 여맹 학교	1908	한글, 성서, 지리학, 음악(기악, 성악, 악기 연주법), 초보 단계의 수학, 생리학, 영어	마사지, 편물, 수공예품 제작법, 제본기술이나 인쇄술
	1909	한글, 성서, 지리학, 음악(기악, 성악, 악기 연주법, 점자를 통한 악보 읽기), 초보 단계의 수학, 생리학, 영어	마사지, 편물, 수공예품 제작법, 제본기술이나 인쇄술, 안마

출처: 여광응, 강문주(1999); 정혜진(2007)에서 표로 재구성함.

평양여맹학교는 1910년 평양맹아학교로 사립인가가 나서 시각·청각 장애 교육에 기여했으나 일제강점기에 서양인 선교사들이 추방되면서 1942년 조선인이 운영하였고 1945년 해방 후에는 수용소로 쓰였다.

평양여맹학교 외에 시각장애 남학생을 위한 학교로는 평양남맹학교와 서울남맹학교가 있었는데, 평양남맹학교는 교육 내용에 대한 기록이 거의 없다. 서울남맹학교의 경우, 점자 지도를 통한 한글해독, 성경, 음악, 수학, 지리, 재봉 등의 기초 초등 교과와 자립을 위한 실업교육에 중점을 두어 교육하였다는 기록(정혜진, 2007)을 보았을 때 음악교육이 이루어졌음을 알 수 있다. 1913년에 제생원 맹아부가 설립되자 서울남맹학교는 수용 기능만 하게 되었고 교육적 기능은 제생원 맹아부에 병합되었다(변호걸, 1997).

3) 일제강점기

일제강점기의 장애학생 교육은 조선총독부에 의해 1913년 설립된 제생원의 맹아부에서 이루어진다. 제생원 규칙에는 시각장애 학생과 청각장애 학생의 교육과정도 제시되어 있다.

조선총독부 제생원 규칙

제1조. 조선총독부 제생원에 약육부, 맹아부 및 서무과를 설치한다.

– 중략 –

맹아부

제17조. 본부는 맹인 및 농아자에게 보통교육을 실시하고, 그들의 생활에 필요한 적당한 기능을 가르치는 것을 목적으로 한다.

제18조. 생도는 급비생과 자비생으로 나뉜다. 급비생은 모두 기숙시킨다.

제19조. 맹생의 교과목은 수신, 국어, 조선어, 산술, 창가, 침안 및 체조 등으로 한다.

제20조. 농아생의 교과목은 수신, 국어, 조선어, 산술, 수예 및 체조 등으로 한다.

제생원 규칙을 보면 음악교육은 시각장애 학생에게만 이루어졌고 창가(단음 창가)만 교육되었다. 따라서 이 시기의 장애학생을 위한 음악교육은 개화기의 선교

사들에 의한 음악교육보다 축소되었다고 할 수 있다. 일제강점기에 조선총독부가 『보통교육 창가집』을 발행하고 일본의 '창가'를 거의 그대로 번역하여 일본의 노래와 서양의 가곡 및 민요를 가르쳤고, 식민지 정책이 점차 강화되어 감에 따라 일반 학교는 일본의 민요나 창가를 부르게 했다(승윤희 외, 2019).

4) 해방 이후-정부 수립 초기

일제강점기 이후 미군정기에 들어서면서 제생원 맹아부는 1945년 '국립서울맹학교'로 명칭이 변경되고 미군정청 보건후생부 관찰에 속하게 된다. 특수교육은 일반 학생과 같은 교육 내용과 수준으로 6년제 초등교육을 하게 되었으나 교육의 한 부분이라기보다 보건후생의 대상이라는 개념이 컸다. 이후 특수교육은 1947년 문교부 관할로 이관되었으나 국가 수준의 교육과정이 없어서 학교장의 재량에 의한 교육계획이 특수학교의 교육과정이라 할 수 있었으며, 제생원 맹아부의 교육과정을 해방 후의 시대 상황을 고려하여 부분적으로 수정하여 사용하는 수준이었다(교육과학기술부, 2009).

특수교육은 정부 수립 초기에도 그 이전의 수준을 벗어나지 못했다. 「교육법」(법률 제38호)이 처음 제정되고 '교수요목 제정 심의 위원회'와 '교과과정 연구회'가 구성되는 등 노력이 있었으나 일반 교육에 해당하는 것이었다. 이러한 특수교육 전체의 상황 속에서 장애학생을 위한 음악교육 또한 침체기였다고 할 수 있다.

2. 특수교육 음악과 교육과정의 변천 과정

특수교육 교육과정은 1차 특수학교 교육과정 이전까지는 국가 수준의 교육과정 없이 학교장의 재량에 의해 운영되어왔다. 이에 체계화된 교육과정이 필요하였고 제1차 특수학교 교육과정의 서문에 다음과 같이 특수학교 교육과정의 제정 취지를 설명하고 있다.

…… 특수학교의 교과는 문교부령으로 정하도록 되어 있으나 이제까지 특수학교를 위한 교육과정이 마련되지 못하여 각 특수학교에서는 일반 초 · 중 · 고등학교 및 실업고등학교의 교육과정을 준용하여 각 학교별로 관례나 경험에 의하여 교육과정이 운영되어 왔으므로 교과의 종류나 교과 시간 배당은 물론이요 교과 지도 목표나 내용에 있어서도 특수학교의 특수성을 충분히 발휘하지 못한 채 오늘날에 이르렀다.

국민 생활의 시급한 향상과 민주 복지 사회의 건설이 우리의 당면 과제가 되고 있는 이때 심신 장해자들의 교육을 정상화하여 장차 떳떳한 사회인의 한 사람으로 자립할 수 있는 능력을 길러 주는 것은 비단 특수교육 대상자들의 개인적 문제일 뿐 아니라 사회적으로나, 국가적으로나 중대한 의의를 가진 문제라 할 수 있다(문교부, 1967).

이러한 취지에서 제정된 제1차 특수학교 교육과정은 1967년 4월 15일 문교부령 제1181호 '교육과정령'에 의해서 별책 5와 별책 6으로 맹학교와 농학교 교육과정이 제정되었다. 이후 2차 교육과정기에 정신 박약 학교 초등부 교육과정, 3차 특수학교 교육과정기에 지체부자유 학교 교육과정이 차례로 제정되었다. 그리고 7차 특수학교 교육과정에서 기본 교육과정과 국민공통 기본 교육과정, 고등부 선택 중심으로 구성되면서 지금의 교육과정 문서 체계를 갖추고 2015 개정 특수교육 교육과정에 이르기까지 시대적 요구에 따라 변화를 거듭하고 있다.

국가교육과정 정보센터의 특수교육 교육과정 원문과 2008 개정 특수학교 교육과정 해설서에 제시된 내용을 토대로, 각 시기별로 제정 및 개정된 특수교육 음악과 교육과정 변화의 흐름과 특징을 살펴보면 [그림 2-6]과 같다.

제1차 특수학교 교육과정기 (1967~1974)	**1차 특수학교 교육과정** - 맹학교 교육과정, 농학교 교육과정(문교부령 제181호, 1967. 4. 5.)

제2차 특수학교 교육과정기 (1974~1983)	**2차 특수학교 교육과정** - 정신 박약 학교 초등부 교육과정(문교부령 제344호, 1974. 1. 31.) **3차 특수학교 교육과정** - 맹학교 교육과정(문교부령 제404호, 1977. 2. 28.) **4차 특수학교 교육과정** - 농학교 교육과정(문교부령 제424호, 1979. 3. 1.)

제3차 특수학교 교육과정기 (1983~1989)	**5차 특수학교 교육과정(교육부 고시 제83-13호, 1983. 12. 31.)** - 정신 박약 학교 교육과정(훈련가능/교육가능 정신 박약 학교로 나누어 편성) - 맹학교 교육과정 - 농학교 교육과정 - 지체부자유 학교 교육과정

제4차 특수학교 교육과정기 (1989~1998)	**6차 특수학교 교육과정(교육부 고시 제89-10호, 1989. 12. 31.)** - 유치부 교육과정 - 정신지체 학교 교육과정(훈련가능/교육가능 분류 없어짐) - 시각장애 학교 교육과정 - 청각장애 학교 교육과정 - 지체부자유 학교 교육과정

제5차
특수학교
교육과정기
(1998~2010)
	7차 특수학교 교육과정(교육부 고시 제1998-11호, 1998. 6. 30.)
	- 유치부 교육과정
	- 기본교육과정(정신지체·정서장애 학교), 국민공통 기본교육과정(시각·청각·지체부자유학교),
	  고등부 선택중심 교육과정
	
	2008 개정 특수학교 교육과정(교육인적자원부 고시 제2008-3호, 2008. 2. 26.)
	- 유치부 교육과정
	- 기본교육과정, 국민공통 기본교육과정, 고등부 선택중심 교육과정: 장애유형별 적용할 교육과정을
	  분류하지 않음. 학생 개개인에게 맞는 교육 지향

제5차 특수학교 교육과정기 이후 (2010~현재)	**2010 개정 특수교육 교육과정(교육과학기술부 고시 제2010-44호, 2010. 12. 20.)** - 총론 개정/ 유치원 교육과정, 기본교육과정, 공통교육과정, 선택교육과정 **2011 특수교육 교육과정(교육과학기술부 고시 제2011-501호, 2011. 11. 16.)** - 각론 개정/ 유치원 교육과정, 기본교육과정, 공통교육과정, 선택교육과정 **2015 특수교육 교육과정(교육부 고시 제2015-81호, 2015. 12. 1.)** - 유치원 교육과정, 기본교육과정, 공통교육과정, 선택중심 교육과정

[그림 2-6] 특수교육의 교육과정 변천 과정

출처: 교육과학기술부(2009)에서 발췌하여 수정함.

1) 제1차 특수학교 교육과정기(1967~1974년)

우리나라 최초의 특수학교 교육과정은 1967년 4월 15일 문교부령 제181호 '교육과정령'에 의해 '별책 5. 맹학교 교육과정'과 '별책 6. 농학교 교육과정'으로 제정·공포되었다. 맹학교와 농학교의 음악과 교육과정은 제1차 특수학교 교육과정의 구성 방침인 일반성과 특수성, 전인성, 자기실현, 유용성과 생산성 강조라는 방향성에 맞추어 과정별(초등부, 중학부, 고등부) 음악과 목표, 학년별 목표, 지도 내용, 지도상 유의점을 제시하였다. 다만, 농학교 교육과정 고등부의 경우 음악과가 편성되지 않아 교육과정이 제시되지 않았다(문교부, 1967).

(1) 맹학교 교육과정

제1차 특수학교 교육과정의 맹학교 교육과정은 창의적 표현능력과 음악적 감각 발달, 음악 감상을 통한 삶의 질 향상, 음악적 기능과 태도 향상과 일상생활에의 활용에 목표를 두고 있다. 음악과 영역은 '가창, 기악, 창작, 감상'의 4가지 영역이었으며, 학년별로 영역별 지도 내용이 제시되었다. 음악과 지도에서는 실제 학습에서 4가지 영역의 통합적 운영, 점자 악보 지도와 같이 장애 유형의 특성을 고려할 것이 강조되었다.

(2) 농학교 교육과정

농학교 교육과정의 음악과는 세부적인 내용은 다르나 맹학교와 동일하게 창의적 표현능력과 음악적 감각발달, 음악 감상을 통한 삶의 질 향상, 음악적 기능과 태도 향상과 일상생활에의 활용에 목표를 두고 있다. 음악과 영역은 '신체표현, 기악, 가창, 청능훈련·감상'이라는 4가지 영역으로 되어 있고, 4가지 영역의 통합적 운영, 보청기를 사용한 감상 활동 지도를 강조했다.

이 밖에 맹학교와 농학교 모두 실생활에서의 활용 및 심미적 체험을 통한 창의적 표현, 이론 학습 중심의 교육 지양 등을 지도상의 유의점에서 다음과 같이 구체적으로 제시하고 있다.

- 즐겁게 노래 부르고 기악을 연주해서 많은 애호곡을 가지게 함으로써 일상생활에 활용할 수 있도록 한다.
- 감상 영역의 감상곡은 역사적인 순서보다는 일상생활과 밀접한 음악을 환경과 실정에 따라 자유롭게 선택하도록 한다.
- 악전 및 이론 학습은 기능 학습의 필요에 따라 이루어지도록 하여 이론이나 악전 학습을 위해 별도의 시간을 소요하지 않도록 한다.
- 신체표현은 어떠한 형태나 기본적인 동작에 구애됨 없이 자유롭게 표현하도록 한다.
- 창작 학습 활동은 전 학년을 통하여 모든 영역에서 다루어지도록 고려되어야 한다.

2) 제2차 특수학교 교육과정기(1974~1983년)

제2차 특수학교 교육과정기에는 '정신 박약 학교 초등부 교육과정'이 1974년에 제정 · 공포되었고, '맹학교 교육과정'과 '농학교 교육과정'이 각각 1977년과 1979년에 개정 · 공포되었다(교육과학기술부, 2009).

(1) 정신 박약 학교 초등부 교육과정

'정신 박약 학교 초등부 교육과정'은 저 · 중 · 고의 3개 학년으로 편성하고 수업 연한은 6년으로 하였다. 음악과는 음악에 맞는 신체표현과 창의적인 표현력 향상, 일상생활에서 음악을 즐기는 태도 형성, 음악적 기능의 향상, 타인과 음악을 함께 즐기는 태도와 능력 향상을 목표로 하였으며, 교과 편제 및 영역은 저학년과 중 · 고학년 간 차이가 있었다.

⟨표 2-2⟩ 제2차 특수학교 교육과정기의 정신 박약 학교 초등부 음악과 교육과정

구분	저학년	중학년	고학년
교과 편제	예능	음악	음악
영역	음악(가창, 리듬, 기악)/ 율동/미술	가창, 리듬, 기악, 감상	가창, 리듬, 기악, 감상

이 밖에 음악과 지도 시 빠르기, 리듬 등을 신체표현을 통해 학습해야 한다는 것, 정신 박약 학생도 감상능력이 있으므로 다양한 곡을 폭넓게 감상하도록 하는 것, 가창 능력도 비장애학생과 큰 차이가 없다는 것이 강조되었다.

(2) 맹학교 교육과정과 농학교 교육과정

'맹학교 교육과정'과 '농학교 교육과정'은 목표, 영역, 지도 내용, 지도상의 유의점에서 크게 수정된 것은 없으나 영역별 지도 내용이 명료화·구체화되었다. 그리고 당시 우리나라의 교육 환경이 열악하여 제1차 교육과정에서는 필수 악기가 리듬악기, 실로폰, 오르간뿐이었는데 2차 특수학교 교육과정기에서는 피리가 추가되어 3학년 이후부터 지도되었다.

〈표 2-3〉 제2차 특수학교 교육과정기의 맹학교·농학교 교육과정의 비교

구분	맹학교 교육과정	농학교 교육과정
교과 편제	음악	음악
영역	• 가창, 기악, 창작, 감상 → 이전 교육과정과 동일함 • 영역별 지도 내용: 범주화하여 제시함	• 신체표현, 기악, 가창, 청능훈련·감상 → 이전 교육과정과 동일함 • 영역별 지도 내용: 범주화하여 제시하지는 않았으나 구체화하여 기술됨

3) 제3차 특수학교 교육과정기(1983~1989년)

제3차 특수학교 교육과정기의 큰 변화는 지체부자유 학교 교육과정이 제정되고, '정신 박약 학교 교육과정'은 개정되면서 훈련 가능 정신 박약 교육과정과 초등부 교육 가능 정신 박약 교육과정으로 이원화하여 구성된 점이다. '농학교 교육과정'은 음악과 영역이 맹학교 교육과정과 동일하게 수정되었다.

(1) 정신 박약 학교 교육과정

정신 박약 학교 음악과 교육과정의 목표는 음악을 통한 미적 체험 및 표현력 향상, 생활에서 음악을 즐기는 태도 형성을 중심으로 제시되어 이전 교육과정과 큰 차이가 없다.

훈련 가능 정신 박약 교육과정과 초등부 교육 가능 정신 박약 교육과정은 교과 편제, 영역, 평가에 있어서 차이를 두었고, 악기 연주에서도 훈련 가능 정신 박약 학교 교육과정에는 리듬 악기만 제시하여 수준을 고려한 지도가 강조되었다. 반면, 영역 간 통합적 운영이나 음악교육의 치료적 기능(정서장애, 언어장애 등)의 중요성은 동일하게 강조되었다. 즉, 목표나 지향하는 것은 동일하나 구체적인 교육 내용은 수준별 학습을 고려했다고 할 수 있다.

〈표 2-4〉 제3차 특수학교 교육과정기의 정신 박약 학교 교육과정

구분	훈련 가능 정신 박약			초등부 교육 가능 정신 박약	
	초등부	중학부	고등부	저학년(1, 2, 3)	고학년(4, 5, 6)
교과 편제	예능	예능	예능	예능	음악
영역	음악적 표현능력(가창, 기악, 창작)/미술적 표현능력/감상능력(초등부는 소영역이 없이 지도내용이 제시됨)				- 기본능력 - 표현능력(가창, 기악, 창작) - 감상능력
평가	- 학습과정과 실생활에서 관찰한 결과를 평가			- 기본능력의 발달 정도와 각 영역의 성취도를 균형 있게 평가 - 영역별로 다양한 평가방법 활용	

(2) 맹학교 교육과정과 농학교 교육과정

맹학교 교육과정의 음악과 목표는 음악을 즐기는 태도 형성, 창조적 표현력 향상, 독보력과 기보력 향상, 음악적 감각 계발 및 향상 등을 중점으로 하여 과정별, 학년별 목표가 제시되었다. 농학교 교육과정의 음악과 목표는 세부적인 내용은 조금 다르나 맹학교 교육과정의 음악과 목표와 거의 동일하게 제시되었다.

음악 교과 영역에 있어서 두 교육과정은 동일하게 기본능력, 표현능력, 감상능력으로 수정되었고, 평가에서 각 장애 특성을 고려한 평가 방법이 제시되었다.

〈표 2-5〉 제3차 특수학교 교육과정기의 맹학교 · 농학교 음악과 교육과정 비교

구분	맹학교 교육과정	농학교 교육과정
교과 편제	음악	음악
영역	기본능력/표현능력/감상능력 - 표현능력의 소영역: 가창, 기악, 창작 - 기본능력: 리듬, 가락, 화음, 형식, 빠르기, 셈여림, 음색별로 지도 내용 제시	기본능력/표현능력/감상능력 - 표현능력의 소영역: 가창, 기악, 창작 - 기본능력: 리듬, 가락, 화음, 형식, 빠르기, 셈여림, 음색별로 지도 내용 제시
영역	- 청각적 체험 결과를 중심의 관찰법 활용 - 기본능력의 발달 정도와 각 영역의 성취도를 균형 있게 평가	- 청각 외의 모든 감각 체험의 결과와 악보에 의한 학습 결과를 균형 있게 평가 - 관찰법, 지필 검사 등 다양한 평가 방법 활용

제3차 특수학교 교육과정기의 농학교 교육과정은 이전 교육과정의 음악과 영역에서 청능훈련이 삭제되어 장애 유형의 특성을 반영하지 않은 것 같으나, 청각 이외의 모든 감각을 이용한 학습과 보청기 활용 교육 등에 대해 지도 시 유의점에 제시하여 장애 유형의 특성을 고려하도록 했다.

(3) 지체부자유 학교 교육과정

지체부자유 학교 교육과정의 음악과 목표는 음악적 감상 향상, 개성에 따른 표현능력 향상, 음악을 즐기는 태도 형성, 조화로운 인격 형성을 중점으로 하여 과정별 학년별 목표가 제시되었다. 영역은 기본 · 표현 · 감상 능력이었으며 영역별 지도 내용을 기본능력 영역은 음악 요소별로 제시하고, 표현능력은 가창, 기악, 창작의 소 영역별로 제시하여 맹학교 · 농학교 교육과정과 동일했다.

지도에 있어서 실음 중심의 학습과 창조적 표현활동 지도, 전통음악 학습 등이 강조되었고, 장애 특성을 고려하여 학생의 운동 기능을 고려한 보조 용구나 폭이 넓은 오선지 등을 사용하였다. 평가는 학습 결과가 잘 반영되도록 연주법, 관찰법, 음감을 바탕으로 하는 지필 검사, 개인 면담과 대필 등 다양한 방법이 제시되었다. 단, 저학년의 경우 관찰법에 의해 청각적 체험 결과를 중심으로 평가하도록 했다.

4) 제4차 특수학교 교육과정기(1989~1998년)

제4차 특수학교 교육과정기에서는 특수학교 교육과정 기준이라 하여 장애 유형 별 특수학교 교육과정이 마련된다. 이 시기의 또 다른 특징으로는 장애 명칭이 변 경되었다는 점이다. '정신 박약'은 '정신치체'로 변경되면서 교육과정도 '정신지체 학교 교육과정'으로 개정되었다. 또한 훈련 가능급, 교육 가능급의 구분도 삭제되 고 초등부, 중학부, 고등부 교육과정이 구성된다. 맹학교 교육과정과 농학교 교육 과정도 각각 '시각장애 학교 교육과정' '청각장애 학교 교육과정'으로 명칭이 변경 된다.

(1) 정신지체 학교 교육과정

정신지체 학교 교육과정의 음악과는 음악의 아름다움을 느끼고 즐기는 태도 형 성, 음악을 통한 창의적 표현력 향상, 음악을 표현할 수 있는 기초적 기능 향상이 음악과에 해당하는 목표였다. 예능과의 영역은 초 · 중 · 고등학교 모두 음악적 표 현 활동, 미술적 표현 활동, 감상 활동이었고, 감상 활동은 음악과 미술에 해당하는 내용이 포함되어 있었다.

음악과 관련해서 즐겁고 자유로운 표현을 통해 일상생활에서 음악을 즐길 수 있 도록 지도할 것이 강조되고, 중학부까지는 리듬 악기 주법 익히기와 합주하기를 익 히고, 고등부에서는 가락악기의 주법을 익히도록 하여 과정별로 수준차를 고려하 였다. 한편, 제4차 특수교육 교육과정기에는 교육과정이 지나치게 단순화되어 교 육의 방향과 내용이 구체적으로 제시되지 못한 부분이 있다. 예를 들어, '평가' 항목 의 경우 삭제되었는데 지도 시 유의사항에도 평가의 방향이나 방법 등이 제시되어 있지 않다.

(2) 시각장애 · 청각장애 · 지체부자유 학교 교육과정

시각장애 학교 교육과정, 청각장애 학교 교육과정, 지체부자유 학교 교육과정은 각각 별도의 교육과정이었으나, 〈표 2-6〉과 같이 목표와 영역은 같고, 지도 시 유 의점, 평가 등에서 장애 특성이 반영되었다.

시각 · 청각 장애 학교 교육과정의 음악과 목표는 악곡의 구성 요소에 대한 감각 계발, 개성에 따른 창조적 표현력 향상, 악곡과 연주의 특징 및 문화적 배경 이해, 음악을 애호하고 즐기는 태도 형성을 중심으로 과정별, 학년별 목표가 제시되었다. 지체부자유 학교 교육과정의 음악과 목표는 음악적 감상 향상, 개성에 따른 표현 능력 향상, 음악을 즐기는 태도 형성, 조화로운 인격 형성을 중점으로 하여 과정별, 학년별 목표가 제시되었다.

〈표 2-6〉 제4차 특수학교 교육과정기의 시각장애 · 청각장애 · 지체부자유 학교 음악과 교육과정 비교

구분	시각장애 학교 교육과정	청각장애 학교 교육과정	지체부자유 학교 교육과정
영역	표현과 감상	표현과 감상	표현과 감상
지도 시 유의점	• 영역의 통합 운영 • 실음 중심 학습 • 창의성 학습 • 음악 점자 기호 및 점자 악보 지도, 점자 악보 외에 오선 악보를 양각 모형 활용 강조	• 영역의 통합 운영 • 청각 및 다양한 감각를 최대한 활용한 지도 • 리듬 악기 중심에서 점차 개인의 적성에 알맞은 악기를 다루도록 지도해야 함	• 영역의 통합 운영 • 보조용구 활용 • 가창학습 시 곡 선정 및 편곡과 재활 훈련과 관련지어 개별 지도해야 함
평가	• 음악적 능력을 종합적으로 평가할 수 있도록 다양한 평가 방법 활용 • 점자 악보의 읽기와 적기가 평가에 포함	• 음악적 능력을 종합적으로 평가할 수 있도록 다양한 평가 방법과 청능훈련 기재 및 도구를 활용 • 청각 및 여타 감각의 체험 결과와 악보에 의한 학습 결과를 균형 있게 평가	• 학습의 일부로서 실시 • 장애 특성을 고려하여 다양한 평가 방법과 도구를 활용

5) 제5차 특수학교 교육과정기(1998~2010년)

제5차 특수학교 교육과정기에는 7차 특수학교 교육과정과 2008 개정 특수학교 교육과정이 있다. 이 시기에 특수학교 교육과정은 기본 교육과정과 국민공통 기본 교육과정, 고등부 선택중심 교육과정으로 교육과정 구성의 틀이 변화되었으며, 각 교과의 내용 체계가 표로 제시되어 교과 내용을 한눈에 살펴볼 수 있게 되었다.

한편, 국민공통 기본 교육과정의 음악과 교육과정은 일반 학교의 국민공통 기본 교육과정을 따르기 때문에 따라서 제5차 특수학교 교육과정기 이후부터는 기본 교육과정 음악과의 변화를 살펴보고자 한다.

　　7차 특수학교 교육과정의 예능과와 2008 개정 특수학교 교육과정 음악과 모두 정서적 발달과 창의적인 표현, 음악을 생활 속에서 즐기는 태도 형성 등에 중점을 두고 영역별 내용을 3단계 수준으로 제시하여 학생 수준에 맞추어 지도하도록 각 학교 및 교사에게 재량권을 주었다. 그러나 7차 특수학교 교육과정의 음악과는 별도의 교과로 존재하지 않고 예능의 지각 활동, 표현 활동, 감상 활동의 내용 요소로 포함되어 있었다(〈표 2-7〉 참조). 또한 지각 · 표현 활동의 내용 요소가 3단계 수준 모두 동일했고, 감상 활동만 1, 2단계가 간단한 음악 감상을, 3단계에서 감상 태도 등 심화된 내용을 다루었다. 그리고 예능 교과서가 수준별로 활동이 구성되어 있으나 학습 내용이 세분되지 못하였고 학습량이 적어서 학교 현장에 어려움이 있었다.

〈표 2-7〉 7차 특수학교 교육과정 예능과 내용 체계

단계 영역	I 단계	II단계	III단계
지각 활동	• 음악적 요소 지각하기 • 미술적 요소 지각하기	• 음악적 요소 지각하기 • 미술적 요소 지각하기	• 음악적 요소 지각하기 • 미술적 요소 지각하기
표현 활동	• 소리 만들기 • 노래 부르기 • 악기 다루기 • 노래 만들기 • 그리기 • 만들기와 꾸미기 • 찍기 • 붓글씨 쓰기	• 소리 만들기 • 노래 부르기 • 악기 다루기 • 노래 만들기 • 그리기 • 만들기와 꾸미기 • 찍기 • 붓글씨 쓰기	• 소리 만들기 • 노래 부르기 • 악기 다루기 • 노래 만들기 • 그리기 • 만들기와 꾸미기 • 찍기 • 붓글씨 쓰기
감상 활동	• 바른 감상 태도 익히기 • 주위의 사물 감상하기	• 음악 감상하기 • 서로의 작품 감상하기	• 음악 감상하기 • 발표회, 음악회, 연극, 영화, 전시회 관람하기 • 자연미와 조형미 비교하기

출처: 국가 교육과정 정보센터(http://ncic.re.kr/). 7차 특수학교 예능과 교육과정.

이처럼 7차 특수학교 교육과정까지는 기본 교육과정의 음악과 교육은 미흡한 상태였다고 할 수 있다. 기본 교육과정의 음악과는 2008 개정 특수학교 교육과정에서 기본 교육과정의 음악과가 별도의 교과로 편제되고, 〈표 2-8〉과 같이 영역별·단계별로 내용 요소를 난이도를 조정하여 제시함으로써 체계화되기 시작했다고 할 수 있다.

〈표 2-8〉 2008 개정 특수학교 교육과정 음악과 내용 체계

영역＼단계	I 단계	II 단계	III 단계
지각 활동	• 생활 속의 소리 듣기 • 소리의 특징 구별하기 • 여러 가지 소리에 대한 느낌 알기	• 음악의 요소 알기 • 다양한 악곡 듣고 느낌 표현하기 • 음악의 쓰임새 알기	• 음악의 요소 알기 • 음악의 기호 알기 • 악기의 종류 알기 • 연주 형태와 음악의 쓰임새 알기
표현 활동	• 여러 가지 방법으로 소리 내기 • 주변 사물을 이용하여 소리 만들기 • 타악기 다루기	• 바른 자세로 자연스럽게 노래 부르기 • 리듬 악기 다루기 • 신체를 이용하여 소리 만들기	• 바른 자세로 노래 부르기 • 악기 다루기 • 창작 활동하기
감상 활동	• 바른 감상 태도 기르기 • 다양한 음악 감상하기	• 다양한 연주곡 감상하기 • 생활 속의 음악으로 여가 활동하기	• 악곡의 주제와 내용 이해하기 • 음악을 여가 활동으로 활용하기

출처: 국가 교육과정 정보센터(http://ncic.re.kr/). 2008 개정 특수학교 음악과 교육과정.

6) 제5차 특수학교 교육과정기 이후(2010년~현재)

제5차 특수학교 교육과정기 이후 2010 개정 특수교육 교육과정은 총론만 개정되었기 때문에 여기에서는 2011 특수교육 교육과정과 2015 특수교육 교육과정의 변화에 대해 살펴본다. 특수교육 기본 교육과정 음악과 교육과정은 2011 특수교육 기본 교육과정과 2015 특수교육 기본 교육과정을 거치면서 영역 및 내용 체계 등에 변화가 있었다.

2011 특수교육 기본 교육과정의 특징을 살펴보면 다음과 같다. 첫째, 음악과 내용 영역이 활동, 이해, 생활화의 3가지 영역으로 수정되고 영역별 내용이 5개의 학년군별로 제시되어 위계적인 계열성이 보완되었다. 둘째, 활동 영역은 가창, 연주, 창작, 감상의 4가지의 소영역으로 구성되었고, 이해 영역은 리듬, 가락, 화성, 빠르기, 셈여림, 형식, 음색의 범주로 구성되었다. 넷째, '성취기준'이 도입되고 '활동의 예'가 제시되어 이전의 2008 개정 특수학교 교육과정보다 체계적이고 명료한 기준을 제시하였다.

그러나 2011 특수교육 기본 교육과정 성취기준의 난이도가 기본 교육과정을 주로 적용한 지적장애 특수학교 학생에게 적용하기에 너무 높았다. 음악과의 경우도 마찬가지로 지적장애 특수학교 중·고등학교 학생의 활동과 이해 영역 수행수준이 초등학교 3~4학년군에서도 매우 낮아, 성취기준의 난도 조절과 장애학생의 특성과 수준을 반영한 교육과정 개발이 요구되었다(이지선, 전병운, 2011).

2015 특수교육 기본 교육과정의 음악과는 이러한 개정 배경에서 전체적으로 수준을 하향 조정하였고, 성취기준의 수도 107개에서 94개로 줄였으며(민경훈, 2017) 내용 요소 또한 학생의 수준과 특성을 고려하여 구성하였다.

2015 특수교육 기본 교육과정의 음악과의 가장 큰 변화는 핵심 역량 도입과 그에 따른 내용 체계의 변화로 '영역-핵심 개념-내용(일반화된 지식)-학년군별 내용 요소-기능'으로 구성되어 있다. 구체적인 내용을 살펴보면, 첫째, 음악과의 핵심 역량은 2015 특수교육 기본 교육과정의 총론에서 제시한 핵심 역량을 근거로 하면서도 음악과의 교과적 특성을 반영하여 4가지의 교과 역량(음악적 표현, 음악적 감수성, 음악적 소통능력, 창의융합능력)을 제시했다. 둘째, 영역은 표현, 감상, 생활화의 3개 영역으로 2015 초·중·고등학교 교육과정의 음악과 영역과 동일하게 수정되었다. 셋째, 핵심 개념은 표현과 전달, 음악의 요소, 음악의 특징, 음악의 분위기, 음악과 소통, 음악의 쓰임이 있으며, 핵심 개념과 내용(일반화된 지식)의 내용 요소는 4개의 학년군(초 3~4, 초 5~6, 중학교 1~3학년군, 고등학교 1~3학년군)별로 제시되어 있다.

7차 특수학교 교육과정부터 2015 특수교육 기본 교육과정 음악과의 교과 편제 및 내용 체계 변화를 정리하면 다음과 같다.

〈표 2-9〉 음악과 교육과정 내용 체계의 변화

교육과정	교과 편제	내용 체계
7차 특수학교 기본 교육과정	예능	• 구성: 영역-단계별 내용 요소 • 영역: 지각 활동, 표현 활동, 감상 활동 - 영역별 내용 요소에 음악과에 속하는 내용이 포함되어 있음
2008 개정 특수학교 기본 교육과정	음악	• 구성: 영역-단계별 내용 요소 • 영역: 지각 활동, 표현 활동, 감상 활동
2011 특수교육 기본 교육과정	예술 (음악/미술)	• 구성: 영역-학년군별 내용 요소 • 영역: 활동(가창, 연주, 창작, 감상), 이해, 생활화 • 성취기준과 학습 활동 예시가 제시됨
2015 특수교육 기본 교육과정	예술 (음악/미술)	• 구성: 영역-핵심 개념-내용(일반화된 지식)-학년군별 내용 요소 • 영역: 표현, 감상, 생활화 • 핵심역량(음악적 표현, 음악적 감수성, 음악적 소통능력, 창의융합능력)

3. 특수교육 기본 교육과정 음악 교과서의 변천 과정

특수교육 기본 교육과정의 음악 교과서가 만들어지기 전에는 1979년 대구 남양학교에서 제작한 음악 교재가 있었다. 그러나 초등학교 음악 교과서의 몇 곡을 선정하여 정리한 것에 불과해서 많이 활용되지 못했다. 이후 1989년 예능 교사용 지도서가 개발되면서 음악 교재와 달리 영역별 지도 방법에 대해 체계적인 접근을 하였으며, 그림 악보 등을 제시하여 학생의 수준을 반영하였다. 교과서가 개발된 7차 특수학교 기본 교육과정 음악 교과서부터 2015 개정 특수교육 기본 교육과정 음악 교과서까지 각 교과서의 특징을 살펴보면 〈표 2-10〉과 같다.

〈표 2-10〉 특수교육 기본 교육과정 음악 교과서 특징

7차 특수학교 기본 교육과정 음악 교과서	
출처: 7차 특수학교 교육과정 예능 1·2·3 교과서	• 총 3권으로 구성-학년 구분 없이 학생 수준에 맞게 선택하여 활용하도록 함 • 예능 1: 오선 악보 외에 3선 악보, 그림 악보 등을 제시 • 예능 2: 동요의 비율을 줄이고 외국곡의 비율을 높임 • 예능 3: 1, 2권에 비해 수록곡 증가, 우리나라 곡의 비율을 높임
2008 개정 특수학교 기본 교육과정 음악 교과서	
출처: 2008 특수학교 기본 교육 과정 음악 1·2·3 교과서	• 총 3권으로 구성-음악 이해의 위계성과 음악의 생활화에 초점을 맞추어 내용을 구성함 • 체계화되고 발전적 형태를 갖추었으나, 기악곡이 수록되지 않았고 국악 장단이 다양하게 제시되지 못함
2011 특수교육 기본 교육과정 음악 교과서	
출처: 2011 특수교육 기본 교육 과정 고등학교 음악 교과서	• 영역 간 통합적인 학습 활동이 이루어지도록 하고, 학습자의 능력과 필요에 따른 과제의 선택과 학습이 용이하도록 학습 효과를 고려하여 탄력적으로 구성함 • 효과적인 음악과 교수·학습 활동을 위하여 다양한 학습 방법을 제시하고, 사고력·탐구력·창의력을 신장시킬 수 있는 방향으로 내용 구성함
2015 개정 특수교육 기본 교육과정 음악 교과서	
출처: 2015 특수교육 기본 교육 과정 초등학교 음악 교과서	• 음악성의 균형 있는 발달을 위해 표현·감상·생활화 영역을 융통성 있게 연계함 • 학생의 적극적인 참여와 음악을 생활화할 수 있는 기회를 제공하도록 내용 구성함 • 학생의 발달 수준과 생활 연령, 수행 수준에 적합한 제재곡과 학습 활동으로 구성 • 붙임딱지나 활동지 등 학생이 능동적이고 재미있게 수업에 참여할 수 있도록 함

💡 생각 넓히기

1. 특수교육 교육과정 시기별 음악과 교육과정의 특징을 이야기해 봅시다.

2. 장애 영역별 음악과 교육과정의 변천 과정에 관해 설명해 봅시다.

3. 앞으로의 특수교육 음악과 교육과정의 방향에 대해 토론해 봅시다.

🌐 참고문헌

교육과학기술부(2009). 2008 특수학교 교육과정 총론 해설(Ⅰ).

교육과학기술부(2008). 2008 특수학교 기본 교육과정 음악 1・2・3 교과서.

교육부(1998a). 7차 특수학교 교육과정 총론(교육부 고시 제1998-11호 [별책1]).

교육부(1998b). 7차 특수학교 교육과정 예능 1・2・3 교과서.

교육부(2014). 2012 특수교육 기본 교육과정 고등학교 음악 교과서.

교육부(2018). 기본 교육과정 초등학교 음악 교과서.

국립국악원(2004). 부록: 복식의 착용 모습과 해설・공연별 복식 목록표. 국악원논문집, 16, 49-167.

김병하(1986). 로제사 셔우드 홀 여사에 의한 한국 특수교육 성립사고. 특수교육학회지, 7, 5-27.

김정권, 김병하(2002). 사진으로 보는 한국 특수교육의 역사. 서울: 도서출판 특수교육.

문교부(1967). 특수학교 교육과정 총론.

문교부(1974). 별책5. 특수학교 교육과정(맹학교).

문교부(1974). 별책6. 특수학교 교육과정(농학교).

문교부(1977). 별책5. 특수학교 교육과정(맹학교).

문교부(1979). 별책6. 특수학교 교육과정(농학교).

문교부(1983). 정신 박약 학교 교육과정.

문교부(1989). 정신지체 특수학교 교육과정 기준.

민경훈(2017). 특수학교 음악교육의 의미와 2015 개정 특수교육 음악과 기본 교육과정 개발 방향 탐색. 음악교육공학, 33, 39-58.

변호걸(1997). 한국 근대 특수교육 성립에 관한 일고. 특수교육논집, 14(1), 6-7.

승윤희, 민경훈, 양종모, 정진원(2019). 예비교사와 현장교사를 위한 초등 음악교육(2판). 서울: 학지사.

영광웅, 강문주(1999). 개화기 선교사의 교육활동이 한국 특수교육에 미친 영향. 지적장애
연구, 1, 21-40.

임안수(2010). 한국 시각장애인의 역사. 서울: 한국시각장애인협회.

이지선, 전병운(2011). 2011 개정 특수교육 기본 교육과정 음악과의 활동, 이해영역 수행
수준 실태 분석. 지적장애연구, 17(2), 109-135.

정혜진(2007). 개화기 한국의 장애인교육론과 특수교육의 전개. 서울시립대학교 교육대
학원 석사학위논문.

정창권(2019). 근대장애인사. 서울: 도서출판 사우.

국가 교육과정 정보센터 http://ncic.re.kr, 7차 특수학교 예능과 교육과정.

국가 교육과정 정보센터 http://ncic.re.kr, 2008 개정 특수학교 음악과 교육과정.

국립청주박물관 Https://cheongju.museum.go.kr

제3장

특수교육 음악과 교육과정의 이해

민경훈

교육과정은 학교의 교육 내용을 결정하는 가장 중요한 역할을 한다. 이 점에서 교육과정은 철학적·교육학적·사회학적·심리학적 배경과 교수·학습 이론에 대한 폭넓은 이해를 바탕으로 이루어져야 한다. 특수교육 음악과 교육과정은 장애학생을 대상으로 적합한 양질의 음악교육을 제공해 주는 기본적인 역할을 할 때 의미가 있다. 이 장에서는 특수교육을 위한 기본 교육과정의 원리와 2015 특수교육 기본 교육과정의 개발 방향을 이해하고, 이와 관련하여 2015 특수교육 음악과 기본 교육과정을 살펴보고자 한다.

1. 특수교육을 위한 교육과정의 원리

1) 특수교육 교육과정의 개념

특수교육 교육과정은 장애학생을 대상으로 하는 유치원, 초·중등학교 및 특수학교의 교육 목적과 목표를 달성하기 위한 국가 수준의 교육과정으로써, 유치원, 초·중등학교 및 특수학교에서 편성·운영하여야 할 기준을 제시한 것이다(교육부, 2015a). 한 나라의 교육을 책임지는 학교의 교육과정은 시대적·사회적 흐름 속에 정부의 교육 방향에 따라 학계의 다양한 의견을 수렴하고, 충분한 논의와 협의를 거쳐 합리적으로 개정된다.

특수교육을 위한 교육과정에는 교과의 성격·목표·내용·방법이 제시되어 있다. 교과의 성격이 먼저 제시되는 이유는 교과의 취지를 가장 효과적으로 살릴 수 있는 지침의 역할을 하기 때문이다. 즉, 교과의 성격을 어떻게 규정하느냐에 따라 하위의 내용 구조 및 교육 방법이 제대로 설정될 수 있다는 것이다. 특수교육을 위한 교육과정의 중심 부분은 '내용' 영역으로, 이 영역은 교육과정의 문서에서 양적으로 가장 많은 부분을 차지한다.

2) 인지 발달 수준의 고려

특수교육 교육과정은 특수교육대상학생의 특성을 반영한 교육과정으로써 학생의 지적 능력을 고려하여 교과에서 학습해야 할 내용을 담고 있다. 2015 특수교육 교육과정은 중등도 및 중도 인지장애학생의 인지적 발달 수준을 고려한 수준별 교육과정으로, 4개의 급간(초등 3~4학년, 초등 5~6학년, 중학교, 고등학교)으로 구분지어 구성되어 있다. 이 교육과정은 교과 역량을 중심으로 학년군별로 난이도를 고려하여 조직되었으며, 각 학년군별 성취 수준은 중등도 및 중도 장애학생의 인지 발달의 특성을 고려하여 중첩 적용이 가능하나 위계적으로 점진적인 발달을 꾀할 수 있도록 조직되었다. 〈표 3-1〉은 특수교육대상학생의 인지 발달 수준의 구분을 보여 준다(국립특수교육원, 2015).

〈표 3-1〉 인지 발달 수준의 구분

학년군	초 1~2학년군	초 3~4학년군	초 5~6학년군	중학교군	고등학교군
인지 발달 수준	~4세(하한선 없음)	4~5세	5~6세	6~7세	7세 내외

- 학년군별 '1세 정도' 중첩 가능
- 각 학년군별 교육 내용은 생활 연령에 적합한 요소로 구성

2. 2015 특수교육 기본 교육과정의 개발 방향

1) 문서 체재

2015 특수교육 기본 교육과정(초 · 중 · 고등학교)은 인지장애학생에게 요구되는 핵심 역량을 강조한다. 문서는 총론에 해당하는 내용과 각 교과별로 해당하는 내용으로 구분된다. 총론에 해당하는 내용은 일반 학교에서 사용하는 공통 교육과정에 기반을 두어 '추구하는 인간상, 교육과정 구성의 중점, 학교급별 교육 목표'를 담고 있다. 그리고 각 교과별로 해당하는 내용은 각 교과의 '성격, 목표, 내용 체계 및 성취기준, 교수 · 학습방법 및 평가'로 구성되어 있다. 〈표 3-2〉는 문서의 체재를 보여 준다.

〈표 3-2〉 문서의 체재

구분	교육과정의 문서 체재
총론의 내용	① 추구하는 인간상 ② 교육과정 구성의 중점 ③ 학교급별 교육 목표
각 교과별 내용	① 성격 ② 목표 ③ 내용 체계 및 성취기준 ④ 교수 · 학습방법 및 평가

2) 내용 체계

2015 특수교육 기본 교육과정은 각 교과별로 학습자가 습득해야 할 핵심적인 내용을 체계적으로 담고 있다. 내용 체계에 있어서는 영역별로 초점이 되는 핵심 개념, 내용, 내용 요소, 기능(skills)이 제시되었으며, 학년군별로 내용 요소를 위계화하여 학습하여야 할 내용을 구체적으로 다룬다. 〈표 3-3〉은 내용 체계의 틀과 이에 따른 핵심적인 용어의 의미를 보여 준다(국립특수교육원, 2015).

〈표 3-3〉 내용 체계의 틀과 핵심적인 용어의 의미

영역	핵심 개념	내용 (일반화된 지식)	내용 요소				기능
			초 3~4	초 5~6	중	고	

↓

용어	의미
영역	교과의 성격을 가장 잘 드러내면서도 교과 학습 내용을 조직화(범주화)하는 최상위의 틀 혹은 체계
핵심 개념	교과에 기반을 둔 학문의 가장 기초적인 개념이나 원리로, 빅 아이디어(big idea) 또는 큰 개념(big concept), 핵심 아이디어라고도 함
내용(일반화된 지식)	학년군에 따라 학생이 체득해야 할 일반화된 지식으로 사실, 정보 지식, 개념 지식, 원리, 법칙 지식 등을 의미하며, 핵심 개념을 구체적으로 표현한 것임
내용 요소	해당 교과 및 영역을 구성하는 내용(지식)으로 학년군별로 배워야 할 중요한 핵심적인 내용(지식)임
기능	학생이 내용(지식)을 가지고 할 수 있어야 할 또는 할 수 있기를 기대하는 것을 나타내는 것으로 '교과 역량'이 보다 구체화된 형태임

3) 교과 역량의 강화

교육부는 교육이 지식을 주입하는 것이 아니라 핵심 역량을 키워 주어야 한다고 강조한다. 더 나아가, 미래 사회에서 요구되는 핵심 역량의 계발에 대한 필요성을 부각시키면서 초·중등학교의 모든 교과에 교과 역량을 반영하도록 요구하였다. 핵심 역량의 개념은 다음과 같다.

- 사회 공동체 구성원으로서의 역할을 성공적으로 수행하기 위해 학습자에게 요구되는 지식, 기능, 태도의 총체를 말함
- 학교 교육을 통해 학습자가 길러야 할 기본적·필수적·보편적인 능력을 의미함
- 교육과정 체재 전반에 작용하는 아이디어, 교육과정의 성격·목표·내용의 선정과 조직의 원리, 교수·학습 방법과 평가의 구체적인 방향임

62

2015 특수교육 음악과 기본 교육과정은 핵심 역량을 기반으로 하여 음악 교과의 성격과 특성, 적용 대상, 학생의 특성 등을 반영하여 4가지의 교과 역량 요소를 수용하였다. 〈표 3-4〉는 음악과 교과 역량 요소의 정의와 그 하위 요소를 보여 준다.

〈표 3-4〉 음악과 교과 역량 요소 및 의미

교과 역량 요소	정의(의미)	하위 요소
음악적 표현	자연과 사물의 현상, 자신의 느낌과 생각을 소리로 표현하여 전달할 수 있는 역량	노래, 연주, 상상력, 자신감, 자존감, 자기조절능력
음악적 감수성	소리에 반응하고 지각하여 음악의 아름다움을 느끼고 즐길 수 있는 역량	미적 감성, 지각, 주의집중력, 변별능력, 음악 애호심
음악적 소통 능력	다른 사람들과 함께하는 음악 활동을 통해 음악적 공감을 형성하고, 원만한 관계를 유지할 수 있는 역량	공감, 대인관계능력, 소속감, 협동, 책임, 배려, 나눔, 화합
창의 융합 능력	음악 분야의 지식과 소양을 타 교과와 조화롭게 연계시켜 새롭고 의미 있는 결과물을 생산해 낼 수 있는 역량	융통성, 독창성, 통합적 사고, 창의적 사고, 창의적 표현, 정보통신 활용능력

3. 2015 특수교육 음악과 기본 교육과정

1) 특수교육 음악과 기본 교육과정의 의미

특수교육에서 음악교육은 다양한 면에서 장애학생의 신체적·인지적 발달에 매우 유용하게 영향을 끼친다. 특수교육 음악과 기본 교육과정은 장애학생에게 음악적 즐거움을 주면서 자연스럽게 개인의 전반적인 신체적·인지적 발달을 도모할 때 가치가 있다. 다양한 감각 체계를 사용한 음악 활동을 통하여 장애학생의 지각 및 운동 능력을 길러 주고, 지속적인 감각과 지각 활동을 통해 사고력, 기억력, 주의집중력의 발달을 촉진할 수 있다.

장애학생은 능력의 제한, 신체의 결손, 참여의 제약 등으로 인해 학습에 많은 어려움을 겪는다. 특수교육 교육과정은 장애학생을 대상으로 다양한 음악 활동을 통해 정서적 안정, 언어의 발달, 문제 행동의 감소, 성취를 통한 자존감 형성, 참여와 협력을 통한 사회성 발달 등 전반적인 교육의 면에서 도움을 줄 때 의미가 있다.

2) 교육과정 문서 체재의 특징

2015 특수교육 음악과 기본 교육과정의 문서는 성격, 목표, 내용 체계, 성취기준, 교수·학습 방법 및 평가로 구성되었다.

(1) 성격

특수교육 음악과 기본 교육과정은 음악 교과가 갖는 고유한 성격을 구체적으로 진술하고 있다. '성격' 항은 음악 교과의 필요성, 음악 교과의 본질과 역할, 음악 교과의 영역, 그리고 음악 교과를 통해 기르고자 하는 교과 역량 등을 포괄하여 제시하고 있다. 〈표 3-5〉는 '성격' 항의 특성을 세부적으로 보여 준다(민경훈, 2017).

〈표 3-5〉 '성격'의 특성

교과 공통 사항		특수교육 음악과 기본 교육과정의 내용
교과의 필요성		음악은 인간의 감정과 생각을 소리라는 매체를 통해 느끼고 표현하고 즐기는 기본적 예술 형태로써 인간의 삶에 큰 영향을 끼친다. 인간은 음악 활동을 통하여 미적 경험과 즐거움을 얻고 창의성을 계발하며, 인지·정서 등 인간의 기본능력을 발달시키고, 음악의 사회적 역할과 가치를 인식함으로써 자아를 실현하고 삶의 폭을 넓혀 간다. 즉, 인간은 어린 시기부터 다양한 유형의 음악 활동을 통해 지각 및 운동 능력을 발달시키고, 정서적 공감능력, 사고능력, 기억력과 주의집중력 등 개인의 전반적인 발달을 향상시킨다. 더 나아가, 인간은 합창이나 합주 활동을 통해 자신과 타인을 이해하면서 공동체의 일원으로 살아가는 태도를 기른다.
교과의 본질과 역할	본질	음악과는 다양한 음악 활동을 통하여 음악의 아름다움을 느끼고, 음악의 기초 기능을 익혀 창의적으로 표현하며, 음악의 가치를 인식하여 생활 속에서 음악을 즐길 수 있도록 하는 교과이다.
	의의	학생은 음악교육을 통하여 음악이 가지고 있는 다양한 기능을 지각하고 통합하는 과정을 경험하게 된다. 즉, 다양한 음악 활동을 통하여 인지, 언어, 정서, 사회성, 심신의 건강 등 통합적 발달을 촉진하게 된다. 또한 학생은 이러한 통합적 발달 과정 안에서 자연스럽게 음악의 역할과 가치를 이해할 수 있게 되고, 이를 통하여 생활 속에서 다양한 음악을 즐겁게 활용할 수 있는 능력을 키우게 된다. 더 나아가, 적극적인 음악 활동은 학생의 긍정적 자아상 확립에 도움을 주고, 함께 참여하는 음악 활동은 사회성 발달을 도모하는 데 영향을 준다.

	기능	음악교육은 학생의 개성과 능력을 고려한 음악적 경험에 중점을 둔다. 학습자는 다양한 음악 활동을 통해 음악을 아름답게 표현하고, 기초적인 지식과 기능을 바탕으로 자신의 생각과 음악적 느낌을 효율적으로 전달할 수 있는 능력을 기른다. 특히, 협동적 음악 활동은 함께 조화를 이루는 것에 대한 가치와 규율을 익히게 하고, 학교, 가정, 지역 사회에서 적극적으로 참여하고 협력하는 태도를 길러 준다. 또한 타 교과와 연계한 음악 활동은 통합적으로 사고하는 능력과 다양하게 표현하는 능력을 향상시켜 줌으로써 전반적인 학교생활에 도움을 준다.
	교과 영역	음악과는 표현, 감상, 생활화를 핵심 영역으로 한다. 표현과 감상의 영역에서는 기본적인 음악적 지식과 기능을 익혀 음악의 아름다움을 경험하고, 자신의 생각과 음악적 느낌을 효율적으로 전달할 수 있는 능력을 기른다. 생활화 영역에서는 음악의 역할과 가치를 이해하고, 생활 속에서 다양한 음악을 활용하며 적용할 수 있는 태도를 기른다.
	교과 역량	교과 역량은 음악과의 특성을 고려하여 음악적 표현, 음악적 감수성, 음악적 소통 능력, 창의융합능력으로 구성된다. 이를 통하여 음악의 아름다움을 경험하고, 창의적으로 표현하며, 생각과 느낌을 효율적으로 전달하는 능력을 기를 수 있다. 이러한 관점에서 음악과는 학교 교육이 요구하는 핵심 역량을 기르는 데 기여할 수 있다.

(2) 목표

'목표' 항은 교과의 총괄적인 교과 목표와 세부 목표, 그리고 학교급별(초·중·고) 목표로 구분되며, 다음과 같은 기준을 고려하여 구성되었다.

- 음악과 교육과정이 지향해야 할 방향과 학생이 달성해야 할 학습 도달점을 나타낸다.
- 교과의 총괄목표를 먼저 제시한 후, 학교급별로 각각 목표를 제시한다.
- 세부 목표의 진술은 학습자 행위를 드러낼 수 있는 행위 동사를 사용한다.
- 세부 목표 하위 항목의 수는 3~4개 정도로 제시한다.

'목표' 항에서 진술된 교과 목표 및 학교급별 목표는 〈표 3-6〉과 같다.

〈표 3-6〉 '목표'에 진술된 내용

교과 목표
다양한 음악 활동을 통하여 음악의 아름다움을 경험하고, 음악의 기본적인 지식과 기능을 함양하며, 음악의 역할과 가치를 이해하여 음악을 생활화할 수 있는 능력과 태도를 길러 줌으로써 궁극적으로 정서 · 인지 · 언어 · 신체 · 사회성의 발달을 도모한다. • 음악을 다양한 방법으로 표현하는 능력을 기른다. • 음악의 아름다움을 느끼며 올바르게 감상하는 능력을 기른다. • 음악의 구성 요소에 대한 기본적인 지식을 익힌다. • 생활 속에서 다양한 음악을 활용하는 능동적인 태도와 습관을 가진다.
학교급별 목표
초등학교
다양한 소리를 탐색하는 활동을 통하여 기초적인 음악적 지식과 기능을 익히고, 생활 속에서 음악을 즐기는 태도를 가진다. • 다양한 소리의 특성을 인식하여 모방하거나 창의적으로 표현한다. • 여러 가지 소리를 탐색하고 바른 태도로 감상한다. • 음악의 기초적인 구성 요소를 익힌다. • 생활 속에서 음악을 즐기는 태도를 가진다.
중학교
음악의 느낌을 이해하고 기본적인 음악적 지식과 기능을 익히며, 생활 속에서 음악을 활용하는 능력을 기른다. • 자연스러운 발성으로 노래를 부르고, 바른 주법으로 악기를 연주한다. • 음악의 분위기를 느끼며, 다양한 종류의 음악을 감상한다. • 음악의 기본적인 구성 요소를 탐색하고 익힌다. • 생활 속에서 음악을 적극적으로 활용하는 태도를 가진다.
고등학교
음악의 느낌과 소리의 어울림을 이해하여 표현하고, 음악 행사에 적극적으로 참여하는 태도를 가진다. • 아름다운 발성으로 노래하고, 음악의 느낌을 살려 연주한다. • 다양한 문화권의 음악을 감상하고 느낌과 생각을 이야기한다. • 음악의 구성 요소 및 다양한 악기와 목소리의 특성을 익힌다. • 음악의 쓰임새를 알고, 음악 행사에 적극적으로 참여하는 태도를 가진다.

(3) 내용 체계

음악과 교육과정의 '내용 체계'는 영역, 핵심 개념, 내용(일반화 지식), 내용 요소, 기능으로 구성되었다. 내용 체계표는 교과에서 무엇을 가르치며, 무엇을 위해 가르칠 것인지를 알려 준다. 〈표 3-7〉은 내용 체계의 구성을 보여 준다.

〈표 3-7〉 '내용 체계'의 구성

영역	핵심 개념	내용(일반화된 지식)	내용 요소				기능
			초 3~4	초 5~6	중	고	

'영역'은 교과의 성격을 잘 드러내면서도 교과 학습의 내용을 조직화하는 최상위의 틀로써 표현, 감상, 생활화의 3개로 구분하여 제시하고 있다.

'핵심 개념'은 교과가 기반으로 하는 학문의 가장 기초적인 개념이나 원리로, 학년 및 학교급별 내용 요소를 구성하고 대표하는 개념으로 설정되었다. 영역별 핵심 개념의 구성은 〈표 3-8〉과 같다.

〈표 3-8〉 영역별 핵심 개념

영역	핵심 개념
표현	• 표현과 전달 • 음악의 요소
감상	• 음악의 특징 • 음악의 분위기
생활화	• 음악과 소통 • 음악의 쓰임

'내용'은 음악에 관한 일반적 지식에 관한 것으로써 명제적 지식의 형태로 진술되어 있다. 이 내용은 〈표 3-9〉에서 보는 바와 같이 각각의 핵심 개념에 따라 이루어지며, 학년 및 학교급별 내용 요소를 결정해 주는 중요한 역할을 한다.

〈표 3-9〉 핵심 개념에 따른 내용

영역	핵심 개념	내용
표현	표현과 전달	음악은 생각과 느낌을 목소리와 악기로 표현하고 전달하는 예술이다.
	음악의 요소	음악 요소는 음악의 미를 완성시키는 기본 원리이다.
감상	음악의 특징	음악의 특징은 여러 가지 소리, 음악의 형태, 음악의 문화적 요소를 반영한다.
	음악의 분위기	음악은 소리의 특성, 주제와 이야기, 장면 등을 바탕으로 다양한 분위기를 형성한다.
생활화	음악과 소통	음악은 사회와 문화 속에서 생각과 느낌을 소통하고 공유하게 한다.
	음악의 쓰임	음악의 쓰임은 일상생활과 문화 속에서 다양하게 나타난다.

'내용'에 따른 '내용 요소'는 음악 교과의 성격, 목표, 영역, 핵심 개념, 내용에 근거하여 학년 및 학교급별로 배워야 할 내용들을 압축적으로 제시하고 있다.

'기능'은 지식 습득을 넘어 음악 교과의 지식을 가지고 할 수 있는 또는 할 수 있기를 기대하는 형태로 기술되었다. '기능'은 음악 교과의 고유한 특성과 사고의 방식을 반영한 것으로 음악 교과에서 요구되는 행위의 형태로 제시된다. 음악 교과는 〈표 3-10〉과 같은 기능의 내용을 제시하고 있다.

〈표 3-10〉 '기능'의 내용

기능	표현하기, 노래 부르기, 연주하기, 탐색하기, 반응하기, 구별하기, 비교하기, 경험하기, 놀이하기, 활용하기, 참여하기, 찾아보기, 발표하기, 태도갖기, 관람하기

이러한 내용들을 바탕으로 '내용 체계'를 전체적으로 살펴보면 〈표 3-11〉과 같다(교육부, 2015b).

⟨표 3-11⟩ 내용 체계의 전체적 조망

영역	핵심 개념	내용 (일반화된 지식)	내용 요소				기능
			초3~4	초5~6	중	고	
표현	표현과 전달	음악은 생각과 느낌을 목소리와 악기로 표현하고 전달하는 예술이다.	-말 리듬 -타악기	-주고받는 노래 -선율 타악기	-호흡과 발성 -가락악기	-박자와 음정 -다양한 악기	-표현하기 -노래 부르기 -연주하기 -탐색하기 -반응하기 -구별하기 -비교하기 -경험하기 -놀이하기 -활용하기 -참여하기 -찾아보기 -발표하기 -태도갖기 -관람하기
	음악의 요소	음악 요소는 음악의 미를 완성시키는 기본 원리이다.	-빠름과 느림 -큰 소리, 작은 소리 -박 -같은 음, 다른 음	-점점 빠르게, 점점 느리게 -점점 크게, 점점 작게 -음의 길고 짧음 -음의 높고 낮음	-다양한 빠르기 -다양한 셈여림 -반복되는 리듬 -차례가기, 뛰어가기	-빠르기의 변화 -소리 크기의 변화 -다양한 리듬 -소리의 어울림	
감상	음악의 특징	음악의 특징은 여러 가지 소리, 음악의 형태, 음악의 문화적 요소를 반영한다.	-여러 가지 소리	-음색	-여러 형태의 음악	-다양한 문화의 음악	
	음악의 분위기	음악은 소리의 특성, 주제와 이야기, 장면 등을 바탕으로 다양한 분위기를 형성한다.	-소리와 움직임	-음악과 느낌	-표제 음악	-이야기 음악	
생활화	음악과 소통	음악은 사회와 문화 속에서 생각과 느낌을 소통하고 공유하게 한다.	-음악의 즐거움	-일상생활의 음악	-음악과 행사	-공연음악	
	음악의 쓰임	음악의 쓰임은 일상생활과 문화 속에서 다양하게 나타난다.	-음악과 놀이	-음악과 춤	-음악과 의식	-음악과 대중매체	

(4) 성취기준

2015 특수교육 음악과 교육과정에 제시된 '성취기준'은 다음과 같은 기준에 따라 진술되어 있다.

- 음악 교과를 통해 배워야 할 지식, 기능, 태도 등을 의미하는 것으로, 학생이 할 수 있어야 하거나 할 수 있기를 기대하는 능력을 제시하였다.
- '(지식)을 안다' '이해한다' 등과 같은 추상적인 제시는 지양하였다.
- 성취기준은 학년군별 내용 요소와 기능을 결합한 형태로 제시되었다.
- '한다'와 '할 수 있다' 중에서 '한다'로 일관성 있게 진술하였다.
- 성취기준으로써의 기능이 발휘될 수 있도록 가능한 한 구체적이고 명료하게 제시하였다.
- 각각의 성취기준은 한 문장으로 간단하게 진술하였다.
- 각 핵심 개념에 따른 성취기준은 2~7개의 활동으로 구성되었다.

(5) 교수 · 학습 방법 및 평가

2015 특수교육 음악과 교육과정에 제시된 '교수 · 학습 방법 및 평가' 항은 다음과 같은 점들을 반영하였다.

- 교수 · 학습의 방향은 음악과의 특성에 비추어 음악교육의 철학, 가치 등을 고려하여 진술하였다.
- 교수 · 학습 방법은 학습자의 발달 수준을 고려하여 기술하였다.
- 문서 체재의 새로운 변화에 따라 기존의 교육과정과는 달리 간단한 형태로 제목을 나열하였다.

〈표 3-12〉는 2015 특수교육 음악과 기본 교육과정에서의 '교수 · 학습 방법 및 평가'가 기존의 2011 교육과정과 비교하여 어떻게 변화되었는지를 보여 준다.

〈표 3-12〉 신 · 구 교육과정의 '교수 · 학습 방법 및 평가'의 비교

2011 개정 특수교육 음악과 교육과정	2015 개정 특수교육 음악과 교육과정
4. 교수 · 학습 방법 　가. 교수 · 학습 계획 　나. 교수 · 학습 운용 　다. 교수 · 학습 지도 지원 　라. 영역별 내용 지도 　　1) 활동 　　2) 이해 　　3) 생활화 5. 평가 　가. 평가 계획 　나. 평가 목표와 내용 　　1) 활동 　　2) 이해 　　3) 생활화 　다. 평가 방법 　라. 평가 결과의 활용	4. 교수 · 학습 방법 및 평가 　가. 교수 · 학습 방법 　　1) 교수 · 학습 방향 　　2) 교수 · 학습 방법 　　　가) 표현 　　　나) 감상 　　　다) 생활화 　　3) 유의 사항 　나. 평가 　　1) 평가 방향 　　2) 평가 방법 　　3) 유의 사항

생각 넓히기

1. 특수교육 교육과정의 개념을 설명해 봅시다.

2. 특수교육 음악과 기본 교육과정의 의미에 대하여 토론해 봅시다.

3. 2015 특수교육 음악과 기본 교육과정의 문서 체재에 관하여 이야기해 봅시다.

참고문헌

교육부(2015a). 2015 특수교육 교육과정 총론 (교육부 고시 제2015-81호 [별책 1]).

교육부(2015b). 2015 특수교육 기본 교육과정 [음악] (교육부 고시 제2015-81호 [별책 3]).

국립특수교육원(2015). 2015 개정 특수교육 교육과정 정책연구 각론 전체연구진 워크숍자료.

김희규, 김찬수, 김현자, 민경훈, 손상희, 송민경, 이종열, 정동영(2011). 특수교육 음악교육론. 서울: 교육과학사.

민경훈(2017). 특수학교 음악교육의 의미와 2015 개정 특수교육 음악과 기본 교육과정 개발 방향 탐색. 음악교육공학, 제33호, 39-58.

박소영, 황은영(2006). 특수교육에서 음악치료 접근법의 연구동향. 특수교육연구, 제13권 제1호, 223-245.

박아름, 김진호(2010). 오르프 슐베르크를 활용한 음악교육 활동이 자폐성 장애학생의 과제수행 및 주의집중 행동에 미치는 효과. 정서·행동장애연구, 26(4), 232-253.

장지인(2014). 특수교육 교육과정 기본 교육과정 음악 중·고등학교 성취기준 분석. 공주대학교 교육대학원 석사학위논문.

조대현, 윤성원, 강옥화, 윤관기(2017). 2015 개정 교육과정에 따른 특수학교 초등음악교과서 개발을 위한 기초연구. 교육연구, 제68호, 177-203.

Cassity, M. D. (1994). Psychiatric Music Therapy Assessment and Treatment in Clinical Training Facilities with Adults, Adolescents, and Children. *Journal of music therapy*, *Vol. 31*, No.1(SSCI, SCOPUS).

Jungmair, U. (1992). *Das Elementare. Zur Musik-und Bewegungserziehung im Sinne Carl Orffs*. Main.

Wolfgart, H. (1975). *Orff-Schulwerk und Therapie*. Germany: Carl Marhold Verlagsbuchhandlung.

제4장

장애학생 음악과 수업을 위한 교육과정 수정

김희규

통합교육의 상황에서 장애학생의 음악과 수업 참여를 가장 적합한 수준으로 성취시키기 위해서는 내용과 방법뿐만 아니라, 교육과정의 계획 단계에서 평가에 이르는 전 과정(process), 즉 교수환경과 교수집단의 형태, 교수목표와 교수내용, 교수방법과 평가방법에 대해 계획하고 실행하는 교육의 과정(process of education)에서 수정·조정·보완하는 과정, 즉 교육과정의 수정이 필요하다고 할 수 있다. 이 장에서는 장애학생의 음악과 수업을 위한 교육과정의 수정 방법과 사례에 대해 살펴보고자 한다.

1. 교수환경과 교수집단 형태의 수정

1) 교수환경의 수정

교수환경의 수정은 일반학급의 물리적 · 사회심리적 환경을 장애학생의 교육 목표 달성을 위해서 수정 · 보완하고 조절하는 것을 의미한다. 한 학급의 물리적 환경과 사회적 분위기는 학생의 학습 및 행동과 상호작용에 매우 중요한 영향을 미치게 된다. 장애학생이 일반학급에서 학업 활동에 의미 있게 참여하고 사회적으로 수용됨으로써 장애학생의 학습기술과 사회적 기술이 향상될 수 있도록 하기 위해서는 일반학급의 물리적 · 사회심리적 교수환경을 그들의 요구에 적절하게 조정할 필요가 있다.

장애학생의 음악과 수업을 위해서 물리적 환경을 수정할 경우에는 장애학생의 시각 · 청각 · 촉각 · 후각 등 감각의 현재 상태와 능력을 고려해야 한다(박승희, 2008). 물리적 환경에서 수정할 수 있는 요소로는 조명, 소음 정도, 시각적 · 청각적 정보 입력의 정도와 강도, 교실의 물리적인 정돈 상태 혹은 가구의 배열, 음악교육 활동을 위한 자리 배치, 악기의 위치 및 접근성 등이 있다(승윤희, 2013; Casella & Bigge, 1988). 물리적 환경 수정의 구체적인 방법으로는 장애학생이 수업에 주의를 집중할 수 있도록 장애학생의 자리를 칠판 가까이 혹은 교사 가까이에 배치하거나, 창문으로부터 떨어지게 하여 주의가 산만해지는 것을 방지할 수 있다. 자리 배치를 모둠으로 했을 때보다 일렬로 했을 때 학습 장애나 행동 문제를 지닌 학생의 과제 행동이 향상된다고 하는데(Flick, 2013), 이러한 교수환경의 수정으로 인한 변화는 장애학생으로 하여금 통합학급의 학습활동에 의미 있게 참여하게 할 수 있는 요인이 된다. 음악과 수업에서 동료와의 협력학습을 할 수 있도록 자리를 중간에 배치하거나 청각장애 학생을 위해서 소음 방지 커튼이나 마이크의 사용 등 물리적 환경을 수정하여 장애학생이 음악 수업에 참여할 수 있는 환경을 조성하는 것이 중요하다.

사회심리적 환경은 통합교실 내의 심리적 측면과 사회적 측면을 포함한다. 학급 구성원의 특성, 또래 집단의 특성, 학급 전체 집단의 특성 등이 상호작용하여 학급 고유의 교실 분위기를 연출하게 된다. 즉, 학생의 태도, 신념, 기대, 선행 학습 경험, 가족, 또래 관계가 교사의 태도, 신념, 기대, 선행 교수·학습 경험, 가족, 동료 관계와 상호작용하면서 독특한 사회심리적 교실 환경을 만들어 낸다(Miller, 2002). 장애학생의 사회적 통합에는 장애학생을 대하는 교사의 태도도 중요한 영향을 미친다. 따라서 교사가 먼저 장애학생을 수용하고 장애학생의 특성을 이해해야 하며, 교육환경적인 배려를 해 주는 모범을 보이는 것이 무엇보다 중요하다. 아울러 비장애학생이 장애학생의 신체적·인지적·정서적 어려움을 이해하고 협력할 수 있도록 고무하고 격려해 주는 사회적 분위기를 형성하도록 해야 할 것이다(조현영, 2008; 한송희, 2016). 장애학생이 음악과 수업에 성공적으로 참여할 수 있도록 교수환경을 수정할 때에는 제재곡을 소리나 영상으로 먼저 만날 수 있는 환경을 만들어서 쉽게 접근하도록 하며, 마음으로 먼저 상상하고 감동할 수 있도록 분위기를 만드는 것이 중요하다. 그리고 음정이나 리듬의 실수를 두려워하지 말고 성실하게 연습에 임하는 정의적 영역의 태도를 강조하는 심리적 환경을 만들어 주어야 한다. 〈표 4-1〉은 음악과 수업에서 장애학생의 요구를 고려한 음악과 교수환경 수정 지도 방안의 예이다(이광영, 2017).

〈표 4-1〉 음악과 교수환경 수정 지도 예시

제재곡	교수환경 수정 지도 방안
〈청소년을 위한 국악 관현악 입문〉 이성천 작곡	• 모둠 명패의 이름은 국악기 이름(가야금, 해금, 박, 대금 등)으로 만들어 각 모둠 책상 위에 배치한다. • 학생들이 들어올 때 국악기 소리 및 악기 사진을 PPT로 띄워 놓거나 악기소리를 들려준다.
〈도레미 송〉 로저스 작곡 (붐웨커 연주하기)	• 수업 전에 미리 와서 붐웨커를 각 책상 위에 미리 1~2개씩 나누어 주어서 자유롭게 소리를 낼 수 있는 환경을 만들어 악기를 쉽게 접하게 한다. • 붐웨커를 친숙하게 접하면서 다양한 방법으로 소리를 내도록 분위기를 조성한다.

2) 교수집단 형태의 수정

다양한 능력의 학생들이 공존하는 통합학급 상황에서 모든 학생이 학습목표를 효과적으로 달성하기 위해서는 교수집단을 여러 형태로 수정하여 적용하는 것이 필요하다(이광영, 2017). 장애학생을 지도하는 통합학급 교사는 장애학생의 특성과 요구를 고려하여 개별화교육뿐만 아니라 일반아동과의 또래지도나 소집단 협력학습 등 다양한 방법으로 수준별 수업을 진행해야 한다. 장애학생의 교육과정 수정을 위해서 교수집단의 형태를 다양하게 하는 방법 중 무엇이 특별히 더 우수하다고 볼 수는 없다. 대부분의 교사는 수업을 진행하는 중에 이러한 교수집단 형태들을 수업 내용에 따라 다양하게 사용할 수 있다. 그러나 장애학생의 특성을 고려할 때 대집단 교수의 형태나 자습의 형태는 장애학생이 수업에 참여하는 데 어려움을 겪을 수 있으며, 대집단 교수나 자습의 형태를 불가피하게 사용할 때는 교사의 세심한 관심과 지원이 필요하다(김희규 외, 2011).

통합학급 교사는 음악과 교수 · 학습 장면에서 다양한 교수 집단 형태의 수정을 통해서 장애학생의 음악과 학습능력뿐만 아니라 일상생활능력 및 대인관계 기술, 사회적 상호작용 기술 등의 사회적 기술의 향상을 꾀할 수 있으며, 이때 교사는 대집단 교수 혹은 자습을 가능하면 협동학습이나 소집단 혹은 파트너 구조로 수정하는 것이 바람직하다고 할 수 있다. 스코트(Scott) 등(1998)은 교수집단의 재구조화에서 또래교수와 협동학습 집단 형태의 적용을 강조하였는데, 교수집단 형태 중에서 학생들 사이의 또래 상호작용, 책임의 분배 및 상호의 존엄성을 강조하는 또래교수와 협동학습 집단 형태는 일반적으로 장애학생의 참여 기회와 선택권을 더 많이 허용한다고 하였다. 장애학생을 위한 음악과 수업에서는 교사가 단원의 전체 개요에 대해 설명한 후에 이질적인 모둠을 구성하여 모둠별 학습을 거쳐 학급 전원에게 실음으로 개별 퀴즈를 제시하고 팀 향상 점수를 산출하는 협동학습 모형인 모둠성취분담 모형(Student Teams-Achievement Division: STAD)을 적용할 수 있다. 이를 통해서 장애학생은 실음 지필평가를 치루기 전에 협동학습 수업을 통하여 동료와 상호 협력하는 과정 속에서 효과적으로 지필 평가를 대비할 수 있다. 또는 통합교육 상황에서 장애학생이 비장애학생과 붐웨커 모둠별 연주 수업에 참여할 수 있도록 함께 학습하기 모형(Learning Together: LT)을 적용하여 이질적 학생들로 구성된 모둠

별로 집단 과제를 주고 평가하는 과정을 통해서 전체적으로 먼저 연습한 뒤에 모둠
별로 함께 연습하도록 하여 모둠별 수행평가나 학급 음악회를 준비할 수 있도록 할
수 있다. 이때 교사는 모둠별로 연습하는 음량과 시간을 잘 조절하는 것이 중요하
다(이광영, 2017). 음악과 통합수업에서 적용 가능한 교수집단 형태를 수정하는 방
법에 대한 예시를 수업 활동에 따라 정리하면 〈표 4-2〉와 같다(한송희, 2016).

〈표 4-2〉 교수집단 형태의 수정 예시

집단 형태	개념	교수집단 형태에 따른 활동 예시
대집단 교수	교사 중심의 구조화된 형태로서, 학급의 전체 학생이 같은 내용을 비슷한 양식과 속도로 학습하는 것	• 올바른 자세, 호흡, 발성, 텅잉을 위한 연습 • 교사의 반주에 맞추어 노래 부르기 및 악기 연주
학생 주도적 소집단	모둠의 학생들이 과제와 목표를 가지고 소집단 내에서 함께 학습하는 것	• 카드 게임 활동을 통한 음표와 쉼표 길이 이해 • 붐웨커 모둠 연주를 통한 주요 3화음 이해 등
협동학습 집단	2~6명의 학생이 공통의 목표를 성취하기 위하여 함께 협동적으로 과제를 수행하는 것	• 생활용품을 활용한 음악극 창작 및 발표 등
또래교수 집단	1명의 학생이 장애학생의 교수를 위한 중개 역할을 하는 것	• 장애학생의 활동 및 활동지를 또래 도우미 학생이 점검

2. 교수목표 및 내용의 수정

1) 교수목표의 수정

일반학교 교육과정의 목표가 통합학급에서 장애학생의 개별화교육계획안(IEP)
의 장단기 교육목표에 반영되어야 하는데, 이를 위해서는 장애학생의 교육목표는
통합학급의 교수환경 및 요구를 확인한 후 장애학생의 강점과 약점을 확인하는 과
정이 선행되어야 한다(신현기, 2004). 이후 이와 관련된 학업 수행과 행동 평가가 이

루어지고, 이에 따라 장애학생에게 알맞은 목표를 설정하게 된다.

　학습목표는 수업이 끝난 후 학생이 반드시 습득해야 하는 학습결과이며, 평가의 기준이 된다. 통합학급에서 장애학생을 위한 학습목표의 설정 과정과 진술은 장애학생의 특성에 따라 구체적으로 이루어져야 한다. 〈표 4-3〉은 통합학급의 음악과 교육과정의 목표를 장애학생에게 적합한 목표로 수정한 예이다(김희규 외, 2011).

〈표 4-3〉교수목표의 수정 예시

통합학급 교육과정 목표	• $\frac{2}{4}$박자의 다양한 2박자 리듬을 칠 수 있다. • 바장조의 가락을 보고 부를 수 있다. • 제재곡에 어울리는 리듬 반주를 신체표현으로 할 수 있다.
장애학생을 위해 수정된 목표	• 기본 2박자 리듬 1가지를 따라 칠 수 있다. • 노래를 듣고 3마디 이상 따라 부를 수 있다. • 모둠 활동에 즐겁게 참여할 수 있다.
대상학생의 특성과 이를 바탕으로 한 교수목표 수정의 방향	• 대상 학생은 발달장애(자폐) 1급의 학생으로 간단한 문장을 따라 할 수 있으나, 의사소통이 제대로 이루어지지 않는다. 또한 의사소통을 구어로 하기보다는 행동으로 먼저 나타내려고 하고 본인의 의사대로 일이 되지 않으면 울거나 소리 지르는 등의 울화행동을 보인다. • 청각적 자극을 즐겨 종이 및 비닐을 찢어 귓가에서 흔들고, 상대방과의 적극적인 상호작용보다는 기대기, 손잡기 등의 신체적 접촉을 즐겨한다. 통합학급에서는 특수교육 보조원의 도움으로 수업을 하고 있다. • 대상 학생은 중얼거리듯이 노래를 흥얼거리나 주요 멜로디는 거의 정확하고, 음악 듣는 것을 좋아한다. 감정 조절이 되지 않아 수시로 우는 학생에게 음악을 듣거나 신체활동을 하는 것은 하나의 감정 조절 수단이 될 수 있다. 이에 교사는 학생이 음악 활동을 통해 즐거움을 느끼고, 모둠활동에 참여하여 모둠의 일원으로 상호작용을 할 수 있도록 목표를 수정하였다.

2) 교수내용의 수정

　교사는 일반 교육과정의 내용을 장애학생의 독특한 교육적 요구와 기술 수준에 적합하게 다양한 수준으로 수정하여 통합된 장애학생에게 제시하여야 한다. 일반

교육과정의 내용을 개별 장애학생의 요구에 맞추어 다양한 수정이 이루어질 수 있다. 교육과정 내용 수정을 결정하기 위한 첫 번째 단계는 장애학생의 개별화교육계획안(IEP)에 있는 현행 수준, 연간목표 및 단기목표에 대한 상세한 검토를 하는 것이다. 이 정보는 현재 일반 교육과정의 교수목표와 견주어서 어느 정도의 수정이 필요한가를 교사에게 알려 준다. 두 번째는 IEP 목표들을 하위 기술과 개념들로 세분화한다. 이렇게 과제를 분석할 때 몇 개의 단계로 나눌 것인가는 과제의 복잡성과 학생의 능력 수준에 따라서 결정된다. 이러한 단계를 거쳐서 장애학생의 목표가 비장애학생의 목표와 다르지 않다고 판단되면 내용에서는 수정을 필요로 하지 않으나, 교수환경, 교수방법, 평가방법에서 수정이 필요할 수 있다. 교육과정의 내용은 교육과정 내용을 보충하거나 교육과정 내용을 단순화하는 방법, 그리고 교육과정 내용을 변화시키는 방법을 통해서 수정할 수 있다(Gaylord-Ross, 1989; Schulz & Carpenter, 1995: 박승희, 2001에서 재인용).

일반학급에서 장애학생의 교수내용 수정이 필요하다면 비장애학생이 참여하는 학습활동과 되도록 분리되지 않도록 수정의 등급이 낮은 것부터 시도하는 것이 바람직하다. 또한 장애학생의 요구를 고려하여 비장애학생에게 제공되는 과제나 기술의 순서를 변화시키거나, 같은 과제 내의 단계의 크기를 변화시키는 방법, 그리고 같은 과제를 수행하기 위해 요구되는 기술들의 수준을 변화시키는 것이 교육과정 내용 자체를 변화시키는 것보다 우선 시도되어야 한다(신현기 외, 2005). 교사는 음악 수업 내용을 장애학생에게 가장 효과적으로 전달할 수 있는 방법과 장애학생이 가장 잘 이해할 수 있는 방법을 고안해야 하며, 다양한 표현 수단을 통해서 장애학생이 수업 내용을 이해하고 참여할 수 있도록 해야 한다. 교사는 필수적인 정보를 장애학생에게 다양한 방식(글, 그림, 음성, 소리, 영상, 촉감 등)으로 제공해야 한다. 즉, 시각적 음악 정보는 청각적으로, 청각적 음악 정보는 시각적으로도 제공하여 다감각적·다각적 표현 방식을 활용하여 음악 수업의 내용을 기억하고 이해할 수 있도록 해야 한다(승윤희, 2013). 음악과 수업의 내용을 수정하는 방법의 예는 〈표 4-4〉와 같다(한송희, 2016).

〈표 4-4〉 교수내용 수정 예시

일반 교육과정 교수내용	교수내용의 수정 예시
차례가기와 뛰어가기를 이해하고 악보에 기보하기	• 악보의 파란색 부분에는 '차례가기', 붉은색 부분에는 '뛰어가기'로 표시하기
'a+a' 형식과 'a+b' 형식 중 한 가지를 선택하여 한도막 형식 악곡을 창작하기	• 주어진 악보의 같은 가락, 다른 가락에 색깔로 구분하여 표시하기
	• 리듬 주사위를 던져 나온 리듬을 4마디 악보에 채워 넣기

3. 교수방법 및 평가의 수정

1) 교수방법의 수정

교수방법의 수정은 교수가 제시되고 전달되는 방식에서의 수정을 의미하며, 교수활동, 교수전략 및 교수자료에서의 수정을 포함한다. 교수활동과 교수전략 및 교수자료는 상호 연결되어 있어서 실제로 장애학생을 위해 교수방법을 수정한다고 하였을 때, 세 가지의 경계가 분명하게 나누어 지지 않을 수 있다. 교사는 장애학생의 요구를 고려하여 복잡한 형태의 언어보다는 간단한 교사의 시범으로 제시하고, 학습자가 직감적이며 가장 접근 가능한 양식으로 음악 수업을 진행해야 한다(승윤희, 2014).

교사는 교수할 수업의 주제를 구체적인 활동들로 구조화하고 수업의 길이(차시)를 고려하여 음악 수업을 편성하게 된다. 교수활동의 수정은 교수할 주요 과제를 작은 단계로 나누는 것, 과제의 양을 줄이는 것, 과제를 쉽게 또는 구체적으로 수정하는 것, 과제를 활동 중심적으로 수정하는 것 등의 방법을 통해서 수정할 수 있다. 음악과 수업에서 장애학생의 요구를 고려하여 교수활동을 수정한 예는 〈표 4-5〉와 같다(한송희, 2016).

〈표 4-5〉 교수활동의 수정 예시

교수활동	교수활동 수정 예시
가사를 읽고 악곡의 분위기를 그림으로 표현하기	그림과 어울리는 가사를 선택하여 연결하고 읽어 보기
악곡을 감상하며 떠오르는 느낌을 마인드맵으로 표현하기	악곡을 감상하며 떠오르는 느낌을 낱말카드에서 찾아 배열하기
주선율을 감상하며 가락선 악보로 표현하기	주어진 주선율 가락선 악보를 따라 그리며 감상하기
악곡을 감상하며 짧은 시 짓기	악곡을 감상하며 주어진 풍경을 그림으로 완성하고 설명하기

　교수자료는 교사가 필수적인 개념과 구조를 전달하기 위해 사용하는 중개물이다. 또한 교수자료는 학생이 정보를 접근하고 자신의 이해를 나타내는 수단이 된다. 교사가 사용하는 교수자료는 일반 교육과정의 교과서, 학습지, 잡지, 신문, 상업적인 교재, 슬라이드, 영화, 구체적인 조작 자료, 게임, 음악자료용품, 컴퓨터, 일상생활 용품 등을 포함한다. 장애학생은 이와 같은 자료들에서 비장애학생과 마찬가지로 도움을 받을 수도 있으나 간단한 수정이나 대안적 자료가 필요할 수 있다. 장애학생의 요구를 고려한 교수자료의 수정을 통해서 다양하고 풍부한 학습 자료를 제공하게 된다면 장애학생이 수업 내용을 이해하고 학습한 내용을 표현하는 데 더욱 용이하도록 할 수 있다. 교수자료 수정 방법은 장애학생의 학습 수준을 고려하여 구체적으로 조작활동이 가능한 자료를 제공하거나 간단한 변경을 통해서 수정할 수도 있다. 혹은 아예 새로운 자료로 제작할 수도 있다. 교수자료의 수정은 학생에게 정보의 다른 입력 양식이나 반응 양식을 허용하고자 하는 것이다.

　교수자료의 수정은 장애학생이 교육활동에 참여하기에 필요한 개념적·학업적·의사소통적 기술들을 판별하고, 그 기술들을 수행할 때 장애학생이 부족한 기술들을 대치하거나 우회하거나 보상하는 것을 도울 수 있는 교수자료들을 개발하고자 하는 것이다. 또한 학생의 학습 양식, 시각·청각·운동 능력, 문화적 선호도, 강점, 흥미를 고려해야 한다. 글자가 확대된 인쇄 자료, 헤드 스위치 사용이 가능한 컴퓨터, 녹음된 교과서, 녹음기로 읽기 과제하기, 시험 준비 문제 제공, 계산기로 수학문제 학습지하기, 언어의 단순화, 반응 선택 수 감소, 색깔로 표시되는 교재, 짧은 지시 사항 등의 자료나 방법으로 수정할 수 있다. 보조공학 기기는 간단한 기기부터 고급 보조공학 기기들이 다양하게 사용될 수 있는데, 예를 들면 연필잡기 기기, 키보드 손가락 가이드, 자동 페이지 넘기기, 자세 및 이동성에 관련된 기구, 전기적 의사소통 기구, 교수를 위한 컴퓨터 사용, 컴퓨터나 의사소통 기구와 같은 도구에 접근에 관련된 것, 듣기 및 보기에 관련된 것, 여가 및 오락에 관련된 것, 자조기술 지원을 위한 보조공학 기기 등이 이에 해당한다(강경숙 외, 2005). 음악과 수업에서 장애학생을 위한 교수자료 수정 방법은 다음과 같다(한송희, 2016).

- 계이름이 기재된 악보 제시
- 악곡의 전체 선율 중 주요 음만 기재된 악보 제시
- 2성부 악곡의 경우 주선율만 기재된 악보 제시
- 음표 혹은 악보의 일정 부분에 색깔을 입힌 악보 제시
- 곡의 분위기 파악을 위하여 곡의 내용을 그림으로 함께 제시
- 선율과 악기의 운지법이 함께 제시된 개별 악보 제시
- 느낌의 표현 활동을 위하여 낱말카드 제시
- 생활 속의 음악, 다양한 영상 자료를 활용하여 흥미 유발

통합된 장애학생을 위한 음악과 지도 시 유의해야 할 점은 다음과 같다. 첫째, 교과 교육은 제한된 시수에 정해진 내용을 교수해야 한다는 부담을 안고 있다. 그러므로 이러한 시간적 제약을 극복하기 위해서는 음악 교과와 타 교과의 영역과 관련시켜 지도해야 한다. 이를 통해 장애학생이 음악 교과 시간에 학습한 내용이 반복 학습과 일반화될 수 있도록 해야 한다. 둘째, 일반아동에게 장애이해 교육을 통해서 장애학생에 대한 이해와 수용적인 태도를 길러 교실에서의 민주적인 분위기가 자연스럽게 이루어지도록 하여 장애학생뿐만 아니라 일반아동의 음악과 교육의 효과 창출에도 힘써야 한다. 셋째, 장애학생의 음악 교과 교육을 통한 여러 가지 음악과 학습 기술과 사회성 기술의 일반화를 위해서는 가정과 지역 사회와의 연계 지도가 반드시 이루어져야 한다. 넷째, 컴퓨터 등 다양한 매체를 이용한 학습 체험을 통해 장애학생의 음악 교과에 대한 흥미를 유발하고 효과를 극대화해야 한다(김희규 외, 2006).

2) 평가의 수정

장애학생을 위한 평가는 학업 수행 진보에 대한 수시 평가 방법과 성적 기준을 수정하는 방법 등으로 수정할 수 있다. 통합교육 환경에서 개별 학생의 평가는 매우 복잡한 쟁점을 내포하고 있다. 일반학급에 통합된 장애학생의 수행에 어떻게 공평하고 객관적인 점수를 부여할 것인가는 교사의 주요 과제가 될 것이다. 일반학급에 통합된 장애학생을 위한 평가 체계 개발 시 교사가 고려해야 하는 중점 요소는 장애학생이 통합교육 환경에서 성공의 기회를 체험하도록 하는 것이다.

장애학생을 위한 음악과 평가는 학생에 대한 평가 자체의 기능과 학업 성취 결과를 확인하고 내적 동기를 유발하여 학습 목표에 도달하는 데 도움을 줄 수 있어야 하며, 교수·학습 과정 속에서 유기적인 역할을 담당하여야 한다. 또한 교사는 장애학생의 개별적인 요구를 고려하여 통합학급 평가체제를 수정하여 적용하여야 한다. 일반학급에서 교수내용의 수정과 교수환경, 교수집단 형태 및 교수방법에서의 수정으로 수업 참여가 이루어지고 있는 학생의 경우, 시험 시간을 길게 해주는 것, 짧은 시험을 자주 보는 것, 시험을 위해 시험 가이드를 제공하는 등의 방법을 통해서 평가 체제를 수정하여 적용할 수 있다.

음악 수업의 평가는 장애학생의 음악적 능력 향상을 위해서도 매우 중요한 의미를 갖게 된다. 평가는 장애학생의 적절한 학습 노력과 활동에 대한 평가가 지속적으로 이루어질 수 있어야 하며, 교육과정에 기초한 평가, 모든 학생에게 공정한 평가가 될 수 있도록 하여야 한다. 교사는 장애학생을 평가할 때 학생의 강점을 이용하여 평가에 참여하도록 하거나 활동 중심의 평가를 자주 시행하고, 평가 시간을 길게 주거나 시험에 대해서 자세히 안내해 주는 등의 방법으로 수정해 줄 수 있다. 또한 음악과 수업에서 장애학생을 평가할 때 교사는 학생의 장애에 초점을 맞추는 것이 아니라 장애학생의 기능과 강점에 초점을 두어야 한다. 그리고 장애학생을 포함한 모든 학생으로 하여금 분명한 목표를 가지고 스스로 자신이 성실한 자세로 노력하는 상황(연주, 감상, 창작 등)을 누가 기록하거나 연주하는 모습을 녹음·녹화하여 그 기록을 꾸준히 저장해 가는 포트폴리오를 작성하도록 하여 평가에 반영한다. 예를 들면, 개별 퀴즈(실음 평가)를 필수문제와 선택문제로 주어 자기주도적으로 평가받게 하며, 향상 점수로 모둠별 시상이나 칭찬을 하거나, 타악기 특성을 잘 살려 악기 소리가 잘 나도록 연주하기 여부를 평가할 수 있다. 그리고 평가 기준표에 정의적 영역을 첨가하여 흥겹게 연주하는 태도를 평가할 수 있다(이광영, 2017). 음악과 수업에서 장애학생을 위해 가창 영역의 평가 방법을 수정하는 예시는 〈표 4-6〉과 같다(한송희, 2016).

〈표 4-6〉 평가 방법 수정 예시

영역	요소		내용	A	B	C
가창	발성과 자세	일반	올바른 자세, 호흡, 발성으로 노래 부를 수 있는가?			
		수정	무리 없는 발성으로 노래 부를 수 있는가?			
	정확성	일반	정확한 발음, 음정, 리듬으로 노래 부를 수 있는가?			
		수정	음정과 리듬을 비교적 알맞게 노래 부를 수 있는가?			
	표현력	일반	곡의 셈여림, 빠르기, 절정감을 표현하며 노래 부를 수 있는가?			
		수정	목소리의 크고 작음을 표현하며 노래 부를 수 있는가?			
	가창 태도	일반	노래가 중단되지 않고, 적극적인 태도로 평가에 임할 수 있는가?			
		수정	적극적인 태도로 노래 부를 수 있는가?			

💡 생각 넓히기

1. 음악과 수업에서 장애학생의 요구를 고려한 교수환경 수정 방법을 이야기해 봅시다.

2. 장애학생의 요구를 고려한 음악과 교수방법의 수정에 대하여 토론해 봅시다.

3. 음악과 평가에서 장애학생의 요구를 고려한 대안적인 평가 방법을 토론해 봅시다.

⊕ 참고문헌

강경숙, 김희규, 유장순, 최세민(2005). 장애학생의 교육과정적 통합을 위한 교과별 수업적용 방법 구안. 경기: 국립특수교육원.

김희규, 강경숙, 유장순, 최세민(2006). 장애학생의 교육과정적 통합을 위한 초등학교 도덕과 교육과정 수정방법 및 사례. 특수아동교육연구, 8(3) 1-27.

김희규, 김찬수, 김현자, 민경훈, 손상희, 송민경, 이종열, 정동영(2011). 특수교육 음악교육론. 서울: 교육과학사.

박승희(2001). 통합교육 환경에서 일반 교육과정의 수정. 2001 자격연수 1기 연수교재. 경기: 국립특수교육원.

박승희(2008). 한국 장애학생 통합교육: 특수교육과 일반 교육의 관계 재정립. 경기: 교육과학사.

승윤희(2013). 장애학생의 교육적 통합을 위한 통합 학급에서의 보편적 음악 학습 설계. 학습자중심교과교육연구, 13(3), 155-172.

승윤희(2014). 장애학생의 교육적 통합을 위한 통합학급의 음악 수업 연구. 예술교육연구, 12(3), 69-86.

신현기(2004). 교육과정의 수정과 조절을 통한 통합교육 교수적합화. 서울: 학지사.

신현기, 최세민, 유장순, 김희규(2005). 통합교육의 이론과 실제. 서울: 박학사.

이광영(2017). 중학교 통합교육(Inclusive Education)사례연구를 통한 음악과 교수적 수정 방안. 한국교원대학교 교육대학원 석사학위논문.

조현영(2008). 장애학생 음악 통합교육에 대한 중학교 음악교사의 가치인식과 교수적 수정의 실태. 이화여자대학교 교육대학원 석사학위논문.

한송희(2016). 장애학생의 통합교육을 위한 중학교 음악과 교수적 수정. 한국교원대학교 교육대학원 석사학위논문.

Casella, V., & Bigge, J. (1988). Moifying instructional modalities and conditions for curriculum access. In J. Bigge (Ed.), *Curriculum-based instruction for special education students* (pp.110-140). Mountain View, CA: Mayfield.

Flick, G. L. (2013). 정서행동 장애학생의 성공적인 통합교육을 위한 이해와 실천. 박계신, 이상훈, 황순영 역. 서울: 시그마프레스.

Gaylord-Ross, R. (Ed.) (1989). *Integration strategies for students with handicaps.* Baltimore: Paul H. Brookes.

Janney, R. E., & Snell, M. E. (2000). *Practices in inclusive schools: Modifying school work.* Baltimore: Paul H. Brookes.

Miller, S. P. (2002). *Validated practices for teaching students with diverse needs and abilities.* MA: Allyn and Bacon.

Schulz, J. B., & Carpenter, C. D. (1995). *Mainstreaming exceptional students: Aguide for classroom teachers*. Boston: Allyn and Bacon.

Scott, B. J., Vitale, M. R., & Masten, W. G. (1998). Implementing instructional adaptations for dtudents with disabilities in inclusive classroom. *Rmedial and Special Education, 19*(2), 106-119.

제5장

음악이론의 기초

조수희

음악을 깊이 있게 즐기고 표현하기 위해서 음악을 이루는 요소를 이해하고, 각 음악 요소의 특징을 학습하는 것은 매우 중요하다. 주요 음악 요소에는 리듬, 가락, 화성, 셈여림, 음색, 빠르기, 형식 등이 있다. 이 장에서는 특수교육 음악과 교육과정과 교과서 속 주요 음악 요소의 개념을 정리함으로써 장애학생이 음악을 느끼고 표현하기에 적합한 지도 방법을 탐색해 보고자 한다.

1. 주요 음악 요소의 이해

음악을 이루는 구성 요소는 리듬, 가락, 화성, 셈여림, 빠르기, 음색, 형식 등이 있으며, 각 구성 요소의 개념을 간단히 제시하면 〈표 5-1〉과 같다.

〈표 5-1〉 음악 구성 요소의 개념

요소	개념
리듬	길이가 다른 소리와 쉼이 시간적으로 배열된 것
가락	리듬에 높고 낮은 음을 얹어 진행시킨 것
화성	두 개 이상의 화음을 나름의 법칙으로 연결하여 짜임새를 갖춘 것
셈여림	상대적인 소리의 크고 작음을 표현한 것
빠르기	음악의 전체적이거나 부분적인 속도
음색	사람이나 악기 등이 가진 고유한 소리의 차이
형식	악곡의 전체적인 구조나 틀

1) 리듬

(1) 개념 이해

리듬(rhythm)은 길이가 다른 소리와 쉼이 시간적으로 배열된 것에 셈여림, 빠르기 등이 영향을 주며 진행되는 흐름을 말한다.

리듬이 없는 음악은 거의 볼 수 없을 정도로 음악의 기초가 되며, 보통 박과 박자가 리듬의 바탕이 된다. 박(beat)은 리듬의 기본 단위로, 규칙적인 박과 불규칙적인 박, 여린 박과 센 박, 느린 박과 빠른 박 등이 있고, 이러한 여러 가지 박이 시간상으로 나열되면서 리듬이 만들어진다. 박자(meter)는 일정하게 흘러가는 박에 강세(악센트, accent)가 주기적으로 나타나 박이 묶인 것처럼 느껴지는 현상을 말한다. 즉, 음악을 귀 기울여 듣다 보면 반복적으로 강한 부분이 느껴지는데, 보통 서양음악에서는 강세가 2박, 3박, 4박에서 일정하게 나타나고, 그 단위가 반복되면서 2박자, 3박자, 4박자의 악곡이 만들어진다. 박자표는 악보 위에 박자를 표기한 것으로 분수나 기호로 표시하며, 음자리표나 조표에 이어 표기한다.

리듬의 표기를 위해서 사용하는 기호는 음표와 쉼표이다. 소리가 나는 경우는 음표로, 소리가 나지 않는 경우는 쉼표로 표현하는데, 음길이의 길고 짧음에 따라 표시하는 기호가 달라진다. 음표와 쉼표는 아주 세분되어 표현할 수 있지만, 자주 사용되는 기호들은 〈표 5-2〉와 같다.

〈표 5-2〉 음표와 쉼표

음표	표기	쉼표	표기
온음표	𝅝	온쉼표	▬
2분음표	𝅗𝅥	2분쉼표	▬
4분음표	♩	4분쉼표	𝄽
8분음표	♪	8분쉼표	𝄾
16분음표	♬	16분쉼표	𝄿

(2) 리듬 지도 방법의 예

저학년의 경우 다양한 리듬의 개념을 습득하기 위해 우리 몸의 맥박을 느껴 보게 하거나 일상생활을 주제로 짧은 말을 만들어 유희적으로 표현하는 놀이, 혹은 의성어와 의태어를 사용한 말놀이를 할 수 있다. 이는 리듬을 개념으로 이해시키는 것이 아닌, 실음으로 익히는 유용한 방법이다.

또한, 말리듬 만들기, 몸동작으로 그 리듬의 길이를 표현하는 놀이, 타악기를 이용한 리듬 연주, 주변 물건으로 주어진 음표와 쉼표의 리듬 조합하여 연주하기 등의 활동은 음악적 감수성을 기르는 데 도움이 된다.

〈표 5-3〉 고등 1~3학년군 성취기준 중 리듬 관련 지도 내용 예시

성취기준	내용
12음악01-01	박자에 맞추어 노랫말을 읽는다.
12음악01-02	일정 박을 연주하면서 박자에 맞게 노래한다.

출처: 교육부(2015).

〈표 5-3〉에 제시된 고등학교의 리듬 관련 성취기준에 맞는 수업을 위해서는 음표와 쉼표에 대한 이해가 필요하다. 이를 위해서는 음표의 명칭이 '분할'의 원리에 따라 2분, 4분, 8분, 16분음표로 표기되고, 이 원리는 피자 혹은 원(온음표를 형상화하기 위해)을 똑같이 나누어 가지는 상황을 제시하거나 종이 한 장을 쪼개어 가며 설명하는 것이 효과적이다.

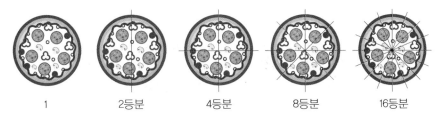

| 1 | 2등분 | 4등분 | 8등분 | 16등분 |

[그림 5-1] 음표의 원리 지도 방법

피자 한 판을 나눌 때 [그림 5-1]과 같이 분할하는데, 이 나뉜 조각을 2분음표, 4분음표, 8분음표 등과 연결하여 가르치면 학생의 이해를 도울 수 있다.

2) 가락

(1) 개념 이해

가락은 리듬을 바탕으로 한 높낮이가 다른 음들이 연결된 흐름이다.

서양음악에서는 보통 7개의 확정음을 주로 사용하고 이는 피아노에서 흰 건반으로 연주되며, 우리나라에서는 '다~나', 외국에서는 'C~B'의 음높이(음고, pitch)로

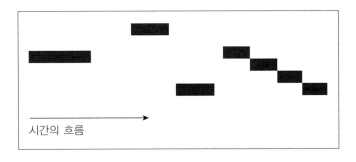

시간의 흐름

[그림 5-2] 가락의 시각화

표현된다.

이 음높이를 기록하기 위해서는 오선보, 음자리표 등이 필요하다. 오선보란 음의 높낮이, 음의 길이, 악곡의 구조, 연주법 등을 나타내기 위해 만들어진 5선의 악보로, 필요할 때 위나 아래에 덧줄을 사용한다. 음자리표는 음의 자리를 정해 주는 표시로, 연주에 사용될 악기와 사람의 음역에 따라 다른 음자리표를 사용하며, 높은음자리표, 낮은음자리표, 가온음자리표가 있다.

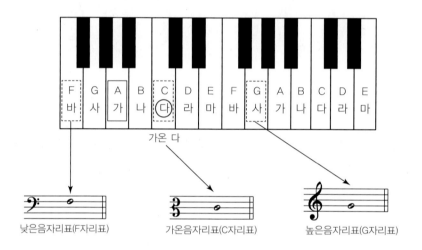

[그림 5-3] 음자리표와 음이름

(2) 가락 지도 방법의 예

저학년에서는 같은 음과 다른 음을 구별하기 위해 높이가 차이 나는 두 음을 목소리나 악기 소리로 연주하는 것을 듣고 그 음의 높고 낮음을 구별하는 활동이 적합하고, 학년이 올라갈수록 차례로 가는 가락과 뛰어가는 가락을 듣고 선이나 몸으로 표현하는 활동 등을 진행하면 가락을 효과적으로 지도할 수 있다.

⟨표 5-4⟩ 중 1~3학년군 성취기준 중 '가락' 관련 지도 내용 예시

성취기준	내용
9음악01-12	차례로 가는 가락과 뛰어가는 가락을 듣고 구별한다.
9음악01-12	차례로 가는 가락과 뛰어가는 가락을 악기로 연주한다.

출처: 교육부(2015).

3) 화성

(1) 개념 이해

높이가 다른 두 개 이상의 소리가 동시에 울리는 것을 화음(chord)이라 하고, 이러한 화음을 나름의 법칙을 가지고 연결해 놓은 것을 화성(harmony)이라고 한다.

화음은 안정적인 느낌의 협화음과 긴장되고 불안한 느낌의 불협화음으로 분류된다. 협화음과 불협화음의 분류는 시대에 따라 조금씩 다르고, 시대가 흘러갈수록 협화음과 불협화음의 경계가 줄어들고 있지만, 많은 작곡가는 악곡의 핵심 부분이나 음악의 끝에는 안정성을 선호하기 때문에 전통적인 협화음을 선호한다.

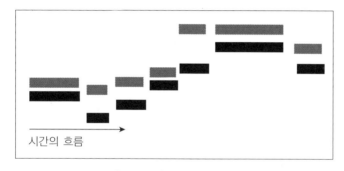

[그림 5-4] 화성의 시각화

3화음은 장단조 음계의 각 음을 밑음으로 하여 그 위에 3도와 5도 위의 음을 쌓아 만든 것으로, 보통 로마자를 붙여 표기한다. 이때 7개의 3화음이 만들어지는데, 첫 번째, 네 번째, 다섯 번째 화음이 주로 사용되어 주요 3화음이라 하고, 이 세 가지를 대표적인 협화음으로 사용한다. 3화음의 밑음에서부터 7번째 음을 쌓아 만든 화음을 7화음이라 하는데, 장단조 음계의 다섯 번째인 딸림 7화음이 주로 쓰인다.

〈악보 5-1〉 주요 3화음과 딸림 7화음

다장조: I 도   IV 도   V 도   V₇도

(으뜸화음)   (버금딸림화음)   (딸림화음)   (딸림7화음)

(2) 화성 지도 방법의 예

기본 교육과정의 음악 교과서를 분석해 보면 초등학교 3~4학년부터 2개 이상의 음을 들려주어 소리의 차이를 느끼는 활동이나 장음계의 3음과 5음을 사용하여 즉흥 연주하는 활동, 간단한 화음과 가락을 반복 연주하며 가락과 화음에 대한 음악적 감수성을 기르는 활동 등 소리의 어울림을 직접적인 연주를 통해 느낄 수 있는 활동이 지속적으로 등장한다.

〈표 5-5〉 중 1~3학년군 성취기준 중 화성 관련 지도 내용 예시

성취기준	내용
12음악01-12	가락에 어울리는 주요 3화음을 연주한다.
12음악01-14	합창이나 합주를 통해 소리의 어울림을 경험한다.

출처: 교육부(2015).

〈표 5-5〉의 성취기준에 따른 지도 방법으로는 화음이 자주 바뀌지 않는 제재곡을 선정하여 학생 중 몇 명은 조성의 I도나 V도 화음 중에 선택한 음 2개를 계속적으로 연주하게 하고, 나머지 학생은 노래하는 활동이 적합하다. 이때 악기는 실로폰, 핸드벨과 같이 가락의 음이 정확한 악기를 선정하는 것이 좋다. 이 활동은 연주 자체는 간단하지만, 노래나 합주를 통해 화음의 풍성함을 청각적으로 자연스럽게 느끼게 한다.

[그림 5-5] 화음을 느낄 수 있는 활동 예시

4) 셈여림

(1) 개념 이해

셈여림은 소리의 상대적인 세고 여린 정도를 의미하며, 강도의 차이를 표현하기도 하지만 분위기의 차이를 표현하기도 한다. 셈여림은 다양한 음악 요소(리듬, 가락, 화성 등)와 결합하여 악곡을 특별하게 표현해 주기 때문에 음악적 표현을 위한 주요 요소라 할 수 있다.

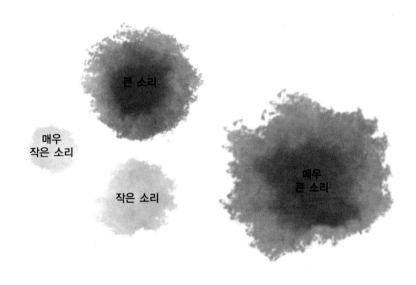

[그림 5-6] 셈여림의 시각화

셈여림과 관련된 기호에는 강도를 지시하는 기호와 점진적 변화를 지시하는 기호가 있다.

[그림 5-7] 강도를 지시하는 기호의 시각화

〈표 5-6〉 셈여림표

기호	원어	읽기	의미	비고
pp	pianissimo	피아니시모	매우 여리게	
p	piano	피아노	여리게	
mp	mezzo piano	메조 피아노	조금 여리게	
mf	mezzo forte	메조 포르테	조금 세게	
f	forte	포르테	세게	
ff	fortissimo	포르티시모	매우 세게	
<	crescendo (=cresc.)	크레셴도	점점 세게	점진적 변화
>	decrescendo (=decresc.)	데크레셴도	점점 여리게	점진적 변화

이탈리아어 사전에 따르면, mezzo는 '반반의' '중간의'라는 뜻을, forte는 '강한' '튼튼한', piano는 '밑바닥' '평면' 등의 뜻을 지니고 있다. crescendo는 (음, 양, 세기를) '강하게 함'이란 뜻이 있고, decresendo는 반대의 의미를 지니고 있다. 이렇듯 셈여림표는 대부분 이탈리아어의 약어를 기호로 사용하므로 단어의 사전적인 의미를 알면 조금 더 효과적인 지도가 가능하다.

(2) 셈여림 지도 방법의 예

저학년에서는 셈여림을 구체적으로 배우기보다 큰 소리와 작은 소리의 차이를 감지하고 몸으로 표현하는 활동에 중점을 둔다. 학년이 올라가면 점진적인 소리의 변화와 다양한 셈여림을 표현하기 위한 단계를 나누고 그것을 그림으로 제시하여 손, 몸높이의 변화를 통해 소리 크기의 변화를 지도하는 것이 좋다. 박의 기본 강약을 느껴 보는 활동은 박자감을 느끼기에 적절하고, 셈여림 기호에 따라 리듬 합주를 하며 악곡의 아름다움을 느껴 보는 활동은 음악 자체를 즐기는 데 상당한 도움을 준다.

〈표 5-7〉 초 5~6학년군 성취기준 중 셈여림 관련 지도 내용 예시

성취기준	내용
6음악01-09	점점 커지거나 점점 작아지는 음악을 몸이나 그림 등으로 표현한다.
6음악01-10	손 높이의 변화에 따라 목소리나 악기로 점점 크게 또는 점점 작게 표현한다.

출처: 교육부(2015).

　리하르트 슈트라우스(Richard Georg Strauss)의 〈자라투스트라는 이렇게 말했다〉
는 셈여림의 영향력을 지도하기에 효과적인 악곡이다. 이 곡의 서주는 무음에 가까
운 작은 소리에서부터 귀가 찢어질 듯 커지는 음향의 크기 변화가 순식간에 일어나
온몸에 긴장감을 전해 준다. 따라서 이 악곡의 서주를 들으며 소리 크기의 변화에
따라 신체를 움직여 보는 활동은 셈여림을 능동적으로 체험하게 할 것이다.

[그림 5-8] 셈여림의 변화를 신체로 표현하기 예시

5) 빠르기

(1) 개념 이해

　빠르기(tempo)는 악곡의 빠른 정도를 뜻한다. 빠르기는 셈여림이나 음색 등과 마
찬가지로 악곡 분위기에 크게 영향을 미치는 요소 중 하나이다. 악곡 시작 부분에
전체적인 분위기를 표현하기 위해 빠르기말을 지시하거나 악곡 중간마다 분위기의
전환, 혹은 필요에 의해 빠르기말을 사용하여 그 지시에 따라 연주자가 나름의 해
석을 바탕으로 융통성 있게 표현할 수 있다.

빠르기는 음악의 물리적인 속도에만 영향을 주는 것이 아니라, 그 작품의 내용, 구조, 형식, 음향 등 다양한 부분에 영향을 준다. 따라서 악곡의 빠르기를 무시하고 빠른 곡을 느리게, 느린 곡을 빠르게 표현한다면 작곡가의 의도는 물론이고, 악곡의 분위기 자체가 변하여 작품 본연의 아름다움이 표현되지 못할 수도 있다. 그러므로 빠르기는 연주자의 해석이 신중해야 하는 음악 요소이기도 하다.

전체적인 빠르기를 지시하는 말들과 점진적인 빠르기 변화를 지시하는 말들은 〈표 5-8〉과 같다.

〈표 5-8〉 빠르기말

원어	읽기	의미	비고
largo	라르고	매우 느리게	
lento	렌토	매우 느리게	
adagio	아다지오	매우 느리게	
andante	안단테	느리게	
moderato	모데라토	보통 빠르기로	
allegro	알레그로	빠르게	
presto	프레스토	매우 빠르게	
vivace	비바체	매우 빠르게	
ritardando(rit.)	리타르단도	점점 느리게	점진적 변화
accelerando(accel.)	아첼레란도	점점 빠르게	점진적 변화
a tempo	아 템포	원래 빠르기로	
tempo primo(tempo I)	템포 프리모	처음 빠르기로	

일반적으로 '매우 느리게'를 지시하는 빠르기말은 여러 가지이나, 내적 의미에 미세한 차이가 있어 필요에 따라 사용되고 있다. largo는 '넓고 풍부한 표정으로' 연주하란 뜻이 포함되고, lento는 '둔하게', adagio는 '주의 깊고 침착하게'의 의미를 함께 지닌다. 따라서 그 악곡 분위기에 맞게 작곡가가 사용하고 이에 주의하여 연주자가 악곡을 연주해야 한다. 이와 같은 맥락으로 '매우 빠르게'의 뜻을 지닌 vivace는 '쾌활하고 활달한 기분으로' 연주하라는 뜻이, presto는 '신속하고 서둘러서' 연

주하라는 뜻이 포함된다.

(2) 빠르기 지도 방법의 예

빠르기를 지도하기 위한 효과적인 방법으로는 악곡을 듣고 악곡의 빠르기에 맞게 신체나 악기로 반응해 보는 활동, 그리고 같은 곡이라도 빠르기를 달리하여 분위기의 차이를 느껴 보는 활동이 좋다. 또한, 빠르기의 점진적 변화나 상대적 차이를 경험하기 위해서는 점점 느려지는 악곡이나 점점 빨라지는 악곡을 선정하여 듣고 몸으로 반응하는 활동이 좋다. 즉, 빠르기의 변화를 제대로 인식하기 위해서는 빠르기말에 대한 개념 학습 위주가 아닌, 신체적·청각적 활동, 노래와 연주 활동을 통해 자연스러운 이해를 유도하여야 한다.

〈표 5-9〉 초 3~4학년군 성취기준 중 빠르기 관련 지도 내용 예시

성취기준	내용
4음악01-07	빠른 곡과 느린 곡을 비교하며 듣는다.
4음악01-08	빠른 음악과 느린 음악을 몸이나 타악기로 표현한다.

출처: 교육부(2015).

생상스(Camille Saint Saens)의 모음곡 〈동물의 사육제〉는 한 작품 속에서 빠름과 느림을 비교하여 활동하기에 적합한 작품이다. 악곡 속 제3곡 '당나귀'(혹은 제14곡 '피날레'로 대체 가능)와 제4곡 '거북이'(혹은 제5곡 '코끼리'로 대체 가능)의 빠르기는 상당히 대조되므로 이처럼 빠르기의 차이가 큰 두 악곡을 들으며 신체를 움직여 보거나 메트로놈을 사용하여 악곡의 빠르기를 시각적으로 확인하는 활동은 빠르기를 인지하는 데 효과적일 것이다.

6) 음색

(1) 개념 이해

음색(timbre)은 말 그대로 음의 고유한 색깔이다. 음색은 소리를 만들어 내는 것의 생김새(구조), 재료, 연주 방법 등 다양한 영향을 받아 표현된다.

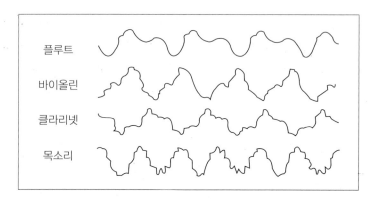

[그림 5-9] 동일한 'C'음을 연주하는 악기별 음색 차이

출처: 신근섭, 이희성(2001).

[그림 5-9]는 오실로스코프(음파의 모양을 보여 주는 기계)의 화면에 나타나는 'C' 음에 대한 악기별 음파 모양이다. 각 악기가 동일한 음을 연주해도 파동의 형태가 달라 음색이 악기마다 다름을 시각적으로 알 수 있다. 그러나 이러한 기계가 아니라도 우리는 생활 속에서 음색의 차이를 느낄 수 있다. 사람마다 음색이 다르기 때문에 눈으로 확인하지 않아도 아는 사람의 목소리를 인지하고 구별할 수 있는 것이 그 예이다. 또한 같은 악곡을 연주하더라도 연주자마다 연주 기법이나 악기마다 고유한 소리와 미세한 음색의 차이를 느낄 수 있기 때문에 고차원적인 감상도 가능하다.

(2) 음색 지도 방법의 예

음색과 관련된 학습의 경우 대부분 악기에 대한 이해와 감상을 통해 진행된다. 저학년에서는 자연의 소리, 일상생활 속 소리, 악기 소리를 듣고 탐색하는 활동으로 상상력과 호기심, 청각능력을 키워 주는 것이 좋다. 그 후 학년이 올라갈수록 점

차 다양한 사람의 목소리와 악기가 가진 음색을 인식하고 구별하는 활동, 합주하는
활동, 여러 가지 악기와 소통으로 이야기 장면에 어울리는 소리 표현하기 활동을
통해 자연스럽게 음색을 익힘과 더불어 음악으로 소통하고 창의성과 융합능력을
기를 수 있다.

〈표 5-10〉 초 3~4학년군 성취기준 중 음색 관련 지도 내용 예시

성취기준	내용
4음악02-01	자연의 소리나 생활 주변의 소리를 탐색한다.
4음악02-02	다양한 소리를 듣고 그림, 몸동작, 악기로 표현한다.

출처: 교육부(2015).

〈표 5-10〉의 성취기준을 학습하기 위한 지도 방법의 예로 모든 학생이 조용히
눈을 감고 있는 상태에서 한 학생에게 낱말 카드를 주어 읽도록 한 후 누가 그 단
어를 말했는지 맞히기 놀이를 하면서 친구의 목소리를 감지하는 활동이 있다. 이
는 학생들에게 생활 속에서 음색을 인지하게 하는 간단하지만 효과적인 학습 방법
이다.

7) 형식

(1) 개념 이해

형식(form)은 음악을 표현하기 위한 악곡의 구조 또는 틀을 말한다.

보통 작곡가는 자신이 생각하는 주요 음악적 아이디어(동기, motive)를 바탕으로
그 아이디어를 반복하거나 발전·변형·확장하는 등 다양한 변화를 주는데, 이때
형식이라는 틀 속에 이 변화들을 담아 악곡으로서 면모를 갖추게 된다.

형식은 보통 노래를 만들 때 사용하는 가요 형식과 악기 연주용 음악을 만드는
기악곡 형식으로 나눌 수 있다. 가요 형식은 8마디의 큰악절을 기준으로 두 도막
형식(16마디), 세 도막 형식(24마디), 작은 세 도막 형식(12마디) 등이 있고, 기악곡
형식은 변주곡, 론도, 소나타 형식 등 그 형태와 개념이 넓고 다양하다.

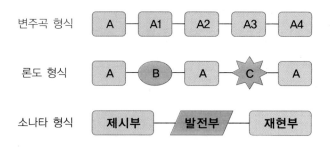

변주곡 형식　A — A1 — A2 — A3 — A4

론도 형식　A — B — A — C — A

소나타 형식　제시부 — 발전부 — 재현부

[그림 5-10] 기악곡 형식의 시각화

(2) 형식 지도 방법의 예

형식은 2015 특수교육 교육과정의 내용 요소는 아니지만, 교과서에는 국악의 형식 중 하나인 메기고 받는 형식이 반복적으로 등장한다. 메기고 받는 형식이란 민요에서 자주 등장하는 가창 방식으로, 독창이나 소규모 인원이 노래하는 가사가 바뀌는 부분과 합창으로 같은 가사를 되풀이하여 후렴처럼 노래하는 부분을 서로 주고 받으며 노래하는 형태를 말한다.

메기고 받는 형식이란	

메기기

독창이나 2~3명이
가사를 바꿔 가며
노래해요.

받기

합창으로 같은 부분을
반복해서 노래해요.

[그림 5-11] 메기고 받는 형식 설명 자료 예시

2. 음악 용어의 정리

주요 음악 요소 외에 교육과정과 교과서에 자주 등장하는 악곡 형태와 용어를 정리하면 〈표 5-11〉과 〈표 5-12〉와 같다.

〈표 5-11〉 악곡 형태

개념	의미
성악곡	사람의 목소리로 노래하는 것을 위해 만들어진 곡을 말하며, 주로 가사가 존재하여 이 가사의 내용을 다양한 음악적 요소를 가지고 적절히 표현하는 것이 중요하다. 민요, 판소리, 아카펠라, 가곡, 칸타타, 오라토리오 등이 있다. 예) 민요-〈진도아리랑〉, 가곡-슈베르트의 〈보리수〉, 오라토리오-헨델의 〈메시아〉 등
기악곡	성악곡과 반대되는 개념으로, 악기로 연주하기 위해 만들어진 음악을 말하며, 전주곡, 광시곡, 소나타 등이 있다. 예) 전주곡-쇼팽의 〈빗방울〉, 소나타-베토벤의 〈봄〉 등
표제음악	작곡가가 표현하고자 하는 대상을 표제(제목)로 삼고 그 대상에 대해 음악적으로 묘사하고 표현하는 음악이다. 예) 생상스의 〈동물의 사육제〉 등
이야기음악	극음악을 주로 지칭하되, 이야기(story) 순으로 내용과 음악이 전개되는 악곡을 말한다. 오페라, 뮤지컬, 창극, 판소리 등이 있다. 예) 판소리-〈춘향가〉, 뮤지컬-〈맘마미아〉, 오페라-모차르트의 〈마술피리〉 등
절대음악 (순음악)	표현하고자 하는 어떠한 대상이 있는 것이 아닌, 오직 순수한 음의 나열을 통해 예술성을 표현하고자 작곡된 음악을 말한다. 예) 베토벤의 7번 교향곡 등

〈표 5-12〉 기타 음악 용어

개념	의미
반음	가장 가까운 음들의 사이를 반음이라 한다.
온음	반음 두 개를 온음이라 한다. 회색: 반음　　　파랑: 온음
당김음	선율의 진행 중에 규칙적이던 박의 강세를 바꾸어 약박이 강박이 되고, 강박이 약박이 되는 현상이다. 이는 뜻하지 않은 리듬의 등장으로 인한 분위기 전환, 리듬의 다양성 등을 끌어내기 위해 사용된다. 예)
셋잇단음표	보통 하나의 음표는 2등분되지만, 그 음표를 셋으로 나눈 것을 지칭한다. 이때 보통의 음표와 헷갈리지 않도록 숫자 3을 분할된 음표를 묶은 것에 함께 제시한다. 예) $2 = 1 + 1 = \frac{1}{3} + \frac{1}{3} + \frac{1}{3}$
임시표	필요한 때에 해당 음 앞에 붙여 음높이를 임시로 변화시키는 표로, 같은 마디 안이면서 같은 높이의 음에만 적용된다(붙임줄이 붙은 경우는 해당 마디가 아니어도 적용됨). 예) 피아노 건반 위치: 8　9　20　9　8 도　　　　　　　도

조표	악곡의 처음에 붙여 음악의 조성을 나타내는 표로, 조표가 붙은 음은 음자리표나 옥타브 위, 아래 상관없이 모두 영향을 받는다. 조표 #붙는 순서: 파 도 솔 레 라 미 시 조표 ♭붙는 순서: 시 미 라 레 솔 도 파
붙임줄	같은 높이의 연속된 두 음을 연결한 줄로, 하나의 소리로 연주한다. 예)
이음줄	다른 높이의 연속된 두 음 이상을 연결한 줄로, 부드럽게 이어서 연주한다. 예)
도돌이표	악곡의 반복을 지시해 주는 기호로, 반복이 필요한 부분의 시작 부분에 ‖:을, 끝나는 부분에는 :‖와 같은 기호로 표시한다. 단, 악곡의 처음부터 반복할 때 ‖: 기호는 생략한다. 예) 연주 순서: A–B–C–B–C–D
D.C. (다 카포)	Da Capo는 악보에 D.C. 기호가 등장하면 처음으로 다시 돌아가 끝까지 또는 *Fine*(끝)가 있는 곳에서 연주를 마무리하라는 뜻이다. 예) 연주 순서: A–B–C–D–A–B
D.S. (달 세뇨)	Dal Segno는 악보에서 D.S. 기호가 있는 곳에서 𝄋(세뇨) 표가 있는 곳으로 다시 돌아가 연주한 후 *Fine*(끝)가 있는 곳에서 연주를 마무리하라는 뜻이다. 예) 연주 순서: A–B–C–D–B–C

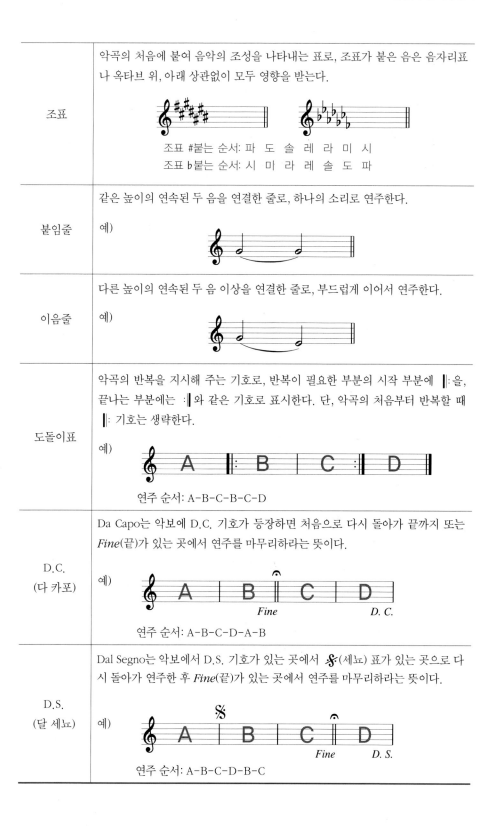

🔅 생각 넓히기

1. 이 장에 제시된 음악 용어들 외에 흔히 볼 수 있는 음악 용어의 정의를 찾아 설명해 봅시다.

2. 음악 용어를 알고 음악을 이해하는 것과 음악 용어에 대한 배경지식 없이 음악을 즐기는 것에 대한 각자의 의견을 이야기해 봅시다.

⊕ 참고문헌

권덕원, 석문주, 최은식, 함희주(2017). 음악교육의 기초. 경기: 교육과학사.

교육부(2015). 2015 특수교육 기본 교육과정 [음악] (교육부 고시 제2015-81호 [별책 3]).

김용희(2016). 창의적 음악교육. 서울: 음악세계.

김강희, 공누이, 형희전(2009). 음악용어사전. 서울: 뮤직트리.

김용희(2016). 창의적 음악교육. 서울: 음악세계.

김진영(2018). 유아음악교육의 기초. 서울: 파워북.

석문주(2015). 음악중심 융합수업의 실제. 경기: 교육과학사.

신근섭, 이희성(2001). 고교생이 알아야 할 물리 스페셜. 서울: 신원문화사.

승윤희, 민경훈, 양종모, 정진원(2019). 예비교사와 현장교사를 위한 초등 음악교육. 서울: 학지사.

양선영, 윤해린, 김나영, 김명숙 외(2010). 음악미술개념사전. 서울: 아울북.

양일용 편(2004). 음악용어대사전. 서울: 태림출판사.

음악세계 편집부(2002). 음악사전(*DICTIONARY OF MUSIC*). 서울: 음악세계.

이만수, 장정애, 정세호(1997). 영유아를 위한 음악교육. 서울: 파란마음.

이옥주, 정수진, 윤진영(2015). 음악요소에 기초한 유아음악교육. 서울: 신정.

인천광역시교육청(2013). 통합교육 음악교과 교수자료. 인천: 인천광역시교육청.

임하석(1995). 클래식 입문에 필요한 음악용어 1000. 서울: 월간음악사.

편집부(1991). 음악용어사전. 서울: 세광출판사.

제6장

장애학생을 위한 음악 지도 방법

이미선

 20세기를 주도해 온 자크-달크로즈, 코다이, 오르프의 음악 지도 방법은 오늘날까지 세계에 널리 알려져 있다. 특히 그들의 지도 방법은 장애학생을 위해서도 매우 유용하게 활용되고 있다. 이 장에서는 자크-달크로즈, 코다이, 오르프의 음악교육의 사상과 지도 방법의 원리, 그리고 장애학생을 위한 음악 수업으로의 활용에 대하여 알아보고자 한다.

1. 자크-달크로즈의 음악 지도 방법

1) 자크-달크로즈의 교수법 창안의 배경

근대 음악교육의 새로운 장을 연 자크-달크로즈(É. Jaques-Dalcroze, 1865~1950)는 스위스의 음악가이자 음악교육자이다. 그는 페스탈로치(J. H. Pestalozzi)의 제자이자 피아니스트인 어머니로부터 음악교육의 방법적인 면에서 큰 영향을 받았고, 연극, 작곡, 음악감독, 아랍 민속음악 연구 등 다양한 분야에서 활동하였으며, 1892년 제네바음악원 교수로 임용되었다.

학생들을 지도하던 자크-달크로즈는 다음과 같은 문제점과 질문을 제시하고(유승지, 2004), 음악과 신체활동을 연계한 교수원리를 개발해 유리드믹스, 솔페즈, 즉흥연주로 구성된 음악 교수법을 창안하였다.

- **학생들에게서 발견한 문제점**
  - 연주 테크닉은 훌륭하면서 악기를 통해 자신의 감정을 전달하는 음악적 표현에는 서툴 뿐 아니라, 그 중요성도 인식하는 못함
  - 화성학 시간에 수학 공식을 다루듯이 화성을 외우지만 그 소리를 듣지 못함
  - 기본적인 리듬조차 음악적으로 표현하지 못함
  - 단순한 생각이나 감정을 간단한 멜로디로 표현하는 것조차 어려워함

- **스스로의 질문과 답**
  - 음악은 어떻게 생겨났다고 생각하는가? 인간의 감정을 표현하기 위한 수단으로
  - 인간은 감정을 어떤 감각 기관으로부터 느낀다고 생각하는가? 온몸으로
  - 인간은 감정을 어떻게 느낀다고 생각하는가? 근육의 수축과 이완 정도에 따라 다르게 느껴지는 감각에 의해
  - 인간의 몸을 통해 내적인 감정을 어떻게 외부 세계로 표출할 수 있다고 생각하는가? 자세, 제스처, 다양한 종류의 움직임(열렬한 악수, 건방진 얼굴, 소심한 걸음) 등

- 인간은 어떤 수단을 통해 내적 감정을 음악으로 승화시킬 수 있다고 생각하
  는가? 몸의 움직임을 통해
- 음악 수업에서 처음 다루어야 할 악기는 무엇이라고 생각하는가? 인간의 몸

2) 자크-달크로즈 교수법의 철학과 원리

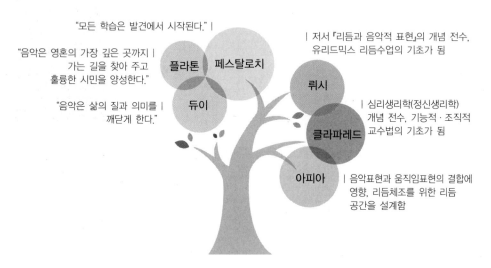

[그림 6-1] 자크-달크로즈 교수법의 바탕이 된 철학과 원리

음악교육은 정신, 감정, 신체를 동시에 발달시키는 전인교육이어야 한다.
음악교육은 음악뿐 아니라 인간의 잠재적이고 선천적인 모든 재능을 발전시키
는 것이어야 한다.

– 자크-달크로즈

페스탈로치의 제자인 어머니와 플라톤(Platon), 듀이(J. Dewey)의 영향을 받은
자크-달크로즈의 철학은 현재는 당연한 듯 들리지만, 원리 원칙과 기교를 강조하
던 당대 예술교육에 있어서는 매우 혁신적이고 선구적인 철학이었다. 자크-달크
로즈는 이러한 철학을 바탕으로 스위스 출신의 음악이론가 뤼시(M. Lussy), 무대
극 연출가 아피아(A. Appia), 심리학자 클라파레드(E. Claparede)와의 만남을 통해
음악과 움직임을 결합한 교수 원리를 정립해 나갔다. 특히, 『리듬과 음악적 표현』
을 통해 "모든 음악적 표현은 생리적 근거를 갖고 있다."라고 밝힌 뤼시의 학문적

기반의 근거를 클라파레드의 심리생리학에서 찾은 자크-달크로즈는 '근운동감각 (kinesthetic sense)'을 발견하고 '여섯 번째 감각'으로 명명하였다.

　움직임에 대한 감각은 느낌으로 전환되고, 느낌은 신경 체계를 통하여 뇌로 전달되며, 뇌는 전달된 감각정보(sensory information)를 지식으로 변환한다. 지식에 기반을 두어 정보를 판단한 뇌는, 신경체계를 통해 다시 몸에 명령을 내려 보다 적절한 움직임이 일어나게 하는데, 이와 같은 일련의 과정을 '근운동감각'이라 한다

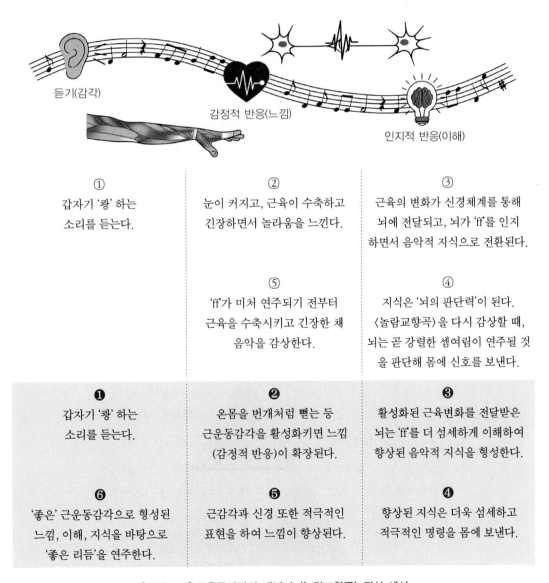

듣기(감각)

감정적 반응(느낌)

인지적 반응(이해)

① 갑자기 '쾅' 하는 소리를 듣는다.	② 눈이 커지고, 근육이 수축하고 긴장하면서 놀라움을 느낀다.	③ 근육의 변화가 신경체계를 통해 뇌에 전달되고, 뇌가 'ff'를 인지하면서 음악적 지식으로 전환된다.
	⑤ 'ff'가 미처 연주되기 전부터 근육을 수축시키고 긴장한 채 음악을 감상한다.	④ 지식은 '뇌의 판단력'이 된다. 〈놀람교향곡〉을 다시 감상할 때, 뇌는 곧 강렬한 셈여림이 연주될 것을 판단해 몸에 신호를 보낸다.
❶ 갑자기 '쾅' 하는 소리를 듣는다.	❷ 온몸을 번개처럼 뻗는 등 근운동감각을 활성화키면 느낌 (감정적 반응)이 확장된다.	❸ 활성화된 근육변화를 전달받은 뇌는 'ff'를 더 섬세하게 이해하여 향상된 음악적 지식을 형성한다.
❻ '좋은' 근운동감각으로 형성된 느낌, 이해, 지식을 바탕으로 '좋은 리듬'을 연주한다.	❺ 근감각과 신경 또한 적극적인 표현을 하여 느낌이 향상된다.	❹ 향상된 지식은 더욱 섬세하고 적극적인 명령을 몸에 보낸다.

[그림 6-2] 근운동감각의 개념과 〈놀람교향곡〉 감상 예시

(Choksy et al., 2001). 즉, 청감각을 통해 받아들여진 음악은 감정적 반응(느낌)과 인지적 반응(이해)을 일으키는데, 이 과정은 근감각 및 신경 반응과 연결되어 나타난다는 것이다. 쉬운 예로, 하이든의 〈놀람교향곡〉 감상을 통해 근운동감각의 개념을 살펴보면 [그림 6-2]와 같다.

결국 음악을 느끼고 이해하는 것은 비단 귀가 아니라, 온몸의 근육과 신경의 변화를 뇌가 인지하는 과정을 통해 일어나는 반응인 것이다. 자크-달크로즈는 이러한 '근운동감각'을 자극하고 훈련하여 음악을 충분히 느끼고 이해하도록 이끌어 주는 것이 음악교육의 출발점이 되어야 한다고 하였다. 예를 들어, 'ff'를 연주하도록 할 때, 악기를 반복 연습하는 기교 중심의 음악교육을 지양하고 [그림 6-2]의 ② 단계를 ❷와 같이 활성화하는 교육이 우선 이루어져야 하며, 이런 과정을 충분히 경험한 이후에야 비로소 악기를 연주하도록 할 때 훌륭하게 향상된 뇌의 판단력과 근운동감각이 'ff'를 보다 강렬하고 풍부하게 연주할 수 있게 한다는 것이다(❸~❻).

3) 자크-달크로즈 교수법의 영역과 교수방법

자크-달크로즈 교수법은 보이지 않는 소리(invisible sound)를 보이는 소리(visible sound)로 변화시키는 과정으로, 유리드믹스(Eurhythmics), 솔페즈(Solfege), 즉흥연주(Improvisation)로 구성된다. 이 세 영역은 별개의 개념이 아니라 하나의 철학적 뿌리로 연계된 유기적 영역이며, 수업에 통합적으로 함께 적용된다(Dale, 2000).

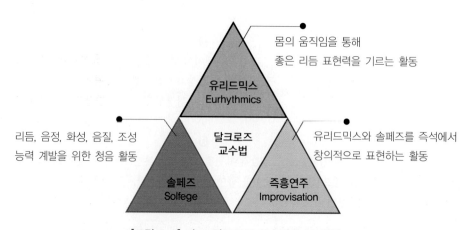

[그림 6-3] 자크-달크로즈 교수법의 세 영역

(1) 유리드믹스

리듬(rhythm)은 '흐르다'를 뜻하는 그리스어 '리트머스(rhythmos)'에서 유래되었고, 유리드믹스(Eurhythmics)는 그리스어 'eu(좋은)'와 'rhythmos(흐르다)'를 합성한 용어로서 '좋은 흐름' '좋은 리듬'을 의미한다. 자크-달크로즈는 리듬의 유형을 리듬의 질에 따라 세 가지로 구분하였는데, 그 개념과 예는 [그림 6-4]와 같다.

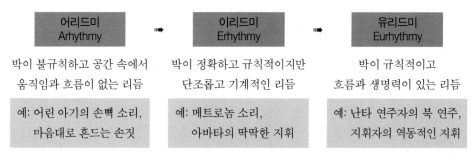

[그림 6-4] 리듬의 세 유형과 예

미국 줄리어드 달크로즈 연구소의 주임교수인 아브람슨(Abramson, 1986)은 자크-달크로즈 교수법에서 학습해야 할 34가지 리듬 요소를 〈표 6-1〉과 같이 제시하였으며, 각 리듬 요소들은 순서에 따라 단계적으로 제시되어야한다고 하였다.

〈표 6-1〉 리듬의 34가지 요소

1	시간, 공간, 힘, 무게, 균형, 유동성	2	규칙적인 박	3	빠르기	4	변화하는 빠르기
5	셈여림	6	변화하는 셈여림	7	아티큘레이션	8	다양한 악센트	9	박자
10	쉼표	11	음의 길이	12	음의 분할	13	패턴	14	내재된 박
15	프레이즈	16	단선율 형식	17	축소	18	확대	19	리듬적 대위법
20	당김음	21	반주 있는 단선율	22	대위적 형식	23	캐논	24	푸가
25	부가 리듬	26	혼합 박자	27	혼합박	28	혼합박자와 혼합박	29	복합 박자
30	복합 리듬	31	헤미올라	32	리듬의 변화	33	12음 나누기	34	루바토

이 리듬 요소들은 움직임, 즉 동작을 통해 '보이는 리듬'이 되고, 학생은 호흡과 힘을 적절히 긴장하고 이완하는 능력을 습득해 '좋은 리듬'을 표현하게 된다. 동작에는 이동 동작, 비이동 동작, 조작 동작이 있는데, 유리드믹스에서 가장 기본적으

로 활용되는 '이동 동작'과 '비이동 동작', 그리고 이동 동작에 활용할 수 있는 여러 모양의 경로는 다음과 같다.

비이동 동작	이동 동작	경로
• 손뼉치기 • 흔들기 • 지휘하기 • 뻗기 • 구부리기 • 잡아당기기 • 밀기 • 돌기	• 걷기 • 달리기 • 뛰기 • 뛰어넘기 • 기기 • 미끄러지기 • 호핑 • 갤럽 • 스킵	직선 곡선 지그재그선 나선 원 물결 선 여러 가지 도형 혼합 경로

[그림 6-5] 유리드믹스의 기본 동작과 경로

'비이동 동작' 중 '흔들기(swinging)'는 무게 중심을 이동시키면서 몸 전체나 신체 일부를 흔드는 동작으로 시계추를 연상해 볼 수 있다. '이동 동작' 중 '뛰기(jumping)'는 양발 모아 뛰기, 호핑(hopping)은 한 발로 뛰기, '갤럽(galloping)'과 '스킵(skipping)'은 〈표 6-2〉의 동작을 반복하며 이동하는 동작이다. 어린아이는 '갤럽'에 비해 '스킵'을 상당히 어려워하므로, 동작을 분할하여 천천히 연습한 후 점차 연속된 동작으로 발전시키는 것이 좋다.

〈표 6-2〉 갤럽과 스킵

동작	리듬	방법
갤럽	♪♪♪ 3 ① ② ③ 개 앨 럽	① 몸을 살짝 숙여 무게 중심을 앞으로 보내면서 오른발을 앞으로 내딛고, ② 뛰어오르면서 왼발을 앞으로 끌어당겨, ③ 오른발에 옆에 왼발을 내딛는 동시에 오른 발을 뗀다. ※ 리듬에 맞춰 '개앨럽'을 말하면 동작에 도움이 되며, '말뛰기 동작'이라고도 불린다.
스킵	♪ ♪ ♪ ♪ ① ② ③ ④	① 오른발을 앞으로 내딛으며 구르고, ② 왼 무릎을 위로 들면서 오른 발로 뛴다(호핑). 발을 바꾸어, ③ 왼 발을 구르며 내딛고, ④ 오른 무릎을 위로 들면서 왼발로 뛴다(호핑).

유리드믹스 수업에는 동작과 함께 다양한 형태의 리듬 게임이 활용된다. '즉흥'에 기반을 두는 게임 활동은 음악을 듣지 않고 습관적으로 움직이는 것을 예방하고, 집중력과 민첩성을 길러준다.

〈표 6-3〉 유리드믹스 리듬 게임의 형태

형태	방법
빠르게 반응하기	• 교사가 박자, 빠르기, 셈여림, 음색 등 다양한 리듬 요소에 변화를 주면서 피아노를 즉흥연주하면, 학생들이 음악적 변화에 즉각적으로 반응하는 방법이다.
따라 하기	• 같은 리듬 패턴을 셈여림, 아티큘레이션 등에 변화를 주며 연주하면, 학생들이 미묘한 변화를 잘 듣고 정확하게 몸으로 표현하는 방법이다.
보충 게임	• 익숙한 리듬 패턴에 새로운 음악 요소를 넣어 들려주고, 학생들이 이에 알맞은 움직임을 만들도록 한다. 다음은 사분쉼표를 넣은 예로 쉼표에서 정지동작을 한다.
메아리 모방	• 리듬을 듣고 곧이어 따라한다.
기억 모방	• 리듬을 듣고 1~2마디의 간격을 둔 후 따라 한다.
연속 모방 (중복 모방)	• 돌림노래처럼 연속적으로 연주하는 리듬을 1~2마디 간격을 두고 따라한다. 첫 리듬을 따라하는 동시에 새로운 리듬을 기억하는 것으로 난이도가 높다.

(2) 솔페즈

① 고정도법

자크-달크로즈는 절대음감 훈련을 위해 고정도법을 사용하였다. '사장조'의 고정도법과 이동도법의 차이를 '도-도 음계[1]'로 살펴보면 〈악보 6-1〉과 같다.

〈악보 6-1〉 고정도법과 이동도법

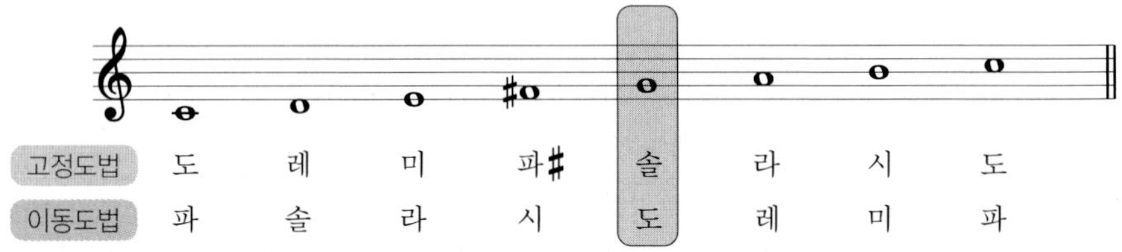

고정도법	도	레	미	파#	솔	라	시	도
이동도법	파	솔	라	시	도	레	미	파

고정도법의 '솔'은 이동도법에서는 으뜸음이 되어 '도'로 불린다. 자크-달크로즈는 이동도법에 의한 계이름 부르기를 지양하고, 고정도법에 따라 고유의 음이름으로 노래하는 훈련을 통해 절대음감이 향상되도록 하였다.

② 신체동작

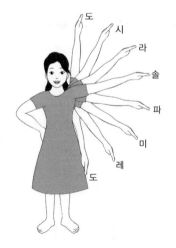

[그림 6-6] 음의 높낮이 표현

절대음감 훈련을 위한 솔페즈에도 유리드믹스와 같이 신체동작이 적용된다. 음의 높이를 8단계로 나누어 [그림 6-6]과 같이 팔을 올리고 내려 음의 높이를 표현하는 방법인데, 단지 음의 높낮이를 시각화하는 것이 아니라 음 높이에 근운동감각을 적용한 활동임에 유의해야 한다. 노래를 부를 때 고음에서 목의 근육이 긴장하고 저음에서 편안히 이완되는 원리를 팔의 근육과 호흡의 변화로 섬세하게 느끼고 표현하도록 해야 한다.

음이 올라갈 때는 숨을 들이쉬면서 근육을 긴장

---

1) 모든 조성을 다장조의 도에서 시작해 높은 도까지로 그리는 방법. 통상적으로 사장조는 으뜸음인 '솔'부터 기보하지만, '도-도' 음계에서는 다장조의 '도'부터 기보하기 때문에 사장조의 '파'부터 시작함.

시켜 팔을 들고, 음이 내려갈 때는 숨을 내쉬면서 근육을 이완시켜 팔을 내린다. 처음부터 도에서 도까지 세분화해서 적용하기보다는 아래(도), 중간(솔), 위(높은 도)를 구분하는 연습을 먼저 한 후, '도'에서 '높은 도'까지 점점 팔을 올리며 표현하도록 한다. 익숙해지면 반음은 손을 비스듬히 하여 표현하도록 하고, 보다 능숙한 학생은 양손으로 서로 다른 멜로디를 표현하도록 발전시킨다.

③ 내청

절대음감 훈련과 함께 자크-달크로즈가 강조한 것은 '내청' 능력의 향상이다. '청음' 능력은 소리나 음악을 전체적으로 듣지만 그 안의 요소와 구조를 구체적으로 파악하지 못하는 '외청(listening)'과 교육을 통해 소리에 내재된 요소와 구조를 머리로 파악하고 기억하고 상상하는 '내청(inner hearing)'으로 나눌 수 있다(유승지, 2004a). 음악을 듣고 멜로디 일부만 알아채는 사람이 있는가 하면 멜로디 전체와 반주의 코드까지 정확히 분석해 악보로 그려 내는 사람도 있는데, 바로 내청능력의 차이에서 비롯된 것이다. 내청능력은 악보를 보고 실제 음을 떠올리는 청음능력에서 시작해 궁극에는 음악을 창의적으로 상상하고 표현하는 창작능력의 바탕이 된다. 내청 훈련의 방법으로는 악보 없이 듣고 따라 부르기, 기억하기, 외워서 부르기 등을 통해 오직 들리는 소리, 즉 청감각에 집중하고 기억하기, 특정 음이나 리듬, 구간에서 침묵하기 등이 활용된다. 그 예로, 〈비행기〉를 2마디는 소리 내어 부르고 2마디는 마음속으로 부른 후 5마디부터 다시 소리 내어 부르는 활동을 들 수 있다. 다섯 번째 마디가 시작되어야 할 때에 맞춰 학생이 노래를 이어 부른다면, 침묵하는 2마디 동안 노래를 멈춘 것이 아니라, 마음속에서 들리지 않는 소리로 노래를 연상하고 있었기 때문이다. 즉, 〈비행기〉라는 노래의 박자, 빠르기, 음정 등을 음악적으로 분석하고 유지하는 내청이 이루어졌음을 의미한다.

④ 줄악보

솔페즈에는 악보 읽기와 쓰기도 활용되는데, 이는 유리드믹스와 솔페즈에 대한 기초적인 음악 경험을 충분히 한 후 최종 단계에서 적용되는 학습이며, 반드시 실제 음의 감지능력과 함께 이루어진다. 자크-달크로즈는 악보를 읽지만 실제 음을 연상하지 못하는, 즉 악보와 음을 연계하지 못하는 것을 경계하여 처음부터 오선을 제시해 이론 중심의 음악 학습이 이루어지지 않도록 줄 악보를 사용하였다. 줄 악보는 〈악보 6-2〉와 같이 한 줄 악보에서 시작하여 음감이 발달함에 따라 점차 줄을 추가해 오선으로 완성되며, 줄의 기준 음을 변경하며 사용한다.

〈악보 6-2〉 한 줄 악보

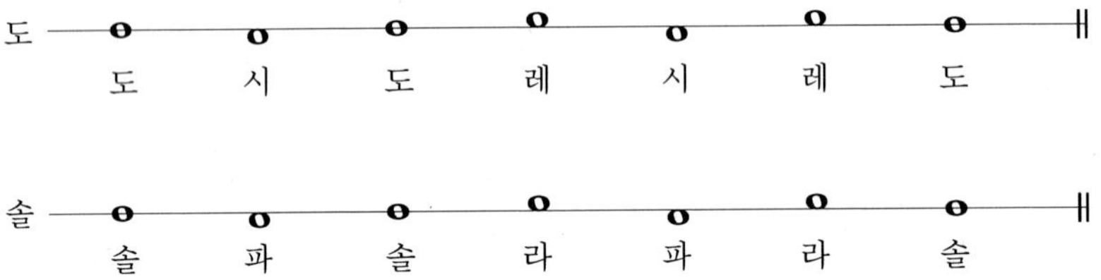

도 ─ ○ ─ ○ ─ ○ ─ ○ ─ ○ ─ ○ ─ ○ ─ ‖
　　 도　 시　 도　 레　 시　 레　 도

솔 ─ ○ ─ ○ ─ ○ ─ ○ ─ ○ ─ ○ ─ ○ ─ ‖
　　 솔　 파　 솔　 라　 파　 라　 솔

(3) 즉흥연주

즉흥연주의 목적은 피아노를 중심으로 한 다양한 매체를 통해 유리드믹스와 솔페즈에서 습득한 음악적 역량을 자연스럽게 발전시키고 확장하는 데 있다. 자크-달크로즈는 연주 테크닉을 위한 훌륭한 감각, 청음능력, 음악의 해석능력, 창의적 연주능력 등을 형성하기 위해서는 어린아이일 때부터 자발적으로 자유로운 음악을 창조할 기회가 주어져야 함을 깨닫고, 학생에게 리듬, 선율, 아티큘레이션 등의 일정한 패턴을 주고 이를 즉흥적으로 전개시켜 나가도록 하였다.

자크-달크로즈는 즉흥연주의 핵심 매체로 피아노를 사용하였는데, 건반악기인 피아노는 멜로디 연주는 물론 타악기 대신 두드려서 연주할 수 있고, 크고 작은 소리, 음의 고저, 리듬과 멜로디, 화음을 모두 연주할 수 있어서 개인이 의도하는 음악을 자유롭게 표현하기에 가장 적절한 악기라고 여겼기 때문이다.

즉흥연주 방법에는 유리드믹스에서 제시한 여러 형태의 모방 게임, 리듬 즉흥연주, 가락 즉흥연주, 화성 즉흥연주, 지휘하기 등이 있다. 〈악보 6-3〉은 '3음 가락 즉흥연주'의 예로, '라, 도, 미'로 구성된 노래를 부르고 '수리수리 마수리 얍'과 같은 주문을 외친 후, '라, 도, 미'음으로 빈 마디를 즉흥연주토록 한다. 마지막 마디는 으뜸음 '라'로 마치도록 안내하여 곡의 마침과 성취를 경험하게 한다. 간단한 리듬 패턴을 지정해 줄 수도 있다. 지적장애학생에게는 피아노 건반 '라, 도, 미'에 스티커를 붙여 표시해 주거나, 낮음 악기로 된 공명 실로폰을 3음만 제시해 주고 실로폰 채를 요술지팡이에 빗대어 상상하면서 재미있게 즉흥연주하도록 도울 수 있다. 세

마디를 자유롭게 즉흥연주하면 교사가 마지막 마디에 맞춰 '라'를 연주해 연주를 마치도록 한다.

〈악보 6-3〉 즉흥연주 활동의 예시 〈몽이의 지팡이〉

이미선 작사 · 작곡

2. 코다이의 음악 지도 방법

1) 코다이의 교수법 창안의 배경

헝가리의 민속음악학자이자 음악교육가인 코다이(Z. Kodály)는 피아노와 성악에 재능이 있는 어머니로부터 음악적 영향을 받았다. 코다이는 전국을 답사하며 민요를 수집하던 중, 다음과 같은 일을 계기로 헝가리 민요를 활용한 음악교육을 시작하게 된다. 코다이가 평생에 걸쳐 수집한 10만여 곡에 이르는 민요는 다섯 권으로 이루어진 『헝가리민속음악대전』으로 출간되기도 하였다.

코다이 교수법의 창안 배경

• 중학교 합창을 위하여 민요를 편곡하면서 헝가리 민요가 학교 음악교육의 중요한 교육 자료로 활용되어야 함을 인식함
• 형편없는 창법으로 노래하는 사범학교 여학생들을 보면서 음악교육을 위한 좋은 민요곡과 우수한 교사양성의 필요성을 깨달음

2) 코다이 교수법의 이념과 철학

음악을 읽고 쓰는 기보법을 중요하게 다루는 코다이의 철학은 자크-달크로즈의 철학과 달리 학습과 이론을 강조하는 것으로 여겨질 수 있으나 그의 철학에는 음악을 모든 사람과 함께 누리고자 하는 간절함이 내포되어 있다. 녹음기, 미디어 등의 발달이 미비하여 악보가 음악을 전하고 연주하는 중심 매체가 되고, 좋은 음악을 듣는 것은 부유층에게 한정되던 시기에 코다이는 모든 사람, 특히 어린이가 악보를 읽고 쓰는 방법을 익혀 형편과 직분에 상관없이 음악을 누리고 향유할 수 있기를 소망하였다.

그의 철학은 다음 여덟 가지로 살펴볼 수 있다(임미경 외, 2010).

- 음악은 모든 사람의 것이다.
- 모든 사람이 글처럼 음악도 읽고 쓸 수 있어야 한다.
- 음악교육은 조기에 시작되어야 한다.
- 음악교육은 아이의 선천적 악기인 목소리로 시작해야 한다.
- 좋은 음악만을 경험하게 해야 한다.
- 음악적 모국어인 민요로 음악교육을 시작해야 한다.
- 음악은 교육과정의 핵심이어야 하며 교육의 기초가 되어야 한다.
- 음악은 바르게 교육받은 훌륭한 음악교사에 의해 가르쳐져야 한다.

코다이는 음악교육은 태어날 때 혹은 태아 때부터 시작하는 것이 좋으며, 감수성이 가장 예민한 3~7세 때의 교육이 특히 중요하다고 하였는데, 이는 오늘날 강조되는 영유아 음악교육의 중요성과 부합된다. 또한, 아이들이 조악한 음악을 듣지 않도록 경계하고 훌륭한 예술 명작을 경험하도록 이끌어주어야 한다고 하였다. 예술 명작에는 민요와 예술음악이 포함되는데, 코다이는 민요를 그대로 전승하는 것에 그치지 않고 예술음악을 이해하는 자료로 발전시켜 학교 음악교육에 도입하였다.

코다이는 음악교육은 음악적 성장뿐 아니라 신체, 정신, 감정 등 전인적 발달을 향상시켜 다른 교과 전반에 영향을 미치는 중요한 과목이므로 교육과정의 핵심 과

목으로 인식되어야 하고, 이를 위해 바르게 교육받은 훌륭한 음악교사가 절실히 필요하다고 하였다. "음악교사는 오페라단의 지휘자보다 더 중요하다. 서툰 지휘자의 실수는 직장을 옮김으로써 한 번의 실수로 끝낼 수 있지만 서툰 음악교사는 여러 세대에 걸쳐 많은 사람들에게 음악 애호의 마음을 빼앗기 때문이다(이홍수, 1990 재인용)."라고 강조한 코다이는 사범학교 학생을 위한 교재, 교육과정, 교사연수 등을 도입하여 훌륭한 교사를 양성하고자 노력하였다.

3) 코다이 교수법의 매체와 방법

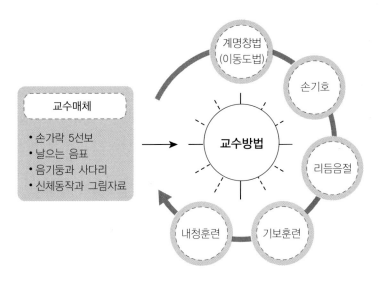

[그림 6-7] 코다이 교수법의 교수매체와 교수방법

(1) 교수방법

① 계명창법

코다이 교수법에서는 자크-달크로즈 교수법과 달리 이동도법에 의한 계이름으로 선율을 노래한다. 코다이는 커웬(J. S. Curwen)의 '으뜸음 솔파 체계'를 토대로 계명창법을 체계적으로 정리한 '솔파지도법(Solfa Teaching)'을 정립하고, 〈악보 6-4〉와 같은 발음으로 노래하도 지도하였다.

〈악보 6-4〉 계명창법에서의 음의 발음

do di re ri mi ma fa fi so si la li ti ta

계명창법에는 일반적인 계이름과 달리 so(소)와 ti(티)가 사용된다. 헝가리에서 sol(솔)을 soh(소)로 사용하고 코다이가 다른 음들과 균일하게 알파벳 두 글자를 따 so(소)로 표기하였기 때문이다. 또한 so(소)와 첫 글자가 같은 si(시)는 ti(티)로 바꾸었는데, 〈악보 6-5〉와 같이 첫 알파벳으로 계명을 표기하는 코다이 기보법에서 so(소)와의 동명을 피하기 위함이다. 반음 올린 음(♯)은 'i', 반음 내린 음(♭)은 모음을 'a'로 바꿔 발음한다.

② 손기호

코다이는 커웬의 손기호 중 fa(파)와 ti(티)를 수정하고 반음의 손기호를 추가해 정립하고 음 높이를 정확히 부르는 활동에 사용하였다.

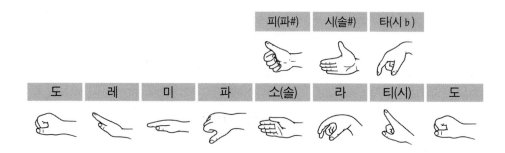

| | | | | 피(파#) | 시(솔#) | 타(시♭) |
| 도 | 레 | 미 | 파 | 소(솔) | 라 | 티(시) | 도 |

[그림 6-8] 코다이 손기호

손기호는 음이 가진 음계의 기능을 모양에 담고 있는데, 음계의 중심이 되는 으뜸음 '도'는 주먹으로, '미'로 내려가는 성향이 있는 '파'는 아래로 향하는 모양, 안정적인 으뜸음 '도'로 올라가려는 성향이 있는 '티(시)'는 위를 향하는 모양이다. '도'를 배에서 시작해 '소'는 눈, '높은 도'는 머리 위의 위치로 점차 올라가며 표현해 음의 높이를 표현하는 데 사용되며, 익숙해지면 양손의 손기호를 달리해 화음을 표현하기도 한다.

③ 리듬음절

코다이는 슈베(E. J. Cheve)가 리듬 이름을 부르는 지도 방법에서 착안해 리듬을 음가, 즉 길이에 따라 읽는 리듬음절을 체계화해 지도하였다.

〈표 6-4〉 리듬음절

홑박자 리듬음절						겹박자 리듬음절	
𝅝	타아아아	♩. ♪	타 이티	♪𝅘𝅥	팀 리	♩.	툼
♩.	타아아	♪♪♪	티타 티 (싱코 파)	♪♪𝅘𝅥	리팀	♩. ♩.	투 움
♩	타아	³♪♪♪	트리올라	♪♪♪	리티리	♩ ♪	타 티
♩	타	♪♪♪♪	티리리리	𝄽	쉼	♪ ♪	리타
♫	티티	♪♪♪	티 티리	𝄾	쉬	♪♪♪	티티티

연습문제

〈씨앗〉

김성균 작사 · 작곡

씨 씨 씨 를 뿌리 고　　꼭 꼭 물 을 주었 죠　　하 룻 밤　이 틀 밤　쉿 쉿 쉿

④ 기보훈련

코다이 교수법에서 음악을 듣고 적는 훈련은 중요한 학습인데, 오선에 음표를 그리는 것이 아니라 다음과 같은 방법으로 '기둥악보'를 사용해 기보한다.

〈악보 6-5〉 기둥악보의 음과 리듬 기보

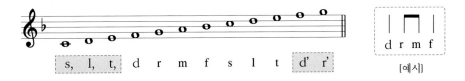

> ## 기둥악보를 사용한 기보훈련 방법
>
> • 교사가 2~4마디의 노래를 가사 혹은 허밍으로 불러 준다.
> • 학생들은 〈악보 6-5〉의 [예시]와 같이 계명의 첫 알파벳으로 음을 적는다.
> • 옥타브 위의 음은 알파벳 위에 ['], 옥타브 아래 음은 알파벳 아래에 [,]를 붙인다.
> • 리듬을 리듬음절로 응답한다.
> • 계명(알파벳) 위에 리듬을 기보하며, 음표의 검은 머리를 생략하고 기둥만 기보한다.

⑤ 내청훈련

코다이도 내청훈련을 강조하였는데, 달크로즈에서도 자주 활용된 마음속으로 부르기, 즉 노래를 소리내어 부르다가 교사가 신호를 주면 마음속으로 노래하고, 다시 신호를 주면 소리 내어 부르면서 활동, 익숙한 노래를 가사 없이 리듬이나 가락만 들려주고 학생들이 곡명을 유추하여 맞추는 게임 등이 활용되었다.

(2) 교수 매체

① 손가락 5선보

손가락 5선보는 왼손의 다섯 손가락으로 오선을 나타내고, 오른손 검지로 왼 손가락의 마디나 줄을 가리켜 음을 표현하면 계명창으로 노래하는 방법이다. 실제 지도에서는 왼손 셋째 손가락을 솔로 정해 지도하는 경우도 많다. 어린아이의 경우 가장 아래에 있는 다섯째 손가락을 으뜸음 '도'로 표현해야 쉽게 이해하기 때문이다.

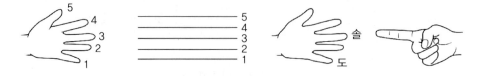

[그림 6-9] 손가락 5선보

② 날으는 음표

슈베가 고안한 '움직이는 막대기'를 변형한 '날으는 음표(flying note)'는 [그림 6-10]과 같이 음표의 머리를 고정시킨 막대기로 5선 위의 음을 가리키며 움직이면 학생들이 그 음들을 읽게 하는 방법으로 음의 흐름, 즉 가락선을 표현하는 활동이다. 다장조가 아닌 경우 으뜸음 '도'의 위치를 교사가 지정해 주어 이동도법을 익히도록 할 수 있다. 날으는 음표는 쉽게 구할 수 있는 실로폰의 고무 채를 사용할 수 있고, 학생이 나무젓가락이나 아이스크림 막대에 종이를 붙여 만들어 볼 수도 있다.

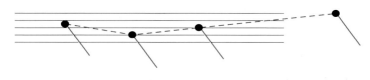

[그림 6-10] 손가락 5선보

③ 음 기둥 · 음 사다리 · 음 계단

음 기둥, 음 사다리, 음 계단은 음계와 음정을 지도할 때 유용하게 사용된다. 2011 기본 교육과정 중학교 음악 교과서 3단원과 2015 기본 교육과정 고등학교 음악 교과서 9단원에 [그림 6-11]과 같은 자료들이 수록되어 있다.

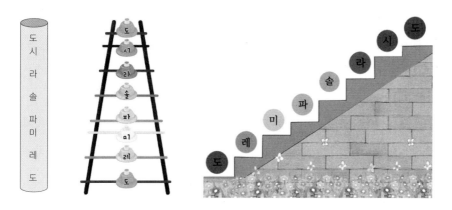

[그림 6-11] 음 기둥, 음 사다리, 음 계단

출처: 교육부(2011), 교육부(2015a).

키친 타올이나 비닐 랩 사용 후 가운데 들어 있는 종이 심지를 활용해 학생들과 함께 음 기둥을 만들거나 블록을 쌓아 음 계단을 만들어 볼 수 있다. 이때 단순히 음을 순서에 따라 나열하는 것이 아니라, 반음(미-파, 시-도)의 간격이나 높이를 온음의 절반 정도로 표현하도록 유의해야 한다.

근래에는 계단 형태의 교육용 악기와 스탠드로 실제 음을 연주하면서 개념을 이해할 수 있다. [그림 6-12]의 왼쪽 글로켄슈필은 스탠드에 건반이 고정되어 있는 반면, 가운데와 오른쪽은 스탠드 위에 학생들이 공명 실로폰을 하나씩 쌓아볼 수 있다.

[그림 6-12] 계단형 글로켄슈필(좌)과 공명 실로폰(중간, 우)
출처: 좌) 뮤앤무 오르프샵, 중) 가자 뮤직, 우) (주)SPM 사이트.

4) 코다이 교수법의 교수 · 학습 위계

(1) 리듬 교수 · 학습 위계

코다이는 아동의 음악적 발달을 고려해 쉬운 음악 요소에서 점차 어려운 음악 요소를 학습하도록 교수 · 학습 위계를 정립하였다. 리듬의 교수 · 학습 위계는 〈표 6-5〉와 같다.

리듬 학습의 첫 단계는 일정박의 바탕이 되는 4분음표이고, 박자는 2/4박자에서 4/4박자 → 2/2박자 → 3/4박자 등의 순으로 학습된다. 쉼표도 음표처럼 4분쉼표부터 시작하는데, 장애학생에게 쉼표를 지도할 때는 '리듬 쉼표'를 사용하는 것이 좋다. 마치는 박에 있는 쉼표는 쉼표의 길이를 인식하지 않고 흘려버리기 쉬운 반면, 음표와 음표 사이에 있는 리듬 쉼표를 사용하면 쉼표의 길이를 지켜 침묵함으로써 쉼표가 음표와 동일한 길이만큼의 쉼이라는 점을 자연스럽게 습득할 수 있기 때문이다(예: 〈악보 6-6〉).

〈표 6-5〉 리듬 교수 · 학습 위계

4분음표	→	8분음표	→	4분쉼표	→	2/4박자	→
2분음표	→	당김음	→	8분쉼표	→	4/4박자	→
온음표	→	2분쉼표	→	온쉼표	→	2/2박자	→
점4분음표	→	3/4박자	→	점2분음표	→	16분음표	→
16분쉼표	→	3/8박자와 4분음표를 단위로 한 혼합마디	→	4/4박자와 2/4박자의 혼합	→	3/4박자와 2/4박자 (또는 4/4)의 혼합	→
셋잇단음표	→	3/8박자	→	4분음표와 8분음표 단위의 마디	→	9/8박자	→
32분음표	→	3/2박자	→	4/2박자	→	7/4박자	→
7/8박자	→	넷잇단음표	→	다섯잇단음표	→	여섯잇단음표	

〈악보 6-6〉 마치는 쉼표와 리듬 쉼표의 예

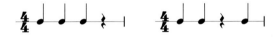

(2) 선율 교수 · 학습 위계

코다이는 음악 개념은 체계적으로 조직되어야 하지만 아동의 성장단계에 따른 내용체계가 학문적 논리와 체계보다 우선해야 한다고 하였다. 따라서 반음을 제외한 5음 음계부터 학습하도록 하였다. 또한, 5음 음계를 계이름 순서에 따라 '도'부터 차례로 레, 미, 솔, 라 순서로 지도하지 않고 아동의 음악적 발달 특성을 고려해 하행하는 두 음 '솔-미'를 가장 먼저 가르치도록 하였다. 헝가리 사람들이 다른 사람의 이름을 부르는 음형, 아동의 찬트 등에 빈번히 사용되는 친숙한 음정이기 때문이다. '솔-미' 또는 '솔-미-라' 3음은 헝가리 뿐 아니라 세계 여러 나라의 찬트와 게임 노래에 사용된다. '솔-미'와 '솔-라' 역시 각국의 전래동요에서 주를 이루는 음정이다. 우리나라 전래동요에도 '솔-라' 2음으로 구성된 〈꼭꼭 숨어라〉, '라-솔-미' 3음으로 구성된 〈이 박 저 박〉 등이 있다.

〈악보 6-7〉 전래동요 〈이 박 저 박〉의 일부분

처마끝에 대롱박   꼬부랑막대 탁치니   꼬부랑꼬부랑꼬부랑깽

'솔-미' 2음을 익힌 후에는 순서에 따라 음을 추가하여 3음, 4음, 5음을 배우게 되는데, 추가되는 음의 순서와 구성은 [그림 6-13]과 같다.

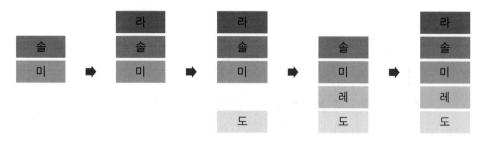

[그림 6-13] 5음계 교수 · 학습 순서

3. 오르프의 음악 지도 방법

1) 오르프의 생애와 교수법 창안의 배경

독일의 작곡가이자 음악교육자인 칼 오르프(Carl Orff, 1895〜1982)는 1895년 독일 뮌헨에서 태어났다. 아마추어 오케스트라 단장이었던 외조부와 12세에 피아노 연주자 자격을 취득할 만큼 음악적 재능을 갖춘 어머니로부터 음악적 영향을 받았다. 오르프는 케트만(G. Keetmann)을 만나게 되며 이로써 40여 년에 걸친 연구를 시작하게 된다.

오르프의 제자이자 후일 동료로 많은 연구를 함께한 케트만은 1929년부터 오르프와 함께 권터학교에 재직하면서 음악과 춤을 가르치는 한편, 리코더와 타악기를 위한 연주곡과 춤곡을 다수 작곡하였다. 1948년에는 오르프와 함께 라디오에서 '어린이를 위한 오르프 음악교육'을 방송하였으며, 1949년에는 모차르테움 음악대학에서 8~10세 어린이를 위한 슐베르크 교사 연수를 하였고, 이는 1950~1956년 오르프와 함께 편찬한 『오르프 슐베르크, 어린이를 위한 음악(Orff-Schlwerk, Musik für Kinder)』의 기초가 되었다. 오르프는 동료 케트만의 뛰어난 재능과 헌신을 높이 평가하였으며, 케트만의 도움이 없었다면 『오르프 슐베르크, 어린이를 위한 음악』은 완성되지 못했을 것이라고 강조하였다.

[그림 6-14] 오르프와 동료 케트만

출처: 좌) 칼 오르프 재단, 우) nmz(neue musikzeitung).

2) 오르프 교수법의 이념과 철학

(1) 원초적 음악

오르프 교수법의 핵심 이념은 기초음악으로도 불리는 '원초적 음악(Elelementare Musik)'이다. 원초적, 기초라는 용어는 오르프 교수법이 현재 우리나라에서 주로 어린이를 위한 교육에 활용됨에 따라 쉬운 음악, 어린이 음악, 간단한 음악 등으로 오인되는 경우가 있으나, 그 본질은 결코 쉽고 간단한, 기초수준의 음악을 뜻하는 것이 아니다.

'원초적'은 태고의, 근원적인 등의 의미를 함유한다. 태고부터 오늘에 이르기까지 인류는 음악과 함께 해 왔으며, 그 시작은 뛰어난 재능이나 다른 사람

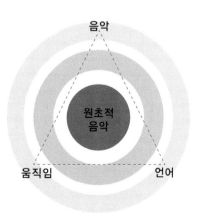

[그림 6-15] 원초적 음악

에게 배우는 것에서 비롯된 것이 아니라 태어나면서부터 이미 인간 내면에 지니는 본능, 즉 '원초적'인 음악 본성에서 시작된 것이다. 오르프는 음악은 인간 안에서 시작되는 '원초적'인 것이어야 한다는 이념을 가지고, 음악과 춤과 언어가 어우러져 본능적로 행해진 태초의 음악과 같이 자연적이고 신체적이며 경험적인 음악을 추구하였으며, 음악, 언어, 움직임을 상호적으로 결합해 '원초적 음악'으로 개념화하였다.

　음악과 언어와 움직임이 통합된 '원초적 음악'은 다음과 같은 특징을 지닌다. 첫째, 화려한 선율이나 정확한 안무가 아닌, 본능적으로 자연스럽게 발생하는 리듬과 움직임에 기초한다. 둘째, '원초적 음악'은 복잡하고 큰 음악이 아니라 간단하고 작은 형태로 이루어진다. 셋째, 따라서 어린 아이는 물론 음악에 대한 기초지식이 없는 사람도 쉽게 참여할 수 있고, 넓은 공간에서 놀이와 같이 자연스러운 활동으로 전개된다. 넷째, '원초적 음악'은 또한, 스스로 하는 것이다. 훌륭한 연주나 멋진 움직임도 그것이 타의에 의해, 혹은 수동적으로 행해진 것이라면 '원초적 음악'으로 볼 수 없다. 자의에 의해 적극적이고 직접적인 참여가 이루어 질 때 비로소 '원초적 음악'이라 할 수 있다. 인간 안에서 시작되는 음악만이 '원초적 음악'으로서의 의미를 갖는 것이다.

(2) 교육철학

　원초적 음악에 뿌리를 둔 오르프의 철학은 다음 여섯 가지로 살펴볼 수 있다(임미경 외, 2010).

- 오르프 슐베르크는 원초적이고 교육적인 발상에 기초한다.
- 어린이로부터 나오는 놀이 형태로 시작한다.
- 작은 의식을 통하여 학습한다.
- 그룹별 활동을 강조한다.
- 모든 나이에 적용이 가능하다.
- 원초적인 음악교육의 실현을 위하여 특별한 지도자가 요구된다.

위와 같은 오르프의 철학을 특수교육의 철학에 비추어 살펴보면, '평등한 (equality) 음악교육'이 아닌 '공정한(equity) 음악교육'을 통해 '모든 사람'이 음악을 향유할 수 있도록 이끌어 주어야 한다는 중심 철학이 함의되어 있음을 알 수 있다. 모든 사람이 내면에 품고 있는 음악을 있는 그대로 인정하고 안내하는 오르프의 '공정한 음악교육'은 특수교육에 있어 음악교육이 추구해야 하는 중심 가치와 방향을 재고하는 전환점이라 할 수 있다. 오르프 철학이 특수교육에 시사하는 각별한 의미와 가치들을 살펴보면 다음과 같다.

'오르프 슐베르크는 원초적이고 교육적인 발상에 기초한다.'는 철학은 오르프 교수법의 기본 목표가 특별한 음악적 재능을 기르는 데 있는 것이 아님을 명시한 것이다. 오르프 교수법의 목표는 각 학생이 내면에 지니고 있는 원초적인 음악적 요구를 끌어내 줌으로써, 모든 학생이 능동적으로 음악 활동에 참여하고 음악의 즐거움을 느낄 수 있도록 살펴주는 데 있다. 이를 위해 오르프는 정해진 음악적 기술이나 목표를 학생들에게 전달하고 학습시키는 것이 아니라, 학생의 수준에 따라 다양하고 적합한 음악 활동을 부여하여, 어려운 과제에 대한 두려움이나 좌절로 인해 음악을 기피하는 소극적인 태도를 갖지 않도록 하였다. 다양한 요구를 가진 학생이 함께 공부하는 특수교육 현장에서 오르프의 이러한 철학은 음악교육의 방향을 제시하고, 학생 중심의 재구성이 이루어져야 함을 시사한다. [그림 6-16]은 2015 기본 교육과정 고등학교 음악교과서 7단원의 활동으로, 장애학생의 수행

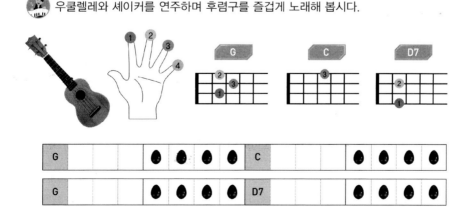

[그림 6-16] 우쿨렐레와 셰이커로 후렴구 연주하기

수준과 선호에 따라 우쿨렐레와 애그셰이커를 선택해 합주하도록 구성한 예이다. 우쿨렐레 연주는 학생의 수준에 따라 혼자, 또는 세 학생이 G, C, D7 코드를 하나씩 맡아 연주하도록 수정할 수 있다. 혹은 교사가 연주에 참여해 학생과 코드를 나누어 맡을 수도 있으며, 교사가 코드를 운지하면 학생이 검지로 현을 긁어 소리내도록 하는 등 다양한 방법으로 활동을 수정해 발현악기 연주를 경험하도록 안내할 수 있다.

세 번째 철학의 '작은 의식'은 수업에서 일상적으로 반복되는 간단한 음악적 활동이나 형식을 뜻한다. 매 수업마다 약속된 노래로 수업을 시작하고 마치는 것, 한 번은 노래하고, 한 번은 춤추고, 마지막에는 노래하며 춤을 추는 절차 등이 그 예이다. 이러한 의식들은 장애학생이 음악 수업의 흐름을 쉽게 이해하고 적응하도록 돕는다. 작은 발표회도 작은 의식 중의 하나이다. 오르프는 수업 시간에 친구들 앞에서 하는 연주, 가족을 초대한 참관수업에서의 연주 등 일상 속에서 경험하는 연주를 중요하게 여겼다. 소소하지만 자연스럽고 일상적으로 경험하는 연주, 즉 작은 의식이 쌓여 감에 따라 청중을 의식하거나 실수를 걱정하는 마음에서 벗어나, 자신의 연주를 능동적으로 즐기는 큰 힘이 길러지기 때문이다. 이는 청중도 연주자에 포함하는 원초적 음악의 정신을 엿볼 수 있는 대목이기도 하다. 음악시간 혹은 가정과의 연계 등을 활용해 장애학생에게 작은 발표회의 기회를 자주 준다면 음악적 성취감과 더불어 일상 속에서 음악을 즐기고 타인과 음악적 공감을 나누는 '생활화'를 도울 수 있다.

스톤(Margaret L. Stone)은 오르프의 철학을 정리하며 '비음악적인 아동은 없다.'고 하였다(이홍수, 1990). 오르프의 철학은 통합교육에서도 장애학생이 음악활동에 참여할 수 있다는 가능성을 열어 주고 있으며, 그룹별 활동을 강조하는 네 번째 철학과 연계하여 보다 의미 있게 구현할 수 있다. 오르프 교수법에서는 솔로 연주를 하는 경우가 거의 없다. 노래나 연주는 다른 사람의 연주나 반주와 함께 이루어진다. 함께 음악을 만들어 가는 과정, 그 과정에서 서로의 소리를 듣고 호흡을 맞추며 존중하고 때로 양보하는 찰라의 경험을 소중하게 여긴다. 통합교육에서 이런 철학을 실현하는 것은 장애학생의 음악수업 참여라는 협의의 목적 이상의 가치를 지닌다. 예로, 리코더 연주 시간에 운지에 큰 어려움이 있는 장애학생이 있다면, 홀수 마디의 첫 박에 핑거심벌을 연주하는 과제를 줄 수 있다. 박자에 맞춰 연주하기 힘들다면 교사가 수신호를 주는 등의 지원도 할 수 있다. 장애학생과 비장애학생은 서로 동등한 위치에서 능동적으로 연주하며 음악적 기쁨을 누릴 수 있으며, 간단한 합연이지만 서로의 소리에 귀를 기울여 하모니를 이루는 과정에서 음악적 소통을 경험하는 소중한 기회를 얻는다.

'모든 나이에 적용이 가능하다.'는 철학은 오르프 교수법의 지침서인 『오르프 슐베르크, 어린이를 위한 음악』이 모든 어린이, 나아가 모든 연령의 사람을 위한 것임을 의미한다. 오르프는 『오르프 슐베르크, 어린이를 위한 음악』은 학생의 자발적 활동과 즉흥성을 이끄는 학습모델 모음집이므로, 정해진 교수 내용과 방법이 일정한 형식으로 고정되지 않도록 최대한 주의해야 한다고 하였다. 즉, 『오르프 슐베르크, 어린이를 위한 음악』은 같은 내용이나 원리라도 학생의 수준에 따라 단순화하거나 복잡해지는 형태로 변화를 주어 적용된다. 이러한 점은 오르프 교수법이 다양한 연령의 다양한 개성을 가진 사람에게로 확산되는 힘이다. 독일의 6~14세 학생을 대상으로 처음 도입되었던 『오르프 슐베르크, 어린이를 위한 음악』은 점차 장애인을 위한 음악활동, 노인을 위한 음악치료 등으로 확대되었다. 오늘날에는 학교, 유치원, 복지관, 양로원, 병원 등의 사회기관은 물론 직장과 가정에서도 다양하게 활용되고 있으며, 전 세계에서 다양한 연령과 대상을 위한 교재가 개발되고 있다.

3) 오르프 교수법의 학습 원리

오르프 교수법의 학습 원리는 『오르프 슐베르크, 어린이를 위한 음악』에서 자연스럽게 드러난다. 슐베르크(Schulwerk)는 학교를 뜻하는 독일어 '슐레(Schule)'와 작품 혹은 활동을 뜻하는 '베르크(Werk)'가 합성된 용어로 교육용 작품을 의미한다. 5권으로 이루어진 『오르프 슐베르크, 어린이를 위한 음악』은 오르프 교수법에 사용되는 악곡이 담긴 자료로, 케트만과 함께 오르프가 편찬하였다. 오르프 교수법의 학습 원리에는 모방, 탐색, 읽고 쓰기, 즉흥연주가 있으며, [그림 6-17]과 같은 단계로 발전해 나간다.

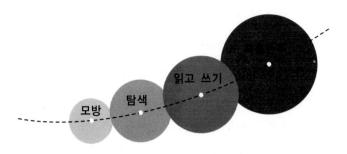

[그림 6-17] 오르프 교수법의 학습 원리와 단계

(1) 모방

오르프 교수법은 음악적 경험이 적은 학생이 신체 동작, 리듬 패턴, 가락 패턴 등을 따라 하는 모방에서 시작한다. 모방은 학생이 다양한 예시를 경험하게 되는 과정으로 이후 창작 활동에 중요한 역할을 한다. 모방의 방법에는 자크-달크로즈 교수법의 '리듬 게임'에 제시된 메아리 모방, 기억 모방, 연속 모방 등이 있으며, 학생의 수행 수준과 과제의 난이도에 따라 다양하게 활용된다.

이 단계에서 모방은 신체에서 비롯된 소리, 즉 목소리와 손뼉치기, 발구르기 등의 신체 타악(body percussion)이 중심이 되며, 이는 악기 연주의 기초가 된다. 실제로 오르프 수업은 한 활동 안에서 '신체 타악—무선율 악기—선율 악기'로 연주를 확장하곤 하는데, 교사는 그 첫 단계인 신체 타악에 무선율 악기와 선율 악기의 연주 방법을 반영해야 한다. 예를 들어, 선율 악기 연주가 실로폰을 '도도' 왼손 2번, '솔솔' 오른손 2번 반복 연주하는 것이라면, 신체 타악 단계에서부터 왼쪽 무릎 2번, 오른쪽 무릎 2번을 치도록 하여 신체 타악 동작과 악기 연주 동작이 일치하게 한다.

(2) 탐색

학생은 모방을 통해 습득한 기본 연주를 넘어 탐색하는 활동을 하게 된다. 주변에서 쉽게 볼 수 있는 물체와 현상, 음성, 악기 등의 소리를 탐색하면서 자연적인 소리, 대조되는 소리, 의도적인 소리, 조직화된 소리 등을 소리를 탐색하고 비교하면서 음악을 체험한다. 또한 다양한 모양, 방향, 높고 낮은, 크고 작은, 느리고 빠른 움직임을 탐색하게 되며, 이 과정에서 공간과 시간에 대한 탐색이 함께 이루어진다. 소리와 움직임의 탐색은 빠르기, 셈여림, 음색 등의 음악 요소에 변화를 주어 새로운 표현 방법을 탐색하는 활동으로 이어지기도 한다.

(3) 읽고 쓰기

오르프는 음악 듣기에서 시작되며, 음악으로 말할 수 있는 단계, 즉 음악적 표현을 충분히 할 수 있는 단계 이전에 악보 읽기와 쓰기를 가르치는 것은 말을 배우기 전에 글씨를 배우는 모순과 같다고 하였다. 그러나 학생이 음악의 느낌이나 생각, 연주 방법 등을 기록하고 재현하고자 하는 요구가 있을 때에는 그림, 상징적인 기호 등을 사용할 것을 권장한다. 이러한 활동은 악보의 필요성을 느끼게 하고 독보와 기보능력 향상에 도움을 준다.

[그림 6-18]은 지적장애 학생들이 앤더슨(L. Anderson)의 〈고장난 시계〉를 듣고 그린 그림으로, 짧게 끊어지는 소리와 길게 이어지는 소리가 대조를 이루며 A-B-A-C-A로 진행되는 론도 형식의 곡임을 알 수 있다. 이러한 활동은 음악을 그림으로 표현하는 융합예술 역량을 길러 주며, A, B, C로 역할을 나누어 그림의 순서에 따라 자신의 파트에서 악기를 연주하거나 움직임을 표현하는 악보로 활용할 수 있다. 마지막 부분에서는 양손을 구리구리 돌리다가 마지막 음에 손뼉을 쳐 곡의 마침을 느끼고 표현해 볼 수 있다. 또한 '열심히 일하던 시계가(A), 꾀가 나서 게으름을 피우고(B), 지루해서 자명종을 울리며 시끄럽게 떠들기도 한다(C).' 등의 이야기를 만들고 다양한 동작으로 바꾸며 확장할 수 있다.

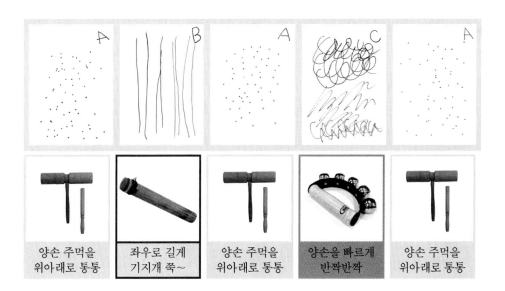

[그림 6-18] 그림 악보의 활용

(4) 즉흥연주

오르프 음악 활동에서 가장 강조되는 활동은 창의적인 음악성을 발휘하는 '즉흥연주'이다. 즉흥연주는 악기 연주만을 뜻하는 협의가 아니라 원초적인 음악 요소, 즉 '언어, 움직임, 음악'의 즉흥을 의미한다. 수업의 실제에는 말 리듬, 노랫말, 신체 타악, 마임, 춤, 노래, 리듬 연주, 가락 연주 등의 활동이 어우러진 형태로 즉흥 연주가 이루어진다. 즉흥연주는 모방이나 탐색에서 보다 더 큰 만족감과 성취감을 만끽하게 하고 상상과 창의의 즐거움을 깨닫게 한다.

4) 오르프 교수법의 매체와 연주 방법

(1) 교수매체

오르프 교수법의 매체는 원초적 음악의 요소 언어, 음악, 움직임을 실현하기 위한 것으로, 말(언어), 노래, 움직임, 악기연주, 지휘, 음악극 등이 활용된다. 이러한 활동은 음악극을 통해 종합적이고 융합된 예술 작품으로 엮어 내기도 한다.

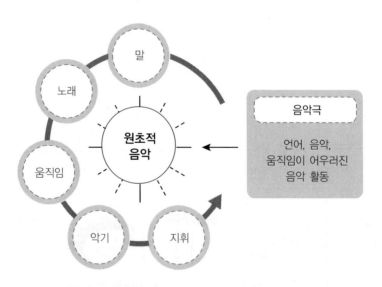

[그림 6-19] 오르프 교수법의 매체

① 말(언어)

언어에는 내재된 리듬이 있다. 오르프는 모국어에 담긴 음절과 강세, 운율 등이 가진 리듬의 힘과 특성을 음악 활동에 사용하였다. 시의 운율, 동시로 만든 노랫말, 문답식의 게임, 말 리듬 등이 활용된다. 문답식의 게임은 말의 리듬, 빠르기, 셈여림을 변화시키면서 음악의 개념을 체득하게 하고, 문장의 반복, 대조 등을 통해 음악의 구조를 이해하게 한다.

말 리듬은 일상적인 언어로 리듬을 만들어서 리듬을 표현하고 익히는 활동이다. 쉬운 예로, 귤, 딸기, 바나나 등과 같이 좋아하는 과일을 리듬에 맞춰 말하는 활동이 있다. 말 리듬은 처음에는 간단한 단어에서 시작해 문장으로 확장해 가며, 음악 개념으로 접근했을 때 복잡하게 느껴지는 리듬이라 할지라도 놀이를 하듯이 경험하고 표현하게 된다. 〈악보 6-8〉은 지적장애학생의 음악 활동에 활용할 수 있는 말 리듬의 예로, 다양한 리듬이 혼재된 4마디를 재미있게 이야기하듯 표현하고 경험할 수 있다.

〈악보 6-8〉 말 리듬

이미선 작사 · 작곡

일어나요 쿠스 마법의램프 쿠스 어둠의마녀가오기전에 쿠스 쿠스

말하기 활동은 노래 부르기, 신체 타악, 악기 연주로 자연스럽게 연계되고 통합된다. 예를 들어, [악보 6-8]의 리듬을 손뼉이나 악기로 연주하기, 선율을 붙여 노래하기, 어둠의 마녀가 듣지 못하게 작은 목소리로 노래하기, 쉼표에서 큰 북을 아주 작은 소리로 연주해서 고요함과 침묵을 만들어 보기 등으로 확장해 갈 수 있다.

② 노래

오르프도 코다이와 같이 어린이가 가장 쉽게 부르는 '솔-미' 하행 3도 음정으로 구성된 노래를 가장 먼저 부르도록 권장하였다. 이후 '라' '레-도'의 음을 첨가하여 5음 음계로 음역을 넓혀 가고, 마지막으로 반음인 '파'와 '시'가 포함된 장음계의 노래를 부르도록 한다. 5음 음계의 노래에는 전래동요, 민요, 다양한 선법에 의한 노래를 활용한다. 학생은 어릴 때부터 여러 가지 선법에 노출됨으로써 다양한 음계의 색조를 내재하게 되는데, 현재 우리나라 교과서에 수록된 대다수의 곡이 장음계 곡으로 편중된 것과 대조적이다.

③ 움직임

오르프는 어린이가 일상과 놀이에서 본능적이고 자연적으로 행하는 움직임을 음악 활동과 연계하였다. 움직임에는 걷기, 기기, 달리기, 껑충뛰기 등 자크-달크로즈의 유리드믹스에 활용된 동작을 비롯해, 손뼉치기, 발구르기, 무릎치기, 가슴치기, 손가락 튕기기 등 오르프 교수법에서 악기로 명명하는 신체 타악도 움직임 중 하나로 공유되며, 민속춤, 포크댄스, 학생이 창작한 춤 등 다양한 춤도 활용된다. 신체 타악과 춤은 특수교육 기본 교육과정 음악 교과서에도 다수 수록되어 있다. [그림 6-20]은 2015 기본 교육과정 고등학교 음악 교과서 7단원에 수록된 민속음악과 춤이 결합된 활동의 예로, 한 명씩 다양한 신체 부위를 즉흥적으로 두드리고 따라 하는 움직임의 즉흥 활동으로 확장할 수 있다.

[그림 6-20] 가나 민요 〈체체쿨레〉

학생은 움직임을 통해 음악의 리듬, 가락, 빠르기, 셈여림, 구조, 형식 등을 자연스럽고 창의적으로 표현하며 익히게 된다. 또한 음악이 반주가 되어 움직임의 흥을 돋우며 결합되고 일치되어 격양되어 뻗어나가기도 한다. 오르프 교수법에서 움직임은 단지 음악의 수단으로 한정되는 것이 아니라 음악과 같은 위치에서 유기적으로 관계하는 원초적 음악의 한 영역이기 때문이다.

④ 악기

오르프 교수법에서 악기는 매우 특징적인 부분이다. 오르프는 신체를 인간이 태어나면서부터 자연스럽게 갖게 되는 중요한 악기로 보고 악기의 한 영역으로 편성하였다. 따라서 오르프 교수법에서 사용되는 악기는 신체 타악, 무선율 타악기, 음판악기(선율 타악기), 관악기와 현악기 등으로 구성되며, 일상적인 악기에서부터 효과음 악기에 이르기까지 거의 모든 악기가 포함된다.

〈표 6-6〉 오르프 교수법에 사용되는 악기

신체 타악기	손뼉치기	다양한 음색 표현이 가능해 음색에 대한 정교한 청각을 발달시킴
	무릎치기	양손을 사용하는 음판악기, 타악기의 연주 동작을 미리 연습할 수 있는 기회를 제공함
	발구르기	다양한 발구르기 동작이 춤동작을 위한 기초가 되기도 함
	손가락 튕기기	소리가 나지 않으면 혀끝으로 소리 내기 등으로 대체할 수 있음
	기타	가슴 치기, 손등 비비기와 같은 다양한 소리를 활용하되, 윙크와 같이 소리가 나지 않는 동작은 신체 타악에서 제외함
무선율 타악기	가죽울림 타악기	패들드럼, 핸드드럼, 투바노, 젬베, 봉고, 콩가, 오션드럼, 사운드 쉐이프, 핸드셰이커 등
	나무울림 타악기	귀로, 캐스터네츠, 손잡이 캐스터네츠, 쉐케레, 나무관북, 에그셰이커, 우든벨, 비브라슬랩, 라쳇, 우드블록, 리듬막대, 마라카스, 캐스터네츠, 레인스틱, 슬랩스틱 등
	금속울림 타악기	트라이앵글, 심벌츠, 핑거심벌츠, 카우벨, 아고고벨, 징그스틱, 손목방울띠, 카바사, 에너지차임, 윈드차임 등
음판악기 (선율 타악기)	글로켄슈필	음역에 따라 소프라노, 알토
	실로폰	음역에 따라 소프라노, 알토, 베이스, 콘트라 베이스
	메탈로폰	음역에 따라 소프라노, 알토, 베이스
관악기	리코더, 휘슬, 카쥬 등	
현악기	기타, 우쿨렐레, 바이올린, 첼로 등	

관악기, 현악기 등의 악기도 포괄하고 있지만, 오르프 교수법에서는 연주방법이 간단하고 다양한 특징이 있는 악기가 주로 사용되며, 이를 종합하여 오르프 악기라고 부르기도 한다. 특수교육에서 오르프 악기의 수용 가능성을 살펴보면 다음과 같다(민경훈, 2015).

- 연주를 위해서 특별한 훈련이 필요 없다. 때로는 음악교육을 많이 받지 않은 장애학생의 경우가 더 효과적일 수도 있다.
- 오르프 악기는 대부분 다루기 쉬우며, 악기들의 소리는 아동이 매료될 만큼 아름답다.
- 오르프 악기는 집단 형태를 통해 악단의 분위기를 연출할 수 있고, 보통 악기와 함께 사용할 수 있다.
- 기존의 악보를 오르프 악기로 쉽게 반주할 수 있고, 또한 쉽게 편곡할 수 있다.
- 연주하기 쉬운 악기부터 배우기 시작해 난이도를 점점 더 높여 감으로써 음악 활동을 재미있게 전개시킬 수 있다.

이처럼 특수교육에서 오르프 악기의 수용 가능성이 높은 이유 중 가장 특징적인 이유로는 음판악기를 꼽을 수 있다. 음판악기는 오르프가 선율이나 화음을 쉽게 연주할 수 있도록 특별히 고안한 악기로, 음판의 재료에 따라 〈표 6-7〉과 같은 특징을 지닌다.

〈표 6-7〉 음판악기의 종류와 특징

종류	악기 형태	재료와 특징
글로켄슈필 (Glockenspiel)		- 니켈 도금음판(종금) - 울림이 짧고 맑고 청명한 소리 - 빠른 멜로디, 장식적인 리듬 연주 - 해, 꽃, 밝은, 빛나는, 향기 나듯, 날카로운 음색
실로폰 (Xylophone)		- 나무음판(목금) - 합주 시 음향적 중심 역할-알토실로폰 - 즐거운, 슬픈, 밝은, 어두운 감성을 다양하게 표현
메탈로폰 (Metallophone)		- 알루미늄 도금음판(철금) - 연주의 울림을 전체적으로 받쳐 주는 지주 역할 - 부드럽고, 길고, 고요, 믿음직한 음색

나무로 된 공명통 위에 음판을 얹어 만든 음판악기는 공명통에서 음판을 분리할 수 있다. 따라서 연주에 필요한 음만 남기고 다른 음판은 떼어 낼 수 있다. 또한 기본 다장조 음계로 구성된 음판 외에, 반음 음판인 '파#'과 '시♭'이 추가로 들어 있

기 때문에, '파'를 '파♯' 음판으로 바꾸어 사장조 악기로, '시'를 '시♭' 음판으로 바 꾸어 바장조 악기로 만들 수 있다.

이런 특징은 건반악기에 대한 학생의 두려움과 실수를 줄여 연주의 즐거움을 더 하고, 자유로운 즉흥연주를 가능하게 한다. 베이스 실로폰은 낱음으로도 제작이 되어, 팔의 움직임 범위가 좁게 제한된 지체장애학생의 경우에도 연주하기 편한 위치 와 높이, 각도로 악기를 들어 주어 음판악기의 울림을 경험하게 할 수 있다.

[그림 6-21] 반음 음판과 낱음 베이스 실로폰

음판악기 연주에 있어 장애학생을 위해 고려해야 할 점 중에 하나는 말렛이다. 처음 말렛을 사용하는 학생 중에는 말렛을 튕겨 올리지 못하고 음판 위에 올려 둔 채 멈추는 경우가 있다. 검지를 펴지 않고 다른 손가락과 같이 말렛을 감싸 쥐도록 하며, 손잡이의 길이를 절반 정도로 짧게 자른 말렛으로 연습하도록 하면 쉽게 교 정할 수 있다. 또한 손을 꽉 쥐지 못하거나 악력이 약한 지체장애학생은 말렛의 손 잡이가 얇아서 잡기 어려우므로 부직포 등을 감싸 손잡이를 두껍게 만들어 준다. 음악치료에서 사용되는 짧고 두껍고 지지대가 있는 말렛을 사용하거나 말렛을 고 정시켜 주는 커프스를 사용하는 것도 좋다.

[그림 6-22] 음악치료용 말렛과 말렛 커프스

출처: 뮤앤무 오르프샵.

또한 말렛은 플라스틱, 나무, 고무, 털실 등 재료와 크기가 다양하고 이에 따라 소 리의 크기와 음색이 달라진다. 뿐만 아니라 같은 악기와 말렛일지라도 근력이 약하

거나 자신감이 부족한 학생, 경직이 심하거나 강한 심성의 학생 등 장애학생의 신체
적·정서적 특성에 따라 연주 소리가 달라질 수 있다. 이로 인해 음판악기 합주 시
특정 소리가 다른 소리보다 크게 두드러지거나 묻힐 수 있는데, 학생의 특성에 적합
한 말렛으로 교체해 주면 조화로운 소리로 합주에 참여하도록 도울 수 있다.

⑤ 음악극

언어(단어, 이야기, 시), 음악(노래, 연주), 움직임(연기, 춤)이 어우러진 음악극이야
말로 원초적 음악의 한 형태라고 할 수 있다. 또한 무대를 꾸미기 위한 미술, 조명,
의상 등 다양한 예술 분야가 음악을 중심으로 종합된다. 특수교육에서도 음악수업
에서 음악극을 장려하고 있으며, 학급 발표회, 학예회 등을 통해 생활화 영역으로
확장하도록 권장하고 있다. [그림 6-23]은 2015 특수교육 기본 교육과정 고등학교
음악 교과서 12단원에 수록된 음악극 활동의 예이다.

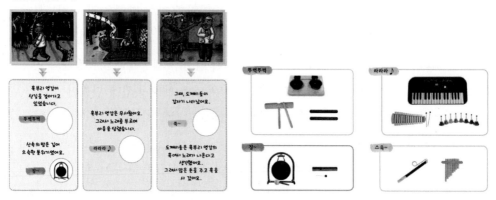

「혹부리 영감」의 이야기 장면에 어울리는 악기를 골라 붙이고, 음악
극 공연을 해 봅시다.

[그림 6-23] 음악극 '혹부리 영감' 만들기 예시

음악극에서 학생들은 자신의 소질과 흥미에 따라 역할을 맡게 되는데, 내레이션
을 읽는 역할, 무대 배경의 하나인 '나무'가 되어 팔을 흔들며 서 있는 역할 등 때로
음악적 행위를 하지 않는 듯이 보이는 역할을 맡기도 하고, 댄서가 돼서 춤을 추기
도 하며, 조명을 담당해 무대에 등장하지 않기도 한다. 그러나 음악을 매개로 하는
종합예술을 만들어 가는 과정에서 모든 학생은 음악을 중심으로 역할을 수행하고
움직인다. 이는 자신의 방법으로 음악을 즐기고 표현하고 동참하는 경험이다. 따

라서 학생의 기호와 역량에 따라 다양하고 적합한 역할을 부여하는 것이 중요하며, 획일적으로 악기를 연습시키거나, 낯선 환경에 대한 두려움이 많은 학생을 억지로 무대에 서게 하는 것은 바람직하지 않다. 이는 인간 내면으로부터 반향되는 자발적인 욕구에 기초하는 오르프 교수법과 크게 상반되며, 음악에 대한 거부감과 두려움을 심어 줄 수 있음에 유의하여야 한다.

(2) 연주 방법

오르프 교수법에서는 특별하고 필수적인 연주 방법으로 '오스티나토'와 '보르둔'이 적용된다.

① 오스티나토(Ostinato)

이탈리아어로 '고집 센'이라는 뜻을 가진 오스티나토는 곡의 부분이나 전체에서 '지속적으로 반복되는 짧은 패턴의 리듬, 가락, 화음'을 가리키며, 다음과 같은 특징과 효과가 있다.

오스티나토의 특징과 효과

- 쉽게 완성할 수 있는 짧고 간단한 반복 연주이다.
- 부끄러움이 많은 학생도 부담 없이 연주에 참여해 자신감을 갖게 한다.
- 반복 연주를 통해 눈—손 협응력을 길러 준다.
- 스스로의 연주가 익숙하기 때문에 점차 다른 사람들의 연주를 들으며 연주하게 된다.
- 연주를 통해 화성, 성부, 음악의 구조 등을 경험하고 이해하게 한다.
- 즉흥노래나 연주의 반주로 활용할 수 있다.

오스티나토의 종류와 연주 악기는 [그림 6-24]와 같으며, 목소리와 신체도 하나의 악기로 연주된다.

[그림 6-24] 오스티나토의 종류와 연주 악기

〈악보 6-9〉는 말 리듬 오스티나토의 예로, 하나의 오스티나토만 연주하기도 하고, 두 개 이상의 오스티나토를 함께 연주하기도 한다. 두 개 이상을 함께 연주할 때는 모든 오스티나토를 동시에 시작해 연주하기보다, 오스티나토를 하나씩 추가하며 점차 합주를 이루도록 하여 소리가 쌓이고 조화됨을 경험하도록 한다.

〈악보 6-9〉 말 리듬 오스티나토 〈맛있게 꿀꺽〉

이미선 작사 · 작곡

꿀 꺽 꿀 꺽   보글보글된장찌개   김 치깍 뚜기   누룽 지한 솥

말 리듬으로 시작한 오스티나토는 신체 타악기 오스티나토, 리듬 오스티나토로 자연스럽게 이어지고, 가락 오스티나토나 화음 오스티나토로 연결되기도 한다. 〈악보 6-10〉의 가락 오스티나토 4개는 동시에 연주되면 I도 화음이 된다.

〈악보 6-10〉 신체 타악기 오스티나토, 리듬 오스티나토, 가락 오스티나토

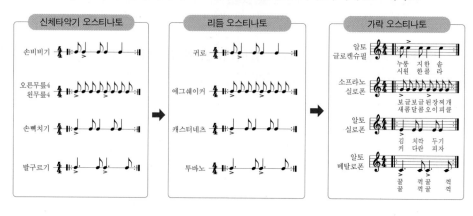

〈악보 6-11〉은 두 음 이상의 음이 동시에 반복 연주되는 화음 오스티나토의 악보의 예이다.

〈악보 6-11〉 화음 오스티나토

② 보르둔(Bordun)

보르둔은 저음에서 지속적으로 울리는 단음 또는 화음을 뜻하며, 단조롭지만 마치 백파이프와 같이 다른 음들과 어울리는 소리를 만들어 낸다. 화음 보르둔에는 지속 보르둔과 이동 보르둔이 있다.

〈악보 6-12〉 단음 보르둔, 지속 화음 보르둔, 이동 화음 보르둔

계속 반복되는 오스티나토와 보르둔은 오르프교수법과 대표곡 〈카르미나 부르나〉를 통해 그 가치와 효과를 크게 인정받았으며, 장애학생을 위한 교육에도 자주 활용되고 있다.

〈악보 6-13〉은 2015 기본 교육과정 고등학교 음악교과서 6단원에 제시된 신체 타악기를 위한 오스티나토이다.

〈악보 6-13〉신체 타악기 오스티나토 그림 악보

 신체 악기로 반복적인 리듬을 치며 「바람이 불어오는 곳」을 불러 봅시다.

💡 생각 넓히기

1. 자크-달크로즈 교수법, 코다이 교수법, 오르프 교수법의 공통점과 차이점에 대해 설명해 봅시다.

2. 신체동작을 활용한 수업에서 지체장애학생과 시각장애학생에게 필요한 도움과 교수적 수정에 대해 토론해 봅시다.

3. 특수교육 기본 교육과정 음악 교과서에서 세 가지 교수법이 적용된 활동을 찾아 활용해 봅시다.

⊕ 참고문헌

교육부(2011). 특수교육 기본 교육과정 중학교 음악 교과서.
교육부(2015a). 2015 특수교육 기본 교육과정 [음악] (교육부 고시 제2015-81호 [별책 3]).
교육부(2015b). 특수교육 기본 교육과정 고등학교 음악 교과서.

김영전(2008). 오르프 악기 편성법. 서울: 음악세계.

민경훈(2015). 특수교육에서 오르프 음악지도방법의 수용적 가치. 융합예술치료교육, 제1권, 제1호, 15-32.

민경훈, 김미숙, 김선미, 김신영, 김영미, 김지현, 이가원, 장근주, 조대현, 조성기, 주희선, 현경실(2017). 음악교수학습방법. 서울: 학지사.

민경훈, 김신영, 김용희, 방금주, 승윤희, 양종모, 이연경, 임미경, 장기범, 조순이, 주대창, 현경실(2014). 음악교육학 총론. 서울: 학지사.

승윤희, 민경훈, 양종모, 정진원(2019). 초등음악교육. 서울: 학지사.

유승지(2004a). 유승지 자크-달크로즈 교실 교사용 지침서 Ⅰ. 서울: 태림출판사.

유승지(2004b). 유승지 자크-달크로즈 교실 교사용 지침서 Ⅱ. 서울: 태림출판사.

원희(1994). 코다이와 유아음악교육. 서울: 창지사.

이홍수(1990). 음악교육의 현대적 접근. 서울: 세광음악출판사.

이홍수(1990). Zoltan Koday의 교육이념과 한국음악교육계의 과제 음악교육연구, 제9집, 41-55.

임미경, 현경실, 조순이, 김용희, 이에스더(2010). 자크-달크로즈, 코다이, 오르프, 고든, 포괄적 음악성 음악교수법. 서울: 학지사.

장창환, 조효임, 이동남(2006). 초등음악과지도법. 서울: 삼호뮤직.

Abramson, R. M. (1986). *Teaching Music in the 21st Century*. New Jersey: Prentice Hall, Inc.

Choksy, L., Abramson, R. M., Gillespie, A. E., Woods, D., & York, F. (2001). *Teaching Music in the Twenty-First Century, 2nd ed.* New Jersey: Prentice Hall, Inc.

Dale, M. (2000). *Eurhythmics for Young Children: Six Lessons for Fall*. Ellicott City, MD: MusiKinesis.

[사진 출처]
128쪽 뮤앤무 오르프샵(https://www.orffshop.kr/product/detail.html?product_no=3732&cate_no=7&display_group=1).

128쪽 가자 뮤직(http://m.gajamusic.co.kr/product/detail.html?product_no=1793).

128쪽 (주)SPM 사이트(https://spmi.co.kr/product/detail.html?product_no=11638&cate_no=157&display_group=1).

131쪽 칼 오르프 재단(https://www.orff.de/en/life/educational-works/).

131쪽 nmz 사이트(https://www.nmz.de/files/2012-09-orff-keetmann.jpg).

143쪽 뮤앤무 오르프샵(https://www.orffshop.kr/product/detail.html?product_no=2039&cate_no=128&display_group=1).

143쪽 뮤앤무 오르프샵(https://www.orffshop.kr/product/detail.html?product_no=3733&cate_no=128&display_group=1).

제7장

음악과 특수교육공학

박희선

특수교육공학 및 보조공학의 활용은 장애학생에게 능동적인 수업 참여에 대한 새로운 희망을 준다. 장애로 인해 수업에 배제되거나 참여에 제약을 받았던 학생에게 특수교육공학 및 보조공학의 도입은 장애 보상과 능력 신장, 다양한 지원을 제공해 준다. 이 장에서는 특수교육공학을 활용한 음악 수업 및 장애학생 특성에 맞는 보조공학기기, 맞춤형 악기, 음악 수업에 활용할 수 있는 애플리케이션을 소개하고자 한다.

1. 특수교육공학의 이해

특수교육공학(special education technology)이란 특수교육대상학생에게 적절한 공학 기기와 서비스의 제공을 통해 교육 및 생활 영역에서 질적 효율성을 높일 수 있도록 하는 학문 분야로 공학기기, 서비스, 전략과 실제로 구성되어 있다(국립특수교육원, 2018). 특수교육공학의 대표적인 유형으로 보조공학(assistive technology)을 꼽을 수 있는데 장애인이 그의 생활환경에서 기능할 수 있도록 지원하기 위한 보조 공학기기와 서비스가 포함된다. 또한, 장애학생에게 기능적 역량을 증진, 유지, 향상하기 위해 사용되는 품목이나 장비 또는 생산 시스템을 이른다(국립특수교육원, 2018).「장애인 등에 대한 특수교육법」(2007)에서는 특수교육 관련 서비스로서 보조공학기기 지원 · 학습보조기기 지원 및 정보접근 지원 등의 특수교육공학과 관련된 법을 지정하여 장애학생에게 보다 폭넓은 학습의 기회를 제공해 주고 있다.

초기 특수교육공학이 보조공학이라는 하드웨어적 지원에 제한을 두었다면, 최근에는 교수 · 학습 상황에서 장애학생의 교육과 학습 증진을 위한 다양한 접근에 초점을 두고 있다. 통합교실에서 장애학생은 보조공학기기를 지원받고 보편적인 학습설계를 통해 누구나 참여할 수 있는 수업환경을 제공받는다. 또한 공학기기뿐만 아니라 공학기기를 이용한 교수전략 및 관련 서비스를 제공하여 학습자의 학습을 촉진하고 유지 · 개선하며 장애학생의 잠재성과 가능성을 극대화하고 있다(김남진, 김용욱, 2010).

교육현장에서 특수교육공학의 활용은 장애학생이 비장애학생과 물리적 · 심리적 공간에서 함께 공부하고 생활하는 통합 교수 · 학습 환경을 마련하고, 통합 공간에서 장애로 수업 참여가 어려웠던 학생에게 장애의 보상과 능력 신장을 가능케 하고 있다. 나아가, 장애학생의 특수성을 보상해 주는 하드웨어적인 지원 마련, 체계적인 수업 설계 및 학습자 중심의 다양한 교수법 연구 및 다양한 소프트웨어 개발은 장애학생에게 적합한 교수 · 학습 방법 개선과 개발로 이어질 것이다.

2. 음악과 교육공학의 활용

21세기에 들어서 과학기술과 공학(technology)의 발달은 사회 전반의 변화뿐만 아니라 교육에도 많은 변화를 가져왔다. 교육 분야에 기술과 통신이 결합된 정보통신기술(Information & Communication Technology: ICT) 교육의 활성화로 멀티미디어 자료가 개발되었고, 최근에는 스마트교육의 대두로 역동적인 음악교육이 이루어지고 있다.

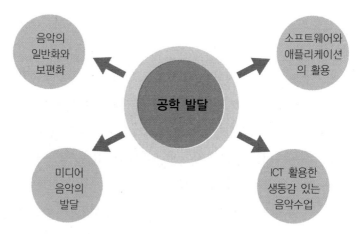

[그림 7-1] 공학 발달에 따른 음악교육의 변화

공학 발달에 따른 음악교육의 변화를 살펴보면 다음과 같다.

첫째, 소수의 특정 계층을 위한 전문적인 음악에서 많은 사람이 쉽게 접근할 수 있는 음악의 일반화·보편화를 가져왔다. 음악이 상류층이나 어느 특정 집단만이 즐기는 전유물에서 대중이 쉽게 접근하고 즐길 수 있는 분야로 바뀌었다. 예를 들어, 예전에는 음악 감상을 위해 음반이나 CD, 오디오 기기가 필요했다면, 지금은 손 안의 스마트폰을 통해 공간과 시간을 초월하여 실시간으로 대중음악, 클래식, 팝, 록 음악 등 다양한 분야의 음악을 감상하고 활용할 수 있다.

둘째, 공학과 전자기기의 발달로 미디어 음악 수업이 가능해졌다. 학생이 직접 악기를 연주하는 대신 컴퓨터, 키보드, 음향 편집기 등의 미디어를 이용하여 훌륭한 음악을 만들 수 있다. 현악기, 관악기, 타악기 등의 악기를 배우고 연습하는 대신 미디어를 활용하여 다양한 악기의 음색을 만들어 연주할 수 있다. 많은 인적 · 물적 비용을 지불하지 않아도 간단한 미디어 녹음과 편집만으로 웅장한 오케스트라 연주 음악을 만들 수 있는 시대가 되었다(장기범, 2000).

셋째, 음악 연주 기술이나 기능을 익히기 위해 소프트웨어와 애플리케이션을 활용한다. 학생들은 음악 교사나 지도자 없이도 악기 교수용 프로그램이나 CD-ROM, 애플리케이션을 활용하여 자신의 수준에 맞는 교수법을 선택하고 학습 과정과 난이도를 조절하며 자기주도적 학습이 가능하게 되었다. 또한 교사 평가에 대한 부담감 없이 스스로 평가하고 언제, 어디서든지 반복적으로 연습하고 점검할 수 있다.

넷째, 전통적인 음악수업에서 ICT를 활용한 생동감 있는 음악 수업이 가능하다. 예전에는 음악실에서 교사의 피아노 반주에 맞추어 학생들이 노래를 부르고, 교사의 시범에 따라 악기를 연주하며, 녹음기를 통해 감상곡을 들었다. 그러나 학교 현장에 ICT가 활성화되면서 다양한 학습활동이 촉진되고 학생 중심의 능동적인 학습이 가능해졌다. 자신만의 영화 음악을 만들어 발표하기도 하고, 실제 악기를 연주하는 대신 스마트폰으로 오케스트라 연주회를 열기도 한다. 또한 증강현실(AR)과 가상현실을 활용하여 위대한 음악가 베토벤을 직접 만나 이야기를 나누고, 3D 영상으로 〈운명 교향곡〉을 감상하는 학습도 가능해졌다.

다가오는 4차 산업혁명 시대에는 공학이 더 많은 발전을 거듭할 것이다. 과학기술과 공학의 발전에 발맞추어 다양한 형태의 음악교육과 음악 수업에 공학을 어떻게 활용할지 계속적인 연구가 필요하다. 특히, 공학을 활용한 장애학생의 음악과 교수 · 학습의 새로운 시도와 노력이 절실히 요구된다.

3. 보조공학을 활용한 음악 수업

장애학생들이 속한 환경에서 기능할 수 있도록 지원하는 기계, 전자, 마이크로 프로세서가 내장된 장비 그리고 비기계 및 전자보조기구, 특별한 교수자료, 서비스, 전략 등의 잘 설계된 도구와 다양한 형태의 서비스가 보조공학에 포함된다(권충훈 외, 2015 재인용). 보조공학 기기의 사용 목적은 학습의 효과성과 효율성을 높이기 위한 것이며, 환경에 대한 접근을 보다 용이(김남진, 김용욱, 2010)하게 하고,

학교에서 학생들의 기능을 원활히 수행하게 하는 데 있다. 나아가, 학생의 독립성을 향상시키고 장애학생의 삶의 질을 개선시키고자 할 때 이용될 수 있다.

1) 보완대체의사소통 활용하기

보완대체의사소통(Augmentative and Alternative Communication: AAC)은 뇌병변장애 및 의사소통에 어려움을 가진 사람이 주로 사용하는 방법이다. 언어표현에 어려움을 갖는 사람이 AAC를 활용하여 자신의 의사나 필요, 요구를 상징이나 말, 기호로 상대방에게 전달하는 것이다(김남진, 김용욱, 2010 재인용). AAC는 일반적으로 일상생활에 주로 활용되지만 수업 상황에서도 활용될 수 있다는 장점이 있으며, 특히 장애학생은 AAC를 활용하여 다양한 음악 수업에 참여할 수 있다.

[그림 7-2] AAC 기기 및 애플리케이션 종류

출처: 아이소리넷(http://www.isori.net).

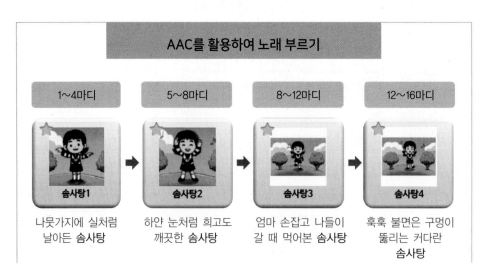

가창 활동이 음악 수업에 많은 부분을 차지하고 있으나 발화·발성에 어려움이 있는 학생은 노래를 부르거나 흥얼거리는 것조차 힘든 경우가 많다. 그로 인해 교사는 장애학생 음악 수업에 많은 고민을 하게 된다. 이들이 가창 수업에 참여할 수 있는 대안으로 AAC 기기를 활용하는 방법이 있으며, 교사 및 보조교사, 활동 도우미가 제재곡의 중 일부분을 AAC 버튼에 미리 녹음하고 다른 학생이 노래를 부를 때 가사에 맞는 버튼을 눌러 활동에 참여한다.

[그림 7-3] 스마트폰 AAC 앱을 활용한 가창 수업

출처: 교육부(2015).

ACC를 활용하여 악기 연주하기 예시

AAC 기기를 활용하여 표현활동 영역 중 연주 활동에 참여한다. AAC 기기에 기본 음계의 음들을 녹음한 후 간단한 음악 연주를 할 수 있다. 전자 키보드를 이용해 AAC 기기 각 버튼에 '도' '레' '미' '파' '솔' '라' '시' '도' 음을 녹음한 후 다장조의 노래(예: 〈학교종〉, 〈개나리〉 등)의 반주에 맞추어 해당되는 계이름을 눌러 연주 활동을 한다.

또 다른 방법으로 전자 키보드를 이용해 각각의 버튼에 탬버린, 트라이앵글, 기타, 나무관북 등 악기 소리를 미리 녹음한 후 제재곡의 일정박에 맞추어 AAC 버튼을 누르며 연주 활동에 참여한다.

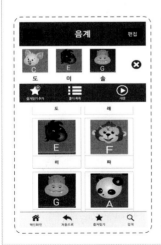  

[그림 7-4] 스마트폰 AAC 앱을 활용한 음계 놀이 및 악기 연주

2) 맞춤형 악기 활용하기

신체를 움직이는 데 제약이 있는 학생은 음악 수업 중 악기를 사용하는 활동에 배제되는 경우가 종종 있다. 뇌병변장애로 휠체어를 타거나 누워 있는 학생은 악기를 들고 소리를 내는 것조차 힘든 활동이다. 그러나 학습자의 장애특성과 활동 영역, 신체적 조건을 고려하여 학생이 움직일 수 있는 범위 내에서 스스로 악기를 연주할 수 있도록 맞춤형 악기(adaptive instruments)를 제공해 준다면 장애가 아무리 심해도 음악 수업에 배제되지 않고 함께 참여할 수 있을 것이다.

맞춤형 말렛은 일반적인 말렛을 장애학생 특성에 맞추어 변형한 것으로 말렛을 잡기 어려운 학생을 위해 손등에 착용할 수 있는 보조 그립을 끼워 떨어지지 않도록 부착한다. 또한 다양한 모양의 손잡이가 달린 말렛 중에서 학생이 선호하거나 쉽게 잡을 수 있는 것을 선택한 후 사용하게 한다.

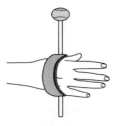

[그림 7-5] 맞춤형 말렛의 종류

〈에그셰이커〉

 셰이커를 손에 잡고 흔들 수 없는 학생을 위해 손가락에 끼워 사용한다.

〈봉고〉

사용법 봉고에 스위치를 연결한 후 패드를 누르면 채가 봉고를 자동으로 두드려 연주한다.

〈밴드 잼〉

 탬버린, 셰이커, 트라이앵글, 소형
심벌즈 4종의 악기가 아래의 악기
그림 스위치와 연결되어 있어 악기
그림 버튼을 누르면 해당 악기가
연주를 한다.

〈뮤직 머신 세트〉

사용법 악기 고정대에 방울이나 핸드캐스
터네츠, 셰이커 등의 악기를 끼운
후 아래의 작은 버튼을 누르면 악
기가 움직이며 소리를 낸다.

〈미니 차임벨〉

사용법 색 음계 버튼을 누르면 차임벨이
울린다.

〈돌아가는 링벨〉

사용법 아래의 노란색 버튼을 누르면 핸
드벨이 돌아가며 소리를 낸다.

〈버튼형 차임벨〉

 아래의 1~8번 숫자 색깔 버튼을
누르면 해당되는 실로폰이 연주를
한다.

〈터치 스크린 밴드〉

사용법 화면의 피아노 건반, 드럼 세트를
가볍게 누르면 해당 악기의 소리
가 난다.

[그림 7-6] 각종 맞춤형 악기

출처: https://enablingdevices.com

4. 음악 수업에 활용할 수 있는 스마트러닝

1) 스마트러닝의 개념

스마트러닝(smart learning)은 새로운 교육방법, 교육과정, 평가 등 교육체제 전반의 변화를 요구하는 21세기 지식정보화사회의 교수·학습 방법이다. 또한 정보통신 환경에 기반을 둔 맞춤형 학습(adaptive learning)인 동시에 서로 공유하고 상호작용할 수 있는 소셜 러닝(social learning)의 한 형태이다(박숙희, 염명숙, 2014).

스마트러닝을 다음과 같이 정의할 수 있다.

〈표 7-1〉 스마트러닝

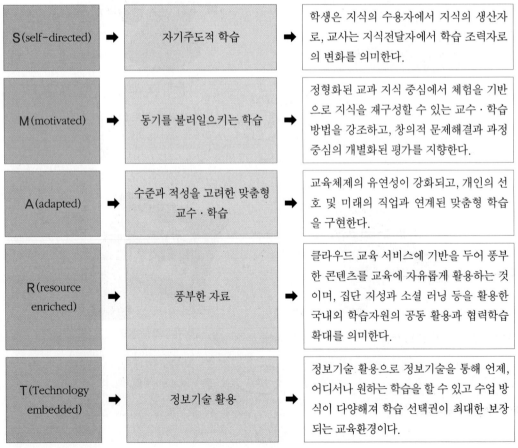

S (self-directed) ➡ 자기주도적 학습 ➡	학생은 지식의 수용자에서 지식의 생산자로, 교사는 지식전달자에서 학습 조력자로의 변화를 의미한다.
M (motivated) ➡ 동기를 불러일으키는 학습 ➡	정형화된 교과 지식 중심에서 체험을 기반으로 지식을 재구성할 수 있는 교수·학습 방법을 강조하고, 창의적 문제해결과 과정 중심의 개별화된 평가를 지향한다.
A (adapted) ➡ 수준과 적성을 고려한 맞춤형 교수·학습 ➡	교육체제의 유연성이 강화되고, 개인의 선호 및 미래의 직업과 연계된 맞춤형 학습을 구현한다.
R (resource enriched) ➡ 풍부한 자료 ➡	클라우드 교육 서비스에 기반을 두어 풍부한 콘텐츠를 교육에 자유롭게 활용하는 것이며, 집단 지성과 소셜 러닝 등을 활용한 국내외 학습자원의 공동 활용과 협력학습 확대를 의미한다.
T (Technology embedded) ➡ 정보기술 활용 ➡	정보기술 활용으로 정보기술을 통해 언제, 어디서나 원하는 학습을 할 수 있고 수업 방식이 다양해져 학습 선택권이 최대한 보장되는 교육환경이다.

출처: 교육과학기술부(2011a).

스마트러닝은 일반학교에 교실혁명을 가져왔으며, 특수교육 영역에서도 예외는 아니다. 스마트러닝의 확장은 맞춤형 교육과 풍부한 자원 제공이라는 새로운 변화를 가져왔으며, 이동이 불편하고 정보 정근에 어려움을 겪는 장애학생에게 유용한 교육의 기회가 되었다. 멀티미디어 자료를 활용한 학습 흥미와 동기 유발, 수준별 교수 · 학습을 위한 풍부한 학습 자원 제공, 장애 특성과 능력에 맞는 효과적인 교수 · 학습 지원 도구 제공, 교사를 위한 다양한 학습 관리 지원 기능 제공 등이 그 예라 할 수 있다. 장애학습자의 특성 중 하나인 학습에 대한 관심 결여와 지속력 부족은 새로운 정보를 습득하는 데 방해 요소이지만 소리, 동영상, 애니메이션, 3D 영상 등은 학습자의 관심을 끄는 데 매우 효과적으로 작용한다. 또한 학생의 사전 지식, 학습 속도, 학습 수준, 학습 계열에 맞춘 개별화 교수가 가능하여 낙오되거나 방치되는 학생 없이 수업에 함께 참여할 수 있다는 장점을 갖는다(권충훈 외, 2015; 민천식, 권택환, 신재한, 2014).

2) 애플리케이션을 활용한 음악 수업

스마트러닝은 모든 교과와 교육과정에 도입되어 활용되고 있다. 음악교과 또한 예외는 아니며, 다양한 멀티미디어 자료와 교육방법으로 음악 학습을 위한 교수 · 학습 활동 및 평가가 이루어지고 있다. 특히, 스마트러닝은 스마트기기나 스마트탭, 태블릿 PC 등의 보급으로 급속도록 발전하고 있으며, 이 기기들을 활용한 다양한 앱(APP) 프로그램이 지속적으로 개발되고 있다.

(1) 국악기 연주하기

기본 교육과정 중에는 초등학교 5, 6학년 '자진모리장단', 중학교 '세마치장단', 고등학교 '여러 가지 장단 익히기' 등의 학습 내용이 있는데, 우리나라 음악 및 국악기 관련 앱을 활용할 수 있다. 수업 시작 전에 북, 장구 등의 국악기를 익히고, 악기 연주 자세, 채 잡는 방법, 악기 구조와 명칭을 동영상과 3D로 살펴본다.

특히, 지체장애로 신체 사용이 자유롭지 않은 학생은 악기를 직접 연주하는 것 대신 국악기 연주 관련 앱을 활용하여 북이나 장구의 기본 장단을 익힌 후 친구들과 연주활동에 함께 참여한다. 나아가, 장애학생이 접하기 어려운 해금이나 소금,

거문고 등의 악기를 연주해 볼 수 있으며, 국악기 음색 구별하기 수업에도 유용하게 활용할 수 있다.

〈표 7-2〉 '우리악기 톺아보기' 애플리케이션

주제	우리나라 악기 배우기	대상	중·고등학생
앱명	우리악기 톺아보기	OS	안드로이드/ios
내용			

- 국악방송이 만든 디지털 우리 악기 교과서 애플리케이션
- 우리 악기의 역사, 유래, 악기 제작 과정부터 명인들의 연주와 연주 방법, 악기 구성, 음원 등을 제공하며 체험 연주 가능
- 가야금, 피리, 북, 해금, 장구, 소금, 거문고 등의 국악기 중심으로 구성
- 악기의 생김새를 살펴볼 때 악기를 좌우로 움직이며 다각도에서 관찰 가능
- 동영상으로 연주곡을 감상하고 연주 자세를 익힐 수 있음
- '연주해 보기'를 통해 직접 실습 가능

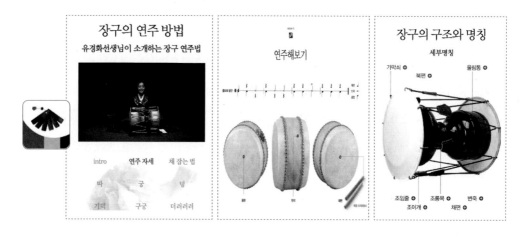

(2) 타악기 연주하기

지적장애 및 자폐성 장애학생들이 음악 수업 중 가장 많이 사용하는 악기는 타악기이다. 특별한 연주법을 요구하지 않으며 두드리거나 흔들며, 긁고 문질러서 소리를 내는 악기가 많아 장애학생이 쉽게 접근한다. 그러나 특별한 연주법을 요구하는 악기의 경우 지적능력이 떨어지거나 신체적 제약이 있는 학생은 배울 수 있는 기회가 매우 제한적이며 큰 악기 소리에 민감한 학생도 활동에 참여하기 어렵다. 이런 학생을 위해 타악기 연주 앱(App)은 매우 유용하다.

지적장애 학생들이 손가락으로 동요나 가요반주에 맞추어 드럼연주도 쉽게 할 수 있으며 자신이 연주하는 곡을 녹음해 직접 감상할 수 있다. 장소나 시간에 구애 받지 않고 언제, 어디서나 연주하며 여가활동을 즐길 수 있다.

〈표 7-3〉 'Drum Solo Rock!'/'Real Drum' 애플리케이션

주제	드럼 배우기	대상	중 · 고등학생
앱명	Drum Solo Rock!/Real Drum	OS	안드로이드/ios
내용			

- 옵션에서 드럼세트 악기 구성 변형하기
- 미리 녹음된 예제 곡이나 레슨 곡 및 다양한 종류의 리듬 패턴 활용하기
- 자신이 연주한 곡 녹음해서 듣기
- 소리가 맑고 손가락 터치에 대한 소리의 반응 속도가 빠르며 베이스 드럼을 페달 그림으로 대체 가능
- 녹음과 재생 기능뿐만 아니라 이미 저장되어 있는 음원이나 녹음한 음원을 원래 템포와 다양한 템포로 듣기 가능

나이가 어리거나 지적 수준이 낮은 학생은 주의집중 시간과 학습 지속력이 짧고, 어려운 과제를 접할 때 쉽게 포기하는 경향이 있다. 이들에게 과제에 대한 도전의 식과 학습의 흥미를 높이기 위해 스마트용 앱을 활용하는데, 이러한 앱은 전반적으로 사용법이 단순하고 버튼을 누르는 동작으로 악기를 연주할 수 있다.

초등학교 저학년 학생은 봉고나 핸드벨 등의 다양한 소리를 활용하여 일정 박을 연주할 수 있으며, 효과음으로 재미있는 이야기 극을 만들 수 있다. 또한 제시된 리듬 카드를 보거나 다양한 리듬을 만들어 봉고나 마라카스 등의 연주도 함께할 수 있다.

〈표 7-4〉 '봉고 캣' 애플리케이션

주제	타악기 연주하기	대상	초등학생
앱명	봉고 캣	OS	안드로이드
내용			

- 다양한 타악기 연주 프로그램
- 봉고, 마림바, 심벌즈, 기타, 키보드, 우쿨렐레, 야옹이 등 다양한 악기 중 선택하기
- 아래의 오른쪽 손, 왼쪽 손 모양의 버튼을 누르면 고양이 손이 움직이며 연주 시작
- 현악기와 건반악기는 번호가 있어 해당 번호 버튼 눌러 연주하기
- 악기 소리 외에 고양이, 병아리, 물총 등의 효과음과 호루라기 4단계 효과음 제공

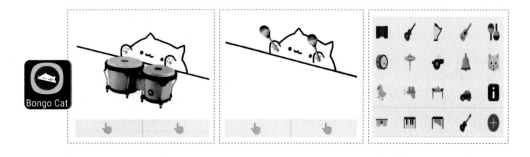

(3) 리코더 연주하기

리코더 연주는 장애학생에게 도전적인 과제이며, 음악 교수·학습 방법에 대한 많은 고민이 필요한 영역이다. 그러나 학교와 가정에서 리코더 연주하기 등의 앱을 활용하여 학생 스스로 실물 사진을 보며 운지법을 익히고 자신의 연주 소리와 제공하는 소리를 비교하며 연습할 수 있다. 특히, '리코더 배우기' 활동에서 손가락 운지나 호흡 조절이 어려운 학생은 직접 연주하는 대신 앱을 활용하여 버튼을 눌러 기본 음계를 연주하며 수업에 참여한다.

〈표 7-5〉 '2/D(운지법)' 애플리케이션

주제	리코더 배우기	대상	중·고등학생
앱명	2/D(운지법)	OS	안드로이드/ios
내용			

- 쉽게 리코더 배우는 프로그램
- 리코더 운지법과 악기의 손가락 위치 제시
- 손가락 위치의 다이어그램과 라이브 플루트 연주자의 시연
- 소프라노, 알토, 테너, 베이스 등 다양한 종류의 리코더 선택 가능

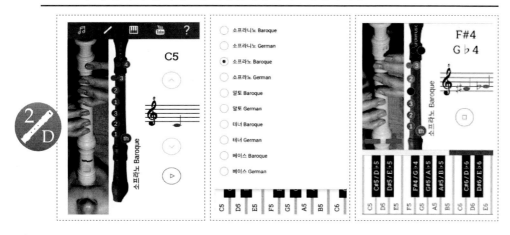

(4) 음악놀이하기

기본 교육과정 초등학교 음악과 교육목표에는 다양한 소리의 특성을 인식하고 여러 가지 소리를 탐색하는 활동 등이 포함된다. 학생이 접할 수 있는 다양한 악기 소리를 듣고 시각적으로 확인하는 활동이 필요하며, 음악이 학습이 아닌 놀이의 과정으로 학생에게 즐거움과 여가활동을 제공해 주어야 한다.

음악놀이 앱을 활용하여 다양한 악기를 직접 살펴보고 연주하며 악기 소리를 듣고, 디지털 오선지에 물고기 음표를 클릭하여 자신이 원하는 곡을 만들어 녹음한 후 학생들과 함께 감상 활동을 할 수 있다. 주의집중 시간이 짧은 학생에게 음악 이외의 게임, 꾸미기 등의 활동을 제공한다.

〈표 7-6〉 '딩동이와 악기놀이' 애플리케이션

주제	다양한 악기 경험하기	대상학생	초등학생
앱명	딩동이와 악기놀이	OS	안드로이드
내용			

- 유치원 및 초등학교 저학년 학생을 대상으로 악기와 쉽게 친해지고 배우며 동요도 함께 부를 수 있는 프로그램
- 하위 단계로 악기 세상, 동요 듣기, 동요 연주하기, 작곡을 할 수 있는 음악 물고기 등이 있음
- 악기 세상: 33가지 악기 소개
- 동요 듣기: 50여 개의 동요 듣기, 원하는 악기를 선택하면 해당 악기로 곡이 연주되고 노래방처럼 따라 부르기가 가능함
- 동요 연주하기 악보를 따라가며 박자에 맞추어 연주하고, 오선지 위에 직접 음표를 이동해 가며 간편하게 음악 작곡 및 저장이 가능함

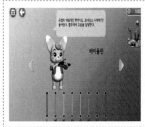

(5) 가락악기로 연주하기

장애학생을 위한 초등학교 고학년 음악 수업에 선율 타악기로 '간단한 가락 연주하기'와 중·고등학교 음악 수업에 가락악기를 활용한 '오스티나토 연주하기' 활동이 있다. 학생은 피아노, 실로폰, 마림바 등의 악기를 직접 배우거나 가락악기 앱을 활용하여 건반과 친숙해진 후 기본 음계를 배울 수 있다. 초등학생의 경우 〈학교 종〉〈똑같아요〉 등의 색깔 악보를 보며 같은 색 건반을 찾아 연주할 수 있으며, 음의 높이에 맞추어 동물의 소리로 재미있는 동물 소리 연주곡도 만든다. 중·고등학생은 비트박스에 맞추어 간단한 오스티나토를 연주하거나 제재곡의 일부를 연주할 수 있다.

〈표 7-7〉 '어린이 장난감 피아노 교사'/'garage 밴드' 애플리케이션

주제	피아노 배우기	대상	초 · 중 · 고등학생
앱명	어린이 장난감 피아노 교사(kids piano)/garage 밴드	OS	안드로이드/ios
내용			

- 피아노 소리와 강아지, 개구리, 고양이 등의 동물 소리로 음계 소리 듣기 및 녹음 기능
- 'start lesson' 아이콘을 클릭하면 연주하고 싶은 다양한 동요 선택 가능
- 4개의 비트박스 제공: 곡에 맞는 비트를 선택한 후 연주하기

앱을 활용하여 다양한 실로폰의 종류를 알아보고 명칭과 악기 소리를 익힌다. 양손으로 실로폰 연주를 할 수 있고 화음 공부에 활용할 수 있으며, 연주곡 감상 활동이 가능하다. 연주곡을 정해 한 모둠은 마림바, 다른 모둠은 비브라폰을 연주하며, 학기말에 실로폰 연주회를 갖는다.

〈표 7-8〉 '리얼 실로폰(xylophone)' 애플리케이션

주제	실로폰 배우기	대상	초 · 중 · 고등학생
앱명	리얼 실로폰(xylophone)	OS	안드로이드/ios
내용			

- 다양한 실로폰 소리 탐색하고 연주하기
- 기본 음계가 건반으로 구성, 깨끗하고 맑은 소리 제공
- 5가지 연주 음악 악기 포함: 어린이를 위한 장난감 실로폰, 글로켄슈필(철금), 비브라폰, 마림바
- 다양한 말렛 선택 가능

(6) 악기 명칭과 악기 소리 학습하기

사람의 목소리가 각기 다르듯, 악기 또한 제각기 고유한 특성과 음색을 가지고 있으며, 학생은 악기 고유의 음색과 소리의 특징을 구별하도록 한다. 앱을 활용하여 악기 사진 카드를 넘기며 악기의 명칭을 알아보고 악기와 악기 소리를 연결하는 활동을 할 수 있다. 특히, 여러 가지 악기 소리 탐색 활동에 유용하게 사용한다.

〈표 7-9〉 '악기소리 그림 카드' 애플리케이션

주제	악기 명칭 알아보기	대상학생	초 · 중학생
앱명	악기소리 그림 카드	OS	안드로이드
내용			

• 악기 그림 카드를 클릭하여 실제 악기 연주 소리 듣기
• 피아노, 플루트, 기타, 드럼, 실로폰, 바이올린, 하모니카, 오카리나, 우쿨렐레, 색소폰 등 40여 종의 악기와 소리를 동시에 학습
※ 한 카드에 1개의 악기만 소개되어 장애학생이 악기를 쉽게 구별할 수 있으며, 하단을 클릭하면 악기의 이름을 한국말과 영어로 들을 수 있다.

(7) 감상하기

음악과 영역 중 '감상'에서는 음악의 아름다움과 분위기를 느끼며 바르게 감상하는 태도를 함양하고, '생활화'에서는 생활 속에서 다양한 음악을 적극적으로 활용하는 태도를 기른다(교육부, 2015). 예전에는 음악 감상 시 카세트 테이프나 LP, CD,

DVD 등을 사용했지만, 요즘에는 mp3, 동영상, 인터넷, 스마트폰 앱 등을 활용하여 다양하게 감상을 한다. 또한 감상 활동이 단지 듣는 수동적 태도에서 벗어나 자신의 생각과 느낌, 감정을 자유롭게 표현하는 활동으로 이어져야 한다.

음악 감상을 위한 앱이 많이 개발되어 있으며, 동요 모음곡 등은 초등학생의 음악 감상 시 활용할 수 있고, 감상의 표현으로 좋아하는 동요를 듣고 신체와 악기로 자유롭게 표현할 수 있다. 또한 행진곡을 감상하며 학생이 마치 군인인 것처럼 행진하고, 반 친구들과 〈호키포키〉노래를 들으며 율동을 하는 등 다양한 신체 활동을 할 수 있다.

〈표 7-10〉 '소리보따리' 애플리케이션

주제	감상하며 표현하기	대상	초등학생
앱명	소리보따리	OS	안드로이드
내용			

- 영유아부터 초등학생까지 발달과 연령, 수업 주제에 맞는 다양한 노래 감상 프로그램
- 생활 주제, 교육 주제, 음악 주제로 구분되어 상황에 맞게 동요 선택
  - 〈보따리-클래식-'랄랄라 인사해요'〉 선율에 맞춰 인사 나누기
  - 〈음악 주제-음정-'솔미 솔미 노래해'〉 3도 음정을 익히기
  - 〈빠르기-'행진해요'〉 빠르기가 변하는 음악을 경험하기
  - 〈교육 주제-생활 습관 보따리 '밥을 많이 먹으면'〉 생활지도 노래 부르기

☼ 생각 넓히기

1. 특수교육공학을 활용한 현재와 미래의 장애학생 음악 수업의 변화에 대해 이야기해 봅시다.

2. 장애 영역별 보조공학기기와 맞춤형 악기를 알아봅시다.

3. 음악 수업에 활용할 수 있는 애플리케이션을 찾아보고 활용법을 생각해 봅시다.

⊕ 참고문헌

교육과학기술부(2011a). 스마트교육 추진전략 실행 계획. 서울: 교육과학기술부.

교육과학기술부(2011b). 특수교육 기본 교육과정 총론(교육과학기술부 고시 제2011-501[별책1]).

교육부(2015). 특수교육 기본 교육과정 3~4학년군 음악 교과서 및 지도서.

국립특수교육원(2018). 특수교육학 용어사전. 서울: (주)도서출판 하우.

권충훈, 김민동, 강혜진, 권순황(2015). 특수교육공학. 서울: 학지사.

김남진, 김용욱(2010). 특수교육공학. 서울: 학지사.

김용욱(2006). 장애학생을 위한 특수교육공학의 활용. 서울: 집문당.

민경훈, 김신영, 김용희, 방금주, 승윤희, 양종모, 이연경, 임미경, 장기범, 조순이, 주대창, 현경실(2014). 음악교육학 총론. 서울: 학지사.

민천식, 권택환, 신재한(2014). 특수교육공학. 경기: 교육과학사.

박성익, 임철일, 이재경, 최정임(2001). 교육방법의 교육공학적 이해. 서울: 교육과학사.

박숙희, 염명숙(2014). 교수·학습과 교육공학. 서울: 학지사.

박영주(2014). 스마트폰 앱을 활용한 중학교 음악교과 수업방안 연구. 음악교육공학 21, 119-140.

이화여자대학교 교육공학과 교수 일동(2005). 21세기 교육방법 및 교육공학. 이화여자대학교 교육공학과.

장기범(2000). 21세기 음악교육과 테크놀로지. 한국음악교육학회 세미나 주제발표 자료.

Amy, G. Dell., Deborah, A. Newton., & Jerry, G. Petroff. (2008). 특수교육보조공학. 정동훈 역. 서울: 시그마프레스.

Cathy, B. (2003). What is Assistive Technology? *Except Parent, 33*(6), 32-34.

Lewis, R. (1993). *Special education technology: Classroom applications.* Belmont, CA: Wadsworth Publishing Co.

애플리케이션 출처

- 우리악기 톺아보기
- Drum Solo Rock!
- Real Drum
- 봉고 캣
- 2/D(운지법)
- 딩동이와 악기놀이
- 어린이 장난감 피아노 교사(kids piano)
- 리얼 실로폰 (xylophone)
- 악기소리 그림 카드
- 소리보따리

제8장

음악과 수업 모형

임영신

수업 모형은 수업 목표를 효율적으로 성취하기 위한 절차적 학습 활동의 고정된 틀이라고 볼 수 있다. 따라서 수업 환경과 교재가 달라도 학습 목표와 학습 내용에 따라 같은 수업 모형을 선택할 수 있다. 학습 내용에 적절한 수업 모형을 바탕으로 학습을 계획하면 학습 목표에 효과적으로 도달할 수 있을 것이다. 이 장에서는 수업 모형의 개념과 유형에 대하여 논하고, 표현·감상·생활화의 영역별 음악과 수업 모형을 탐색해 보고자 한다.

1. 음악과 수업 모형의 이해

1) 수업 모형의 개념

수업 모형은 실제 수업 현상을 그 특징적 상황을 중심으로 단순화시켜 설명하기 위한 형태를 의미한다. 다시 말해서, 수업 목표를 효율적으로 성취하기 위한 절차적 학습 활동의 고정된 틀이라고 볼 수 있다. 그러므로 수업 환경과 교재가 달라도 학습 목표와 학습 내용의 방향이 같다면 같은 수업 모형을 선택할 수 있는 것이다.

수업 모형에 대하여, Cole과 Chan은 "수업의 실제를 기술하기 위하여 수업의 주요 특징을 요약해 놓은 계획"이라 하였고, 『교육학 대백과사전』에는 수업 모형을 "복잡한 수업 현상을 기술하고 설명할 수 있으며, 나아가 예언할 수 있는 수업의 주요 특징을 간추려 체계화시켜 놓은 형태 또는 전략"으로 정의하고 있다(교육심리학 용어사전, 2000).

수업 모형의 유형에 대해서는 Joyce와 Weil은 수업 상황에 따라 다른 절차가 요구된다고 하면서 사회상호작용 모형, 정보처리 모형, 정의적 모형, 행동수정 모형 등으로 구분하고 있으며, 김호권은 학교 수업의 관점을 수업 운영 원리적 측면, 학습 조건의 측면, 교사 행동의 측면으로 보고 있다. 그리고 Cole과 Chan은 수업 모형을 인성특성 모형, 행동주의 모형, 교과방법 모형, 수업기술 모형, 역할 모형, 수업원리 모형 등으로 구분하고 있다. 이와 같이 수업 모형의 개념과 유형은 학자들이 수업 현상을 보는 관점과 이론에 따라 달라진다.

수업을 설계한다는 것은 교육과정을 재구성하여 학습 목표 및 평가에 따른 학습 과정을 계획하는 것이다. 이때 적절한 수업 모형을 선택하여 교수·학습 과정을 계획한다면, 학습 목표에 효율적으로 도달하게 될 것이다.

2) 음악과 수업 모형의 유형

수업 모형에 대한 구분과 견해를 토대로 하여 음악과 수업 모형은 수업 현상의 관점에 따라 '수업절차 모형' '학습조건 모형'으로 구분할 수 있다. 수업절차 모형은 수업이 전개되는 절차 및 단계에 따른 수업 현상을 설명하는 것이고, 학습조건 모형은 학습 과제 또는 학습자 특성에 따라 학습 조건을 충족시키는 수업 현상을 설명하는 것이다.

음악과 수업 모형의 유형을 구안하기 위해서는 먼저 교육과정에서 제시하고 있는 학습 내용을 살펴보아야 한다. 왜냐하면 수업 모형을 학습 내용을 담아내는 그릇이라고 볼 때, 담기는 내용이 무엇인가를 알아야 하기 때문이다.

2015 음악과 개정 교육과정에서는 음악과를 표현·감상·생활화 영역으로 구분하고 있으며, 각 영역별 학습 내용을 다음과 같이 제시하고 있다.

첫째, 표현 영역에서 다루어야 하는 학습 내용은 다양한 음악 경험을 통해 소리의 상호작용과 음악의 표현 방법을 이해하여 노래, 연주, 음악 만들기, 신체표현 등의 다양한 방식으로 표현하는 것이다. 이를 통해 '노래 부르기' '악기로 연주하기' '신체표현하기' '음악 만들기' '표현하기' 등의 기능을 기르게 된다.

둘째, 감상 영역은 다양한 음악을 듣고 음악 요소와 개념, 음악의 종류와 배경을 파악하여 음악을 이해하고 비평하는 것이다. 이를 통해 '구별하기' '표현하기' '설명하기' 등의 기능을 기를 수 있다.

셋째, 생활화 영역에서는 음악을 생활 속에서 활용하고, 음악이 삶에 주는 의미에 대해 이해함으로써 음악을 즐기는 태도를 갖게 되는 것이다. 이를 통해 '참여하기' '조사하기' '발표하기' 등의 기능을 기르게 된다.

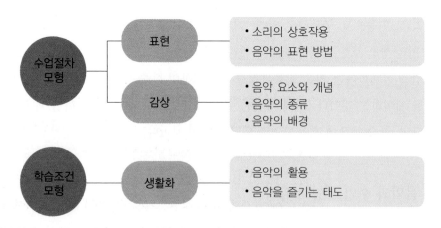

[그림 8-1] 음악과 수업 모형과 학습 내용

　음악과에서 다루는 영역별 학습 내용을 세 가지 수업 모형과 견주어 보면, 표현·감상 영역은 수업 흐름에 따른 수업절차 모형이 적절하고, 생활화 영역은 특별한 상황과 주제에 따른 학습조건 모형이 적합하다. 따라서 가창, 기악, 창작, 신체 표현, 감상 중심 수업은 수업절차 모형을 적용하고, 생활화 중심 수업은 학습조건 모형을 적용하여 제시한다. 실제 수업에서는 학생의 발달 단계 및 교육 환경에 따라 제시한 모형을 적절히 변형하여 활용할 수 있다.

2. 영역별 음악과 수업 모형

1) 수업절차 모형에 따른 표현 영역 학습

　수업절차 모형에 따른 표현 영역의 단계는 학습 흐름에 따라 도입·전개·정리로 구분한다. 먼저, 도입 단계에서는 감각적으로 음악 학습 분위기를 조성하여 전 차시 학습 내용을 확인하고 본 차시의 학습 동기를 유발하는 활동을 한다. 다음으로, 전개 단계에서는 학습에 필요한 기초 기능을 파악하고, 학습 활동에 적절한 형태의 모둠을 구성하며, 모둠 동료와 서로 협력하여 여러 가지 표현 방법을 탐색해 보고, 창의적으로 표현하는 활동을 하며, 개인 혹은 모둠 활동을 발표를 통하여 서로 공유하는 활동을 하게 된다. 끝으로, 정리 단계에서는 학습에서 배운 내용을 내면화하는 단계로 자기 평가 및 동료 평가를 하면서 동료와 함께 자신을 성찰하는 활동을 한다. 〈표 8-1〉은 표현 영역에서 학습 단계에 따른 학습 요소와 학습 내용을 보여 준다.

〈표 8-1〉 학습 단계에 따른 표현 영역의 학습 요소와 학습 내용

단계	학습 요소	학습 내용
도입	감각적 감지	- 전 차시 학습 내용 확인 - 흥미를 일으키는 음악적 감각 동기 유발
전개	기초 기능 습득	- 본 차시 학습 음악 요소 및 기초 기능 습득
	표현 방법 탐색	- 노래 부르기 · 연주하기 · 음악 만들기 · 신체 표현 방법 탐색 - 개별 활동, 짝 활동, 모둠 활동, 전체 활동
	창의적 표현	- 창의적 표현 활동 발표 및 학습 결과 공유
정리	내면화	- 본 차시 학습 활동의 내면화 - 동료 평가, 자기 평가, 교사 피드백, 학습 성찰 - 학습 결과를 후속 학습 설계 근거 자료로 활용

2015 개정 교육과정에서는 음악과 표현 영역에서는 자연스럽고 아름다운 발성으로 노래 부르고, 바른 주법으로 느낌을 살려 연주하며, 음악의 다양한 구성요소를 익혀 느낌과 생각을 표현하도록 명시하고 있다. 표현 영역에서 주로 다루게 되는 활동을 중심으로 노래 부르기 · 연주하기 · 음악 만들기 · 신체표현 중심 수업 모형으로 구분해 본다.

〈표 8-2〉 노래 부르기 중심 수업 모형 예시

단계	학습 요소	학습 내용	교수 · 학습 활동	기능
도입	감각적 감지	학습 목표 인지	• 전 차시 학습 상기 • 내재적 동기 유발 - 기습곡 부르기 - 발성 연습 - 리듬, 박자 익히기 • 학습 목표 확인	• 노래 부르기

단계	학습 요소	학습 내용	교수·학습 활동	기능
전개	기초 기능 습득	제재곡 탐색	• 제재곡 이해 - 곡의 흐름 파악하면서 범주 범창 듣기 - 가사의 의미 살펴보기 • 음악 요소 확인 - 호흡과 발성 - 다양한 빠르기 - 박자와 음정	• 표현하기 • 노래 부르기 • 연주하기 • 탐색하기 • 반응하기 • 구별하기
	표현 방법 탐색	자연스러운 발성 표현	• 가사 익히기 • 가락선 그리며 가락의 흐름 파악 • 한 소절씩 따라 부르기 • 자연스러운 발성으로 노래 부르기	• 비교하기 • 경험하기 • 놀이하기 • 참여하기 • 발표하기
	창의적 표현	노래 부르기	• 가사를 음미하며 악상 살려 노래 부르기 - 음색, 박자, 빠르기, 셈여림	
정리	내면화	학습 성찰	• 친구 앞에서 노래 부르기 • 녹음하여 듣고 음악적 느낌 발표 • 자기 평가, 동료 평가, 교사 평가	• 발표하기 • 태도 갖기

〈표 8-3〉 연주하기 중심 수업 모형 예시

단계	학습 요소	학습 내용	교수·학습 활동	기능
도입	감각적 감지	학습 목표 인지	• 전 차시 학습 상기 • 내재적 동기 유발 - 기습곡 부르기 - 리듬, 박자 익히기 • 학습 목표 확인	• 노래 부르기
전개	기초 기능 습득	악기 주법 탐색	• 주법 탐색 - 타악기, 선율 타악기 주법 탐색 - 가락악기 주법 탐색 • 음악 요소 확인 - 박지와 리듬 - 반복 되는 리듬 - 음의 길고 짧음 비교	• 표현하기 • 연주하기 • 탐색하기 • 반응하기 • 구별하기
	표현 방법 탐색	바른 주법 탐색	• 바른 주법 익히고 연주하기 • 일정 가락의 반복 연습	• 비교하기 • 경험하기 • 놀이하기 • 참여하기
	창의적 표현	리듬 연주	• 오스티나토 연주 • 바른 주법으로 연주하기 - 짝과 연주하기	

| 정리 | 내면화 | 학습 성찰 | • 친구 앞에서 연주하기
• 녹음하여 듣고 연주 성찰하기
• 자기 평가, 동료 평가, 교사 평가 | • 발표하기
• 태도 갖기 |

〈표 8-4〉 음악 만들기 중심 수업 모형 예시

단계	학습 요소	학습 내용	교수 · 학습 활동	기능

도입	감각적 감지	학습 목표 인지	• 전 차시 학습 상기
			• 내재적 동기 유발
			  - 기습곡 부르기
			  - 주요 리듬 연주하기
			• 학습 목표 확인
				• 노래 부르기
				• 연주하기

전개	기초 기능 습득	소리 탐색	• 타악기 탐색
			  - 타악기 모양, 재질, 소리, 연주법 탐색
			• 가락악기 탐색
			  - 가락악기 모양, 재질, 소리, 연주법 탐색
			• 음악 요소 확인
			  - 단순한 화음
			  - 간단한 리듬
				• 표현하기
				• 연주하기
				• 탐색하기
				• 반응하기
				• 구별하기
				• 비교하기
				• 경험하기
				• 놀이하기
				• 참여하기

	표현 방법 탐색	영화 장면 탐색	• 영화 장면의 느낌을 표현하기
			  - 타악기로 표현
			  - 가락악기로 표현	

	창의적 표현	소리 만들기	• 장면에 어울리는 소리 만들기
			  - 악기를 선택하여 기쁜 장면 표현
			  - 악기를 선택하여 슬픈 장면 표현	

정리	내면화	학습 성찰	• 친구 앞에서 발표하기 • 발표 소감 말하기 • 자기 평가, 동료 평가, 교사 평가	• 발표하기 • 태도 갖기

〈표 8-5〉 신체표현 중심 수업 모형 예시

단계	학습 요소	학습 내용	교수 · 학습 활동	기능

도입	감각적 감지	학습 목표 인지	• 전 차시 학습 상기
			• 내재적 동기 유발
			  - 기습곡 부르기
			  - 주요 리듬 연주
			• 학습 목표 확인
				• 노래 부르기
				• 연주하기

전개	기초 기능 습득	움직임 동작 탐색	• 다양한 빠르기 탐색 　- 느리게 걷기, 빨리 걷기, 달리기 • 셈여림 탐색 　- 센 소리를 큰 동작으로 표현 　- 여린 소리를 작은 동작으로 표현	• 표현하기 • 연주하기 • 탐색하기 • 반응하기 • 구별하기 • 비교하기 • 경험하기 • 놀이하기 • 참여하기
	표현 방법 탐색	음악요소 표현	• 음악 요소의 신체표현 　- 악곡의 빠르기 신체표현 　- 악곡의 셈여림 신체표현	
	창의적 표현	창의적 신체표현	• 가락 진행의 신체표현 　- 뛰어가기 가락 신체표현 　- 차례가기 가락 신체표현	
정리	내면화	학습 성찰	• 친구 앞에서 발표하기 • 발표 소감 말하기 • 자기 평가, 동료 평가, 교사 평가	• 발표하기 • 태도 갖기

2) 수업절차 모형에 따른 감상 영역 학습

수업절차 모형에 따른 감상 영역의 단계는 학습 흐름에 따라 도입 · 전개 · 정리로 구분한다. 먼저, 도입 단계에서는 감각적으로 음악 학습 분위기를 조성하여 전차시 학습 내용을 확인하고 본 차시의 학습 동기를 유발하는 활동을 한다. 다음으로, 전개 단계의 학습 요소는 감수, 감상, 창의적 표현으로 감상 악곡을 감각적으로 받아들여 음향을 감지하고 음색을 구별하면서 악곡을 탐색한 후에 감상 활동을 하면서 악곡의 분위기, 장면, 구성 요소 등을 파악하고 다른 악곡과 비교하고 구별하는 활동을 한다. 감상을 한 후에 개인 혹은 모둠별로 악곡의 분위기, 느낌, 특징 등을 말, 그림, 동작으로 표현하는 활동을 하고, 발표를 하면서 학습 결과를 공유한다. 끝으로, 정리 단계는 내면화하는 단계로 자기 평가 및 동료 평가를 하면서 학습을 성찰하는 활동을 한다. 〈표 8-6〉은 감상 영역에서 학습 단계에 따른 학습 요소와 학습 내용을 보여 준다.

〈표 8-6〉 학습 단계에 따른 감상 영역의 학습 요소와 학습 내용

단계	학습 요소	학습 내용
도입 ▶	감각적 감지 ➡	- 전 차시 학습 확인 - 흥미를 일으키는 내재적 동기 유발
전개 ▶	감수	- 본 차시 악곡 음악 요소 파악 - 음향 감지, 판별, 분석
	감상 ➡	- 악곡의 특징적인 음악 요소 파악 - 음색, 여러 형태의 음악, 다양한 문화의 음악 비교, 구별
	창의적 표현	- 악곡의 분위기를 말, 그림, 동작으로 창의적 표현 및 발표 - 학습 활동 결과 공유
정리 ▶	내면화 ➡	- 본 차시 학습 활동의 내면화 - 동료 평가, 자기 평가, 교사 피드백, 학습 성찰 - 학습 결과를 후속 학습 설계 근거 자료로 활용

〈표 8-7〉 감상 중심 수업 모형 예시

단계	학습 요소	학습 내용	교수·학습 활동	기능

도입	감각적 감지	학습 목표 인지	• 전 차시 학습 상기
			• 내재적 동기 유발
			  - 기습곡 부르기
			  - 주요 리듬 연주
			• 학습 목표 확인
				• 노래 부르기
				• 연주하기

전개	감수	악곡 탐색	• 연주 악기의 음색 탐색
			  - 주요 가락을 연주하는 악기 살펴보기
			• 다른 악기와의 조화 탐색
			• 악곡의 특징 파악
			  - 주요 가락을 중심으로 반복하여 듣기
				• 표현하기
				• 탐색하기
				• 반응하기
				• 구별하기
				• 비교하기
				• 경험하기
				• 놀이하기
				• 참여하기

	감상	음악 분위기 파악	• 음악적 분위기 파악
			  - 즐거운 느낌, 슬픈 느낌
			• 악곡의 장면 이해
			  - 악곡의 흐름, 분위기 파악
			  - 소리와 장면에 집중하며 감상	

창의적 표현	느낌의 창의적 표현		• 악곡의 느낌을 창의적으로 표현 – 말과 그림으로 표현 – 동작과 움직임으로 표현	
정리	내면화	성찰	• 친구 앞에서 발표하기 • 발표를 보고 느낌 말하기 • 자기 평가, 동료 평가, 교사 평가	• 발표하기 • 태도 갖기

3) 학습조건 모형에 따른 생활화 영역 학습

학습조건 모형에 따른 생활화 영역의 단계는 학습 절차에 따라 문제 인지·문제 방안·문제 해결·내면화로 구분한다. 첫째, 문제 인지 단계에서는 생활 속에서 관심 있는 음악 분야를 발견하고, 그에 따른 자료를 조사하고, 음악 활동 실천에 따른 문제점을 도출하는 활동을 한다. 둘째, 문제 방안 단계에서는 도출해 낸 문제를 해결하기 위한 아이디어를 생성하여 시간, 장소, 음악적 능력 등의 한정된 조건 안에서 실현 가능한 음악 계획서를 구안하고, 교사 및 동료에게 조언을 구한다. 셋째, 문제 해결 단계에서는 계획서에 따라 음악 활동을 실행하고 실행 장면을 촬영한다. 넷째, 내면화 단계에서는 실행한 음악 장면의 결과물을 스크랩하여 게시하거나 활동한 내용을 발표하고 본인 혹은 감상자의 소감문을 작성하여 동료와 공유한다. 또한 학습 활동에 대하여 동료 평가와 자기 평가를 하면서 학습 성찰을 한다. 〈표 8-8〉은 생활화 영역에서 학습 단계에 따른 학습 요소와 학습 내용을 보여 준다.

〈표 8-8〉 학습 단계에 따른 생활화 영역의 학습 요소와 학습 내용

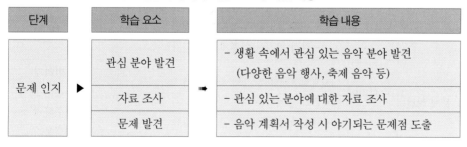

문제 방안	▶	아이디어 생성	➡	- 시간, 장소, 음악적 능력 등의 한정된 조건 안에서 실현 가능한 음악 계획 구안 - 교사 및 동료의 조언 반영
문제 해결	▶	아이디어 적용	➡	- 계획서에 따른 음악 활동 실행 - 음악 활동 장면 기록 및 촬영
내면화	▶	학습 성찰	➡	- 음악 활동 결과물 스크랩 - 본인 혹은 감상자의 소감문 작성 - 실행 결과 공유 및 학습 성찰

〈표 8-9〉 생활화 중심 수업 모형: 창의적 문제해결 수업 모형 예시

단계	학습 요소	학습 주제: 어버이날 감사 음악 선물 드리기 교수 · 학습 활동	기능
문제 인지	관심 분야 발견	• 어버이날 선물 드리기 - 부모님을 위해 내가 할 수 있는 일 찾아보기	• 찾아보기
	자료 조사	• 관심 있는 분야에 대한 자료 조사 - 부모님이 좋아하는 음악 조사하기 - 내가 할 수 있는 음악 살펴보기	• 탐색하기
	문제 발견	• 음악 계획서 작성 시 야기되는 문제점 도출 - 기한 내에 실현 가능성 - 연주자 수준에 적합한 곡목 선정	• 탐색하기 • 비교하기
문제 방안	아이디어 생성	• 연주를 더 잘하기 위한 구체적 실천 사항 정하기 - 매일 일정 시간 연습 - 어려운 부분 선생님께 배우기 • 음악 외적 조건 살펴보기 - 언제 어디에서 음악 선물을 할 것인가? - 연주 복장은 무엇으로 할 것인가? - 감사 편지는 어떻게 쓸 것인가?	• 노래 부르기 • 연주하기
문제 해결	아이디어 적용	• 계획서에 따른 음악 활동 실행 • 음악 참여활동 사진 촬영 • 본인 혹은 감상자의 소감 인터뷰	• 표현하기 • 노래 부르기 • 연주하기 • 경험하기
내면화	학습 성찰	• 인터뷰 내용 발표 • 실행 후 소감 말하기	• 발표하기 • 태도 갖기

생각 넓히기

1. 음악과 수업 모형의 필요성에 대해서 토론해 봅시다.

2. 수업절차 모형과 학습조건 모형의 차이점에 대해서 이야기해 봅시다.

3. 생활화 영역에서 주제에 따른 다양한 수업 모형을 이야기해 봅시다.

참고문헌

정문성, 윤기옥(2009). 수업모형. 서울: 동문사.

민경훈, 김미숙, 김선미, 김신영, 김영미, 김지현, 이가원, 장근주, 조대현, 조성기, 주희
　　선, 현경실(2017). 음악교수학습방법. 서울: 학지사.

승윤희, 민경훈, 양종모, 정진원(2019). 예비교사와 현장교사를 위한 초등 음악교육. 서울: 학
　　지사.

이홍수(1989). 음악교육의 현대적 접근. 서울: 세광음악출판사.

한국교육심리학회(2000). 교육심리학용어사전. 서울: 학지사.

홍종건, 송택동, 양소영, 김민지, 이준영, 임하정, 문미애, 김한아, 김광민, 송성근(2019).
　　초등학교 5~6학년군 음악 지도서. 서울: 와이비엠.

제2부
실천하기

제9장

노래 부르기 지도의 실제

임영신

음악과 교육과정의 표현 영역에 해당하는 음악 활동으로는 '노래 부르기' '악기 연주하기' '음악 만들기'가 있다. 학교 음악 수업에서 이루어지는 노래 부르기 활동은 음악 개념 형성에 도움이 될 뿐만 아니라 음악적 느낌을 개성 있게 표현함으로써 창의력을 기르고 자아실현의 기회가 된다. 이 장에서는 장애학생의 효율적인 노래 부르기 활동을 위해서 지도의 필요성과 지도 방법에 대해 알아보고 노래중심 교수·학습 과정안을 제시한다.

1. 노래 부르기 지도의 필요성

'음악 시간' 하면 제일 먼저 떠오르는 것은 아마도 노래 부르는 장면일 것이다. 음악 학습에서 가장 기본적이고 대표적인 학습 형태는 노래 부르기이다. 왜냐하면 노래 부르기는 대체로 부담 없이 손쉽게 접근할 수 있는 음악 활동이기 때문이다. 노래 부르기가 음악 학습에서 갖고 있는 교육적 의미를 살펴보면 다음과 같다.

첫째, 노래 부르기를 통하여 음악적 즐거움을 체험할 수 있다. 원시 사회로부터 지금에 이르기까지 인간은 마음의 상태와 감정을 노래로 표출해 왔다. 특히 기쁜 일이 있을 때는 누구나 저절로 콧노래를 부르게 되며, 오히려 노래를 부름으로써 마음이 즐거워지기도 한다. 따라서 학교 음악 수업에서 학생의 발달 단계와 흥미를 고려한 악곡을 선정하고 노래 부르기를 하면 음악적 즐거움을 체험할 수 있게 된다.

둘째, 노래 부르기를 통하여 음악 요소 및 개념을 습득할 수 있다. 악곡을 노래할 때는 악곡의 음악적 특징, 즉 빠르기, 셈여림, 음색, 분위기 등을 먼저 파악하고 이를 구별하여 잘 표현해야 한다. 악곡이 가지고 있는 음악 요소와 개념을 이해하고 이를 노래로 표현해 내면서 음악적 개념과 지식이 풍부해질 수 있다.

셋째, 노래 부르기를 통하여 공동체 역량을 기를 수 있다. 의식 행사에서 부르는 애국가나 교가는 모든 사람으로 하여금 공동체적 일체감을 느끼게 한다. 국가적 차원의 운동 경기를 보면서 부르는 응원가 또한 모든 사람의 마음을 하나로 일치시킨다. 따라서 음악 수업에서 학급 전체가 참여하여 노래를 부르고 아름다운 어울림을 만들어 가면서 공동체적 역량이 길러진다.

넷째, 다른 교과와 연계하는 융합 학습을 할 수 있다. 노래 부르기의 재료가 되는 악곡은 노랫말을 가지고 있으므로 국어 교과와 연계하여 창의적인 언어 표현력과 문학성을 계발할 수 있으며, 내용에 따라 과학·수학·미술 등 다른 교과와 연계하여 학생의 창의성을 계발하는 노래 부르기 수업을 계획할 수 있다.

2015 개정 음악과 교육과정의 학년군별 노래 부르기 내용 요소를 살펴보면, 초등학교 3~4학년은 말 리듬을 익히고, 5~6학년은 주고받는 노래를 하며, 중학교 1~3학년은 호흡과 발성을 배우고, 고등학교 1~3학년은 박자와 음정을 익혀 노래 부르기를 하도록 명시하고 있다. 학교 수업에서 노래 부르기를 할 때에는 이러한 학생의 발달

단계에 따라 적절한 활동을 계획하여야 한다. 음악 수업에서 노래 부르기는 학생의 노래에 대한 흥미 및 욕구를 잘 배려해야 하며, 노래 부르기를 통하여 음악 개념을 형성하도록 돕고, 음악적 느낌을 개성 있게 표현하도록 함으로써 창의성과 심미적 감수성을 기르도록 해야 한다.

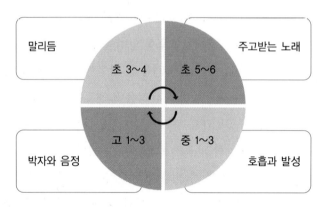

[그림 9-1] 학년별 노래 부르기 내용 요소

2. 노래 부르기 지도 방법

1) 노래 부르기 기초 기능

바른 자세, 호흡 그리고 좋은 발성은 노래 부르기의 기본 요소이자 기초 기능이다. 노래를 부를 때는 바르고 편안한 자세로 복식 호흡을 하면서 자연스러운 발성으로 노래를 해야 한다. 학생의 신체적 특성을 고려하여 편안한 자세로 노래하도록 하고, 복식 호흡을 익혀 노랫말을 자연스러운 목소리로 따라 읽으며 음절을 부드럽게 연결하여 자연스러운 발성으로 노래할 수 있도록 한다.

(1) 자세

노래 부를 때 자세가 중요한 이유는 호흡을 편안하게 할 수 있고 좋은 발성을 하는 데 도움이 되며 노래하려는 마음의 준비를 하게 하기 때문이다. 학교 수업에서 노래 부르는 자세는 앉은 자세와 선 자세로 나누어 볼 수 있다.

앉아서 노래 부를 때의 자세

- 손을 무릎 위에 올려놓는다.
- 허리를 세우고 의자에 기대지 않고 앉는다.
- 다리를 어깨 너비로 벌리고 발 앞쪽에 중심을 잡는다.

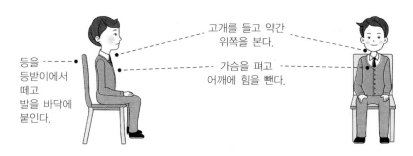

고개를 들고 약간 위쪽을 본다.

가슴을 펴고 어깨에 힘을 뺀다.

등을 등받이에서 떼고 발을 바닥에 붙인다.

[그림 9-2] 앉아서 노래 부르는 자세

서서 노래 부를 때의 자세

- 팔을 힘을 빼고 편안하게 내린다.
- 가슴과 허리를 곧게 세우고 시선은 정면보다 약간 위쪽을 바라본다.
- 발은 약간 벌리고 한쪽 발을 앞쪽에 둔다.

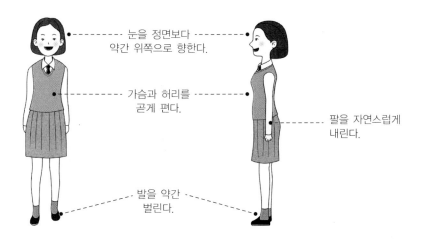

눈을 정면보다 약간 위쪽으로 향한다.

가슴과 허리를 곧게 편다.

팔을 자연스럽게 내린다.

발을 약간 벌린다.

[그림 9-3] 서서 노래 부르는 자세

(2) 호흡

호흡에는 흉곽 운동에 의한 흉식 호흡과 횡격막 운동에 의한 복식 호흡이 있다. 노래 부를 때 어깨와 가슴이 올라가는 흉식 호흡을 하면 숨이 부족해서 노래하는 중간에 호흡이 끊어지거나 긴 악구를 끝까지 유연하게 연주하기 어렵다. 따라서 노래 부르기를 할 때는 학생으로 하여금 복식 호흡을 하게 하는데, 그 이유는 들숨으로 숨을 충분히 들여 마시고 날숨을 오래 유지하여 음정을 안정적으로 소리 낼 수 있기 때문이다. 복식 호흡은 폐의 밑에 붙어 있는 횡격막을 아래로 수축하여 숨을 쉬는 방법이다. 횡격막은 수축과 이완을 하면서 호흡을 도와주는 근육성 막으로 복부의 근육을 이용해 횡격막을 아래로 수축하면 폐가 확장되면서 숨을 들이마시게 된다. 노래를 할 때는 숨을 내쉬면서 발성을 하게 되는데 이때 횡격막이 올라가는 것을 최대한 늦추는 것이 중요한 호흡 기법의 하나이다.

음악 수업에서는 복식 호흡의 전문적인 설명보다는 놀이를 통해 자연스럽게 복식 호흡을 익히게 하는 것이 좋다.

복식 호흡 연습 방법

- 선 자세에서 몸을 최대한 앞으로 수그리면서 숨을 들이쉰다.
- 몸을 일으켜 세우면서 숨을 천천히 내쉰다.
- 같은 동작으로 호흡 연습을 여러 차례 반복한다.
- 숨을 들이마실 때는 배를 내밀면서 코로 천천히 들이마셨다가 숨을 참고 3~5초 정도 잠시 정지한다.

[그림 9-4] 복식 호흡 방법

• 숨을 내쉴 때도 역시 천천히 배를 집어넣으면서 숨을 치아 사이로 조금씩 끊어서 내쉰다.

(3) 발성

노래 부르기를 위해서는 우선 발성과 조음으로 말소리를 만들어야 한다. 음악에서는 성악의 소재로서의 노랫소리를 만들어 내는 방법을 발성법 또는 발성이라고 하는데, 여기에는 성대 조절법뿐만 아니라 호흡법·조음법도 포함된다. 발성법은 나라별로 독특한 발성법을 갖고 있는데, 유럽의 예술음악에서는 벨칸토 발성법(bel canto)이 발달했다. 이 방법은 복식 호흡을 써서 복근을 훈련함으로써 숨을 조절하여 내뱉으며 성대를 진동시켜 소리를 내는 것으로 독특한 바이브레이션이 특징이며 자유롭고 풍부한 표현을 할 수 있다.

발성 연습 방법

• 허밍으로 발성하기
　- 코로 숨을 쉬면서 허밍을 하게 되면 자연스럽게 복식 호흡이 이뤄진다. 이때 꽃향기를 맡듯이 깊게 들이쉬면서 숨의 이동을 느끼는 것이 중요하다. 허밍으로 노래하다 보면 복식 호흡의 기초 단계를 자연스럽게 익힐 수 있다.
　- 허밍으로 노래하면 발음이 많지 않기 때문에 발음상의 문제로 들어가는 혀의 문제나 입안 구조의 문제 때문에 생기는 긴장을 없앨 수 있다.
　- 허밍은 얼굴의 공명강을 이용하는 가장 기본적인 방법이다. 허밍은 복식 호흡으로 나온 공기가 입안의 공명강을 울리면서 울림이 있는 소리를 내기에도 좋고, 소리를 낸 사람이 공명감을 느끼기에도 좋다.
• 모나리자 미소 짓기
　- 모나리자 미소를 지으며 '음' 소리를 낸다.
• 하품하기
　- 노래할 때 좋은 울림을 내기 위한 방법으로 하품하기가 있다.
　- 하품을 하는 사이에 신체의 여러 부분이 열린다. 이때 주의할 것은 하품하

기 직전의 상태를 유지하는 것이다.

- 허브 향기 맡기
  - 좋아하는 허브의 향기를 음미하며 깊숙이 들이 쉬는 숨의 상태를 유지한다.
- 소리 스펙트럼 만들기
  - 높은 음에서 아래 음까지 연결하여 소리를 낸다.
  - 아래 음에서 높은 음까지 연결하여 소리를 낸다.
- 웃으며 노래하기
  - 웃을 때 안면 근육이 들리며 울리는 공간이 열린다. 이 상태를 유지하며 노래를 하면 좋은 발성을 할 수 있다.

2) 학습 단계별 노래 지도 방법

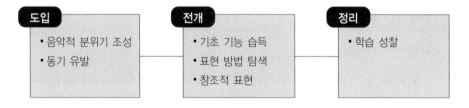

[그림 9-5] 학습 단계별 노래 지도 방법

(1) 도입

음악적 분위기 조성

- 본 차시 제재와 관련된 시 또는 악곡을 들려주거나 전 차시 학습에서 익혔던 기습곡을 노래하면서 음악적 분위기를 조성한다.

동기 유발

- 본 차시 제재의 내용과 관련된 영상을 보여 주거나, 제재곡과 관련된 일화를 들려주면서 학생이 본 차시 학습에 흥미를 갖게 한다.

(2) 전개

기초 기능 습득

- 앉아서 노래하거나 서서 노래할 때의 바른 자세를 익힌다.
- 상향 혹은 하향 음계 발성 연습을 한다.

〈악보 9-1〉 상향 · 하향 음계 악보

아　ー　ー　ー　ー

아　ー　ー　ー　ー

- 노래 부르기를 할 때는 가정 먼저 노랫말의 의미를 알아야 한다. 노래를 부른다는 것은 노래가 담고 있는 이야기를 전달하는 것이므로 노랫말의 의미를 알고 노래로 표현하는 것이 무엇보다 중요하다. 특히, 전래 동요나 민요에 나오는 새로운 낱말의 뜻을 정확히 이해하도록 한다.
- 노랫말의 의미와 분위기는 학생이 먼저 스스로 파악하게 하고, 짝 활동이나 모둠 활동을 하면서 동료와 함께 서로 질문하며 알아보게 한다. 제재곡의 난이도에 따라 교사가 의미를 알려 주거나 전체 발문을 통해 의미를 정확히 알도록 유도할 수 있다.

예시 곡: 즐거운 봄(조지훈 작사 · 김성태 작곡)	
즐거운 봄	- 누가 노래 부르고 있나요?
	→ 작은 새
작은 새 노래하니	- 누가 꽃을 찾아왔나요?
봄이 왔어요	→ 범나비
	▶ - 범나비는 어떤 나비인가요?
중략	→ 호랑나비
	- 노래에 등장하는 인물은 무엇을 하고
다 같이 부르자	있나요?
봄노래를	→ 모여서 다 같이 노래해요.

- 노래 부르기 방법으로는 듣고 부르기와 보고 부르기가 있다. 듣고 부르기는 악보를 보지 않고 교사의 범창 혹은 녹음 자료를 듣고 따라 부르는 방법인데, 처음에는 부분을 나누어 따라 부르기를 하다가 어느 정도 곡을 익힌 후에 전체를 듣고 따라 부르기를 하도록 한다. 듣고 부르기를 하면서 음높이를 손으로 표현하거나 그림 악보로 음의 길고 짧음을 표시하면서 음에 대한 감각을 키우며 음악의 아름다움을 체험할 수 있다.
- 초기 단계에서는 듣고 부르기의 방법이 중심이 되지만 점차 보고 부르기로 나아 가는 것이 바람직하다. 보고 부르기는 악보를 보면서 노래 부르는 방법으로 악보 읽기에 대한 음악적 지식이 선행되어야 한다. 음악 기호를 이해하고 이를 노래로 표현하면서 음악적 성취감과 미적 경험을 함께 체험할 수 있다.

표현 방법 탐색

- 노래의 분위기를 파악하며 교사가 불러 주는 노랫말을 따라 읽는다.
- 반복되는 말이나 노랫말의 특징을 알아본다.
- 악곡을 익힌 후에 박자, 가락, 화성, 형식, 셈여림, 빠르기, 음색 등을 파악한다.
- 숨표와 쉼표를 구별하여 노래하도록 한다.
- 2마디씩 주고받으며 노래한다.

예시 곡: 봄(윤석중 작사 · 이성복 작곡)

- 교사와 학생이 번갈아 주고받으며 노래한다.
  - 교사: 니나니 나니나 니나니나(후렴구)
  - 학생: 버들피리 소리가 들려온다.
- 학생끼리 주고받으며 노래한다.
  - 학생 1: 니나니 나니나 니나니나(후렴구)
  - 학생 2: 제비가 물차고 날아든다.

창조적 표현

악곡을 익힌 후에 악상 기호의 의미를 살려서 노래 부르기를 한다.

예시 곡: 가을 길(김규환 작사 · 작곡)	
mp 메조 피아노 / 조금 여리게	노랗게노랗게물들었네빨갛게빨갛게물들었네
mf 포르테 / 조금 세게	트랄랄라라 노래 부르며
f 포르테 / 세게	가을 길은 비단 길

• 효과음을 넣어 새로운 노랫말로 노래한다.

예시 곡: 동물 농장(외국 곡)

- 노랫말을 읽고 등장하는 동물을 찾아본다.
- 동물 울음소리를 흉내 내어 노래 부른다.

닭 장 속 에 는 암 탉 이-(꼬꼬댁)
깊 은 산 속 엔 뻐 꾸 기-(뻐국)

- 새로운 노랫말을 넣어 노래 부른다.
- 대체 곡: 〈리듬악기의 노래〉 〈새타령〉 등

• 제재곡을 돌림노래로 부르며 화음감을 기른다.

예시 곡: 동네 한 바퀴(외국 곡)

- 세 파트로 나누어 돌림노래를 한다.

다 같 이 놀 자 하 하하 하 하

- 다양한 웃음소리(호호호호호, 헤헤헤헤헤, 히히히히히 등)로 노랫말을 바꾸어 노래한다.
- 작은 소리로 노래하면서 화음의 어울림을 느껴본다.

- 신체표현을 하며 노래를 부른다.

예시 곡: 옹헤야(민요)

- 〈옹헤야〉의 노랫말을 읽는다.
- '옹헤야'의 의미를 알아본다.
  보리타작을 할 때 도리깨질을 하면서 부르는 노래이다.
  뒷소리에 '옹헤야'라는 입타령이 나오므로 '옹헤야'라 부른다.
- 메기고 받는 형식에 따라 역할을 나누어 부른다.
  메기고 받는 형식: 한 사람이 소리를 메기면(선창) 여러 사람이 그 소리를 받아서(후창) 노래하는 형식이다.

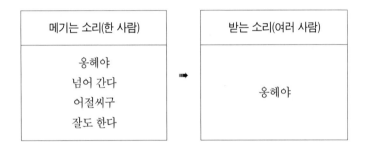

- 보리타작 신체표현을 하며 노래 부른다.
- 대체 곡: 〈강강술래〉〈쾌지나칭칭나네〉 등

(3) 정리

학습 성찰

- 정리 단계는 학습한 내용을 내면화하는 단계이다.
- 본 차시에서 학습한 노래 부르기를 개인 혹은 모둠으로 발표하면서 친구들과 공유한다.
- 자기 평가로 학습을 성찰하고 동료 평가를 통해 서로 격려하고 소감을 나누는 활동을 하면서 동료와 협력하고 소통하는 태도를 기르도록 한다.
- 교사는 학생의 학습 활동 결과에 대한 피드백을 하면서 학생의 성장에 도움이 되는 조언을 하고 후속 학습을 계획하는 데 근거 자료로 활용한다.

- 학생의 학습 활동 결과물이나 활동 상황을 사진 혹은 영상으로 담아 포트폴리오로 보관하여 학생의 향상 정도를 지속적으로 평가한다.

3) 지도 시 유의점

- 복식 호흡의 전문적인 설명보다는 놀이를 통해 자연스럽게 복식 호흡을 익히게 한다.
- 학생의 신체 상황을 고려하여 학생 스스로 노래 부르기에 편안한 자세를 탐색하게 한다.
- 재미있는 놀이를 통하여 노랫말에 따라 달라지는 입 모양에 흥미를 갖고 구별하여 바른 입모양으로 노래할 수 있게 한다.
- 정확한 소리를 내기 어려운 학생은 노랫말을 듣고 바른 입 모양의 입술 찍기 활동을 하거나, 몸으로 표현하기 어려운 학생은 노랫말에 어울리는 그림을 고르는 등 적절한 대체 활동을 계획하여 지도한다.

3. 노래 부르기 중심 교수·학습 과정안 설계

1) 학습 주제

자연스러운 발성으로 노래 부르기

2) 학습의 중점

　호흡 및 자세, 발성은 노래 부르기의 기본 요소이다. 본 차시 학습에서는 자연스러운 발성으로 노래 부르기에 중점을 두고 학습을 계획하였다. 자연스러운 발성이란 성대에 무리가 가지 않도록 목에 힘을 주지 않고 말하듯이 편안하게 노래하는 것을 뜻한다. 자연스러운 발성으로 노래하기 위한 도입 및 전개 단계에서의 학습 활동은 다음과 같다.

- 긴장된 입술을 부드럽게 하는 간단한 입술 운동을 한다.
- 노랫말에 나오는 소리를 흉내 낸다.
- 노랫말에서 연상되는 소리를 찾아 소리 흉내 내기를 한다.
- 노랫말을 정확한 입모양과 자연스러운 목소리로 따라 읽으면서 음절을 부드
  럽게 연결하여 말하는 활동을 한다.
- 제재곡의 분위기와 가락의 흐름에 어울리는 셈여림을 탐색한다.
- 편안한 자세와 밝은 표정으로 목에 힘을 주지 않고 셈여림을 살려 노래한다.

또한 학생이 즐겁게 학습 활동에 참여하도록 셈여림을 목소리뿐만 아니라 신체
로 표현하게 하고, 노래 부르기 형태를 친구와 함께 주고받으며 노래 부르기, 선생
님과 함께 주고받으며 노래 부르기 등으로 구성한다.

정리 단계에서는 활동을 하면서 어려웠던 점, 즐거웠던 점, 다른 친구의 활동에
대한 칭찬할 점 등으로 자기 평가와 동료 평가를 하면서 학습 성찰이 일어나도록
한다.

3) 학생 특성에 따른 활동

본 차시 학습 활동에 참여가 어려운 학생의 특성에 따른 활동은 다음과 같다.

- 소리를 내기 어려운 학생은 거울을 보며 정확한 입모양으로 노래 부른다.
- 셈여림을 살려 노래 부르기가 어려운 학생은 입모양의 크기로 셈여림을 구별
  하여 노래 부른다.
- 신체표현이 어려운 학생은 스카프, 끈 등의 도구를 이용하여 셈여림을 표현
  한다.

4) 노래 부르기 중심 교수·학습 과정안의 실제

수업 일시	. . .	지도 대상	중 ○-○	장소	음악실
제재(차시)	노래는 즐겁다 (9/12)			수업자	○○○
성취기준	[9음악01-02] 편안한 자세와 호흡으로 발성하며 노래를 부른다.				
학습 목표	자연스러운 발성으로 노래 부른다.				
준비물	여러 가지 새 사진, 봄 풍경 사진, 전자 저작물 등				

단계	학습 요소	학습 내용	교수·학습 활동	유의점
도입	감각적 감지	학습 목표 인지	• 전 차시 학습 상기 – 기습곡 〈봄〉의 분위기에 어울리는 표정으로 노래 부르기 • 동기 유발 – 긴장된 입술을 부드럽게 하기 위해서 숨을 내쉬며 '푸르르르' 소리를 내며 떤다. • 학습 목표 확인	오토바이 소리 놀이를 하면서 자연스럽게 발성 연습을 하게 한다.
전개	기초 기능 습득	제재곡 탐색	• 봄에 들을 수 있는 소리 말하기 – 새 소리 – 얼음장 밑으로 물 흐르는 소리 • 봄의 소리 흉내 내기 〈표〉 참새 / 시냇물 / 개구리 — 짹짹 짹짹 / 졸졸 / 개굴 개굴 • 제재곡에 나오는 소리 흉내 내기 – 멧새: 비배쫑 배쫑배쫑 – 냇물: 졸졸졸 졸졸졸졸 학생 특성에 따른 활동 예시: 소리 흉내가 어려운 학생은 표정, 몸짓으로 표현한다.	봄의 장면 자료를 제시하며 소리를 연상하여 다양한 소리로 표현하도록 한다.
	표현 방법 탐색	음악 요소 표현	• 노래 부를 때의 유의할 점 말하기 – 노랫말과 가락의 흐름에 어울리는 셈여림을 살려 노래 부른다. – 목에 힘을 주지 않고 자연스러운 발성으로 노래 부른다. • 제재곡의 분위기와 가락의 흐름에 어울리는 셈여림으로 표현하기 〈표〉 mp — 비배쫑 비배쫑 비배쫑 배쫑배쫑 / mf — 노래를 부르면 해도 달도 내 동무	셈여림 악상 기호를 이해하고 대조적으로 구별하여 노래 부르도록 한다.
	창의적 표현	셈여림을 살려 노래 부르기	• 주고받으며 노래하기 – 교사와 학생이 번갈아 주고받으며 노래한다. · 교사: 비배쫑 비배쫑 비배쫑 배쫑배쫑 · 학생: 노래를 부르면 해도 달도 내 동무 • 신체표현으로 셈여림을 살려 노래하기 – 셈여림이 드러나는 동작을 하며 자연스러운 발성으로 노래한다.	가창 활동이 어려운 학생은 셈여림이 뚜렷이 구별되는 동작으로 표현하도록 한다.
정리	내면화	학습 성찰	• 가장 즐거웠던 활동이 무엇이었는지 말하기 • 가장 어려웠던 활동이 무엇이었는지 말하기 • 다른 친구의 표현에서 칭찬할 점 말하기 • 무엇을 잘하게 되었는지 말하기	발표를 통해 동료 평가와 자기 평가에 대한 생각을 서로 공유한다.
평가 내용			1) 봄에 들리는 소리를 목소리와 신체로 표현할 수 있는가? 2) 자연스러운 발성으로 노래 부를 수 있는가?	

💡 생각 넓히기

1. 음악 수업에서 노래 부르기의 중요성과 의미에 대해 토론해 봅시다.

2. 장애 영역별 특성을 고려한 노래 지도 방법에 대해 이야기해 봅시다.

3. 창의적인 노래 부르기를 협력학습으로 표현하는 방법에 대하여 이야기해 봅시다.

🌐 참고문헌

강영희(2014). 생명과학대사전. 서울: 도서출판 여초.

교육부(2018). 특수교육 기본 교육과정 중학교 1~3학년 음악 교과용 지도서. 서울: 미래엔.

김형일(2014). 코랄 커뮤니케이션. 서울: 커뮤니케이션북스.

박용열(2019). 뮤지컬을 위한 무대 발성법. 경기: 성안당.

민경훈, 김미숙, 김선미, 김신영, 김영미, 김지현, 이가원, 장근주, 조대현, 조성기, 주희
    선, 현경심(2017). 음악교수학습방법. 서울: 학지사.

민경훈, 임영신, 이경숙, 김형선, 배지혜, 엄현지, 조수희(2018). 특수학교 중학교 음악지도
    서. 서울: 미래엔.

승윤희, 민경훈, 양종모, 정진원(2019). 초등 음악교육. 서울: 학지사.

홍정표(2015). 합창 지도법. 서울: 빛나라.

제10장

악기 연주하기 지도의 실제

최근영

악기 연주하기는 소리 내는 도구인 악기가 필요하다. 그러나 장애학생을 위한 연주 활동에서 반드시 전통적인 악기가 필요한 것만은 아니다. 소리 나는 모든 도구, 음악적 표현을 위한 사물과 신체가 악기로 사용될 수 있다. 특수교육 현장에서 이러한 의미로 악기 연주하기를 접근한다면 장애학생을 위한 음악의 범위가 폭넓게 확장될 수 있다. 이 장에서는 악기 연주하기의 필요성과 지도 방법에 대해 알아보고 기악 중심 수업 모형에 의한 교수·학습 과정안 사례를 제시한다.

1. 악기 연주하기 지도의 필요성

악기 연주하기는 악기를 활용하여 다양한 소리를 체험하고 즐기는 활동이다. 학생은 악기 연주하기 활동을 통하여 여러 가지 악기의 모양과 이름을 알고 소리의 특성을 경험하게 된다. 악기 연주하기는 노래를 부르기 힘들거나 노래를 부를 수 없는 학생도 참여할 수 있다. 특히 타악기는 비장애학생과 차별 없이 연주 활동에 참여할 수 있다(장혜성 외, 2007)는 장점을 가지고 있다. 물론 악기를 들고 연주하는 것조차도 어려운 중도·중복장애학생이 있지만, 악기를 두드리고 만지는 경험은 장애학생에게 상당히 중요하다. 학생이 악기를 접할 때에는 악기를 만지는 것이 놀이라는 개념으로 접하게 할 때 악기와 더 친해질 수 있다. 악기 연주하기는 몸짓으로 표현하고, 자신이 표현하고 싶어 하는 것을 악기로 전환시켜 학생의 생각을 이끌어 내는 음악 활동으로써 가장 효과적인 영역이다(민경훈, 2015).

장애학생은 소리 나는 도구에 관심과 흥미를 보인다. 이러한 흥미는 소리 나는 도구를 사용하여 소리를 표현하고자 하는 자연적 욕구로 연결된다. 음악적 도구인 악기에 대한 보편적 호기심은 감상이나 창작, 가창 수업에서 줄 수 없는 자연적인 동기를 학생에게 부여한다(석문주 외, 2017). 장애학생은 주의집중 시간이 짧고 악기를 다루는 것에 서툴고 미숙하다. 그러나 연주해야 할 곡을 자주 들려주고 여러 번 반복해서 연습시키면 자연스럽게 악기 다루기 및 연주를 터득할 수 있도록 유도할 수 있다(교육과학기술부, 2013). 악기 연주하기는 장애의 유무나 신체적 조건과 상관없이 악기를 치거나 두드림으로써 악기가 가지고 있는 소리를 표현할 수 있고, 장애학생으로 하여금 음악적 표현을 확장시켜 준다는 점에서 의의가 있다.

악기 연주하기는 악기를 쥐거나 잡고 두드리는 활동을 통해 소근육과 대근육의 발달을 증진시킨다. 악기를 보고 연주하는 활동은 눈과 손, 귀와 손 등의 협응능력을 발달시킨다. 뿐만 아니라 악기 연주를 통해 주의집중 시간을 증가시킬 수 있고, 시각·청각·촉각 등의 감각 기능을 향상시킨다(장혜성 외, 2007). 무엇보다 습관적이거나 부적절한 행동을 다른 방향으로 전환시켜 주는 데 도움을 줄 수 있다. 악기 연주는 학습에서의 성취감이나 성공감이 부족한 장애학생에게 즉각적인 성취감과 성공감을 부여하고 음악 활동의 참여를 증진시킨다. 악기는 혼자 연주하기도 하지만, 여럿이 함께 연주하는 합주 영역도 수업 중에 많이 활용되므로 의사소통과 더불어 사회성 기술을 향상시키는 데 도움이 된다. 악기라는 도구를 다루어 본 경험은 감상이나 창작 등 다른 영역의 음악적 능력을 향상시키는 데에도 기여한다.

학생 중에는 음악성이 뛰어난 자폐성 장애학생이나 서번트 증후군을 가진 학생을 만날 수 있다. 또한 시각장애학생 중에서 매우 우수한 음악적 능력이 발견되기도 한다. 그러나 대다수의 장애학생이 전문적이고 뛰어난 연주능력을 갖추어 악기를 연주한다는 것은 다소 어려움이 따른다. 그러므로 자신의 생각과 느낌을 비언어적 의사소통의 형태로 전달할 수 있는 기회를 제공한다는 점에서 악기 연주하기는 매우 중요하다.

2015 특수교육 기본 교육과정 음악과의 내용 요소를 살펴보면, 초등학교 3~4학년은 타악기, 5~6학년은 선율 타악기, 중학교 1~3학년은 가락악기, 고등학교 1~3학년은 다양한 악기를 다루도록 제시하고 있다.

장애학생을 위한 음악 수업에서 악기 연주하기는 정형화된 연주 기법을 강조하기보다는 다양한 방법을 안내하여 창의적이고 즉흥적으로 소리를 낼 수 있도록 기회를 제공한다. 또한 혼자 연주하기와 여럿이 함께 연주하기의 경험을 통해 소리의 어울림을 느끼고 상호작용 속에서 음악적 소통능력이 향상될 수 있도록 지도한다. 학생의 장애 정도와 유형에 따라 악기 연주하기의 개인차가 클 수 있기 때문에 교실에서 이루어지는 악기 연주하기 상황에서는 학생의 개별적 진단과 평가가 먼저 고려되어야 한다.

〈표 10-1〉 학년군별 악기 연주하기 내용 요소 및 성취기준

초 3~4학년	초 5~6학년	중 1~3학년	고 1~3학년
타악기	선율 타악기	가락악기	다양한 악기
• 몸이나 주변 물건으로 다양한 소리를 낸다. • 여러 가지 타악기의 소리를 탐색한다. • 여러 가지 타악기로 자연과 생활 주변의 소리를 즉흥적으로 표현한다.	• 선율 타악기의 종류와 소리를 탐색한다. • 선율 타악기로 간단한 가락을 연주한다. • 3음, 5음을 사용하여 선율 타악기로 즉흥 연주한다.	• 가락악기의 종류와 소리, 주법을 탐색한다. • 실로폰, 리코더, 건반 악기 등의 가락악기를 연주한다. • 가락악기로 간단한 오스티나토를 연주한다. • 가락악기로 곡의 일부나 전체를 연주한다.	• 다양한 악기의 종류와 소리를 탐색한다. • 다양한 악기로 음악의 특징을 살려 합주한다. • 이야기 장면에 어울리는 소리를 다양한 악기로 연주한다.

2. 악기 연주하기 지도 방법

1) 초기 단계 지도 방법

장애학생을 대상으로 악기 다루기를 할 때에는 단순히 두드리고 흔들어 보는 등 악기에 대한 탐구를 하며, 차츰 올바른 연주 기술로 이끌어서 악기의 음악적 특징을 인식시킨다(교육과학기술부, 2013). 학교 수업에서 악기 연주하기를 지도할 때에는 먼저 신체 부위를 활용한 신체 악기로 시작한다. 내 몸에서 나는 소리, 내 주변에서 나는 소리를 탐색하도록 한다. 신체 악기에 익숙해지면 다양한 리듬 악기를 사용할 수 있다(김용희, 2016). 악기의 모양, 재질, 음색, 연주법 등을 자연스럽게 탐색하면서 악기에 대한 흥미를 갖도록 지도한다. 〈표 10-2〉는 악기 연주하기 초기 단계에서 적용하기 좋은 악기류와 연주 방법, 악기의 특징 및 수업 활용 방법을 안내한 자료이다.

〈표 10-2〉 셰이커 · 마라카스를 활용한 악기 연주하기 예시

셰이커 · 마라카스류	연주 방법	특징
	• 악기를 손으로 잡고 흔들어 소리를 낸다. • 셰이커나 마라카스를 연주할 때 빠르고 반복적으로 흔들어 소리를 낼 수 있고, 짧게 끊어서 리듬을 표현할 수도 있다.	• 셰이커나 마라카스는 약간의 흔들림에도 소리를 내는 악기이다. 특별한 주법 없이도 연주가 가능하다.

수업 활용 사례

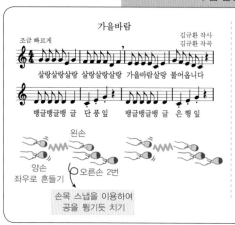

가을바람

김규환 작사
김규환 작곡

조금 빠르게

살랑살랑살랑 살랑살랑살랑 가을바람살랑 불어옵니다

뱅글뱅글뱅 글 단풍 잎 뱅글뱅글뱅 글 은 행 잎

왼손

양손
좌우로 흔들기   오른손 2번

손목 스냅을 이용하여
공을 팅기듯 치기

- 노래에 맞춰 마라카스(셰이커)로 연주하기
  - 마라카스(셰이커)를 흔들어 연주한다.
- '뱅글뱅글뱅글' 부분은 마라카스를 좌우로 흔들어 길게 연주하기
- '단풍잎, 은행잎' 부분은 손목 스냅을 이용하여 공을 팅기듯 짧게 연주하기
  - 노랫말 '살랑살랑' 부분에서 셰이커나 윈드차임으로 효과음을 준다.

출처: 교육과학기술부(2009a).

〈표 10-3〉 우드블록을 활용한 악기 연주하기 예시

우드블록류	연주 방법	특징
	• 고무나 나무 소재의 채(말렛)를 이용하여 악기를 두드려 소리를 낸다. • 템플블록은 나무나 플라스틱 소재로 이루어져 있고, 음높이가 다른 음판을 채(말렛)로 두드려 연주한다.	• 시계소리, 망치소리를 표현하기에 적합하다. • 블록류의 악기는 나무 울림의 타악기로 박, 박자, 리듬, 특수효과를 내는 데 적합하다. • 리듬 치기에 유용하다. -채(말렛)의 종류에 따라 음색이 다르기 때문에 느낌을 달리 연주할 수 있다.

수업 활용 사례

사진출처: L'Ochestre á coedes de Baie-Comeau

우드블록

(〈싱코페이티드 클락 우드블록〉 악보 일부)

- 시계 소리를 리듬꼴로 표현하기
  - 음악에 맞추어 '똑딱똑딱' 시계소리를 투톤블록으로 연주한다.
  - 4박자의 기본 리듬을 익힌다.

딱|똑딱똑딱|똑딱똑딱|똑딱똑딱|

〈표 10-4〉 풍물악기를 활용한 악기 연주하기 예시

풍물악기류	연주 방법	특징
	• 소고는 소고를 한 손에 들고 다른 손으로 채를 잡아 북면이나 테를 쳐서 소리를 낸다. • 북은 북채로 북면이나 테를 두드린다. • 장구는 오른손으로 채를 가지고 채편을 치고, 왼손으로는 맨손이나 궁글채를 가지고 북편을 친다.	• 소고를 치거나 소고춤을 추면서 악기 연주하기가 가능하다. Tip: 자폐성 장애학생 중에 꽹과리 소리를 싫어하는 학생이 있으므로 수업 시 이를 고려한다. • 전통북을 세워서 치는 대신 북면을 위로 향하게 하여 양손에 북채를 쥐고 북면을 두드려 연주할 수 있다. - 북받침대를 사용하면 안정감있게 연주하기 좋다.

수업 활용 사례

남생아 놀아라

전래동요

남 생 아 놀아 라 촐 래촐래가 잘 논다

①		○		○		○	
덩		쿵		쿵		쿵	

①		○		○		❘	○
덩		쿵		쿵		덕	쿵

대체장단:

①	❘	①	❘	①	❘	①	❘
덩		덩		덩		덩	

• 장구로 자진모리장단 연주하기
 - 자진모리장단을 구음과 함께 부른다.
 - 구음과 함께 손장단으로 자진모리장단 치기
 - 장구나 소고로 장단연주하기
덩: 궁글채와 열채로 북면을 함께 친다. 이때 구음도 함께 부른다.
쿵: 왼손에 잡은 궁글채만 북면을 친다.
덕 : 오른손에 잡은 열채로 북면을 친다.
 - 학생 수준에 따라 장단을 변형해서 연주한다.
예) 궁글채와 열채로 북면을 함께 두드리는 '덩'만 연주한다.
 - 전래동요에 맞추어 자진모리장단을 친다.

출처: 교육과학기술부(2009b).

〈표 10-5〉 금속 소재 악기류 및 선율 타악기를 활용한 악기 연주하기 예시

금속 소재 악기류	연주 방법	특징
	• 핑거심벌은 양손에 검은색 고리를 잡로 위아래로 스치듯이 부딪쳐서 소리를 낸다. • 컬러벨이나 차임벨은 손목을 이용해서 흔들며 소리를 낸다. • 음의 높이가 각각 다른 분리되는 실로폰은 채(말렛)로 한 음씩 두드려 소리를 낸다.	• 소리가 맑고 울림이 길다. • 느린 리듬이나 긴 음가에 적합하다. Tip: 노랫말에 악기 연주할 부분을 표시하여 학생들이 쉽게 인식하게 한다. : 합주를 하는 학생 수를 고려하여 색상이나 도형 등 화음을 표시하여 함께 연주할 수 있도록 지도한다. : 선율 타악기의 경우 코드별로 C코드는 도, F 코드는 파, G코드는 솔을 연주한다.

수업 활용 사례	
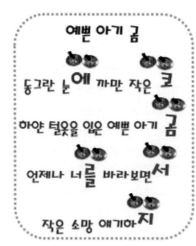	• 〈예쁜 아기 곰〉 연주하기 　- 악기를 연주할 수 있도록 쉬운 그림 악보를 제시한다. 　- 노랫말을 읽으며 악기가 표시된 노랫말 부분에 핑거심벌을 친다. 　(핑거심벌은 위아래로 스치듯이 부딪쳐서 소리를 낸다.) 　- 반주에 맞추어 노래 부르며 핑거심벌을 연주한다.

2) 악기 연주 지도 방법

(1) 리듬악기 지도 방법

장애학생은 리듬 악보를 보고 악기를 연주하는 것에 어려움을 보인다. 리듬을 지도할 때에는 너무 길거나 복잡하지 않고, 학생이 전부터 알고 있는 친숙한 노래를 선택한다. 노래 전체를 악기로 연주할 수도 있으나, 노래의 특정 부분만 악기로 연주할 수도 있다. 장애학생은 리듬치기의 경우 4박자 리듬치기는 비교적 안정적으로 연주하나 3박자 리듬치기를 할 때에는 4박자와 혼돈되는 양상이 관찰된다. 따라서 〈표 10-6〉과 같이 그림 리듬 악보를 만들어 주거나 말 리듬 악보를 제시해 주면, 리듬 연주를 좀 더 쉽게 접근할 수 있다. 또한 리듬 오스티나토라는 방법을 활용할 수도 있다. 오스티나토는 반복되는 리듬이나 선율을 연주할 때 매우 유용하다.

〈표 10-6〉 그림 리듬 악보, 말 리듬 악보 예시

그림 리듬 악보	말 리듬을 활용한 오스티나토 악보
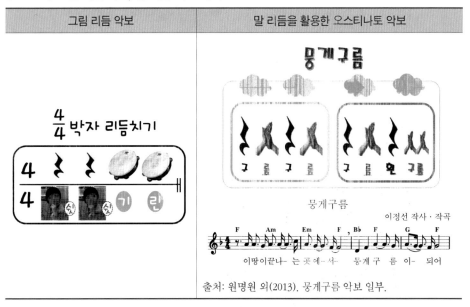	

출처: 원명원 외(2013). 뭉게구름 악보 일부.

(2) 가락악기 지도 방법

장애학생에게 가락악기를 지도하는 것은 결코 쉬운 일이 아니다. 따라서 오선보를 보기 어려워하는 학생을 위해 색상 악보를 만들어 제시하면 좀 더 쉽게 선율을 익히고 연주할 수 있다. 색상 악보를 제작할 때에는 무지개 색깔인 '빨, 주, 노, 초, 파, 남, 보'의 7가지 색상을 계이름 '도, 레, 미, 파, 솔, 라, 시'에 각각 연계(교육과학기술부, 2009c)하여 제작한다. 색상 가락 악보의 예시 자료는 〈표 10-7〉과 같다.

〈표 10-7〉 악기 연주를 위한 색상 악보 및 연주의 실제 예시

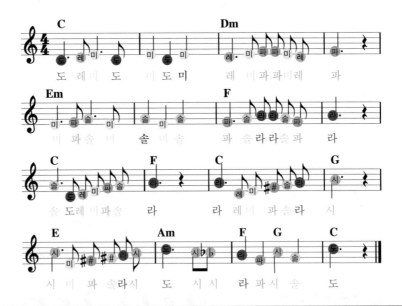

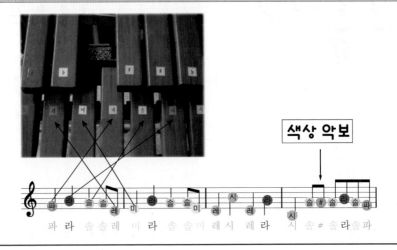

장애학생에게 음악교과를 지도하다 보면 타악기 외에도 현악기에 관심을 보이는 것이 관찰된다. 현악기의 경우, 바이올린의 개방현을 활로 연주하게 하고 악기를 관찰할 수 있는 기회를 제공하면 악기에 대한 흥미가 증가한다. 기타의 경우에도 현을 직접 뜯거나 치게 했을 때 악기에 대한 관심과 이해도가 향상된다. 기타를 들고 연주하기 어려운 학생에게는 기타를 책상 위에 올려 주고 자유롭게 현을 뜯거나 칠 수 있도록 기회를 제공해 주어야 한다. 장애의 정도가 심한 학생도 도움을 받아 악기를 소리 내고 싶어 한다. 학생에게 악기란 훌륭한 연주가 아니더라도 악기를 이용하여 스스로 소리를 낼 때 만족감과 성취감을 높이게 할 수 있다.

3) 지도 시 유의점

장애학생을 위한 악기 연주하기 지도 시 유의점은 다음과 같다.

- 악기를 접할 때에는 악기를 만지는 것이 놀이라는 개념으로 학생에게 접근하여 악기를 탐색하고 악기와 친해질 수 있도록 한다.
- 장애학생은 다양한 악기 중 특히 타악기에 흥미를 많이 보인다. 악기 선택 시 학생이 좋아하는 악기를 스스로 선택할 수 있도록 가능한 한 허용하고 격려한다.
- 수업에 활용하는 악기는 단순하고 연주하기 쉬우며 좋은 소리를 내는 악기로 제공한다.
- 악기 지도의 기초 시기에는 이미 만들어져 있는 악기가 아니더라도 주위에서 소리 나는 모든 물체와 신체를 사용하여 소리를 내어 보도록 한다.
- 악기의 리듬을 지도할 때에는 정확한 리듬을 강조하기보다는 그림 리듬 악보나 말 리듬을 활용하여 리듬을 익힐 수 있도록 지도한다.
- 신체적 제한을 가진 학생의 경우에는 학생의 요구에 적절하게 악기를 변형하여 제공한다(Adamek, 2001). 트라이앵글처럼 한 손으로 악기를 고정하고 다른 손으로 채를 잡고 연주하는 악기의 경우, 트라이앵글 각 모서리를 선반에 고정시켜 주어 편안하게 연주할 수 있도록 악기를 변형시켜 준다. 중증장애학생에게는 임상적으로 변형시킨 악기를 사용하도록 권장한다.

• 주변의 생활용품을 악기로 사용할 때에는 반드시 학생이 사용하기에 안전하고 위생적인지 고려한다(임혜정, 2009).

4) 장애학생의 선호 악기

대부분의 장애학생은 치고 두드리는 악기를 선호한다. 따라서 장애학생을 위한 음악실에는 다양한 타악기 중심으로 편성되어야 한다. 타악기는 진동이나 떨림을 어느 악기보다도 직접적으로 느낄 수 있으므로 장애학생을 위한 음악 교육에 있어서 중심이 된다(조효임, 장기범, 2005).

타악기의 종류는 다양하고 그 수는 셀 수 없을 만큼 많다. 타악기를 구분하는 방법은 크게 악기의 재질과 선율의 유무로 나눌 수 있다. '오르프 악기'는 학교 현장에서 장애학생에게 적용하기 좋은 악기이다. 넓은 의미에서 '오르프 악기'는 칼 오르프(Carl Orff, 1895~1982)와 구닐트 케트만(Gunild Keetmann, 1904~1990)이 공동으로 편찬하여 오르프 지도 방법의 모체가 된 「오르프 슐베르크」에서 사용된 악기의 집합 명칭으로 타악기가 주류를 이루고 있다(윤영배 외, 2005). 이러한 오르프 악기들은 여러 지역의 악기로부터 영향을 받았다(조효임 외, 1999). 장애학생이 선호하는 악기는 [그림 10-1]과 같다.

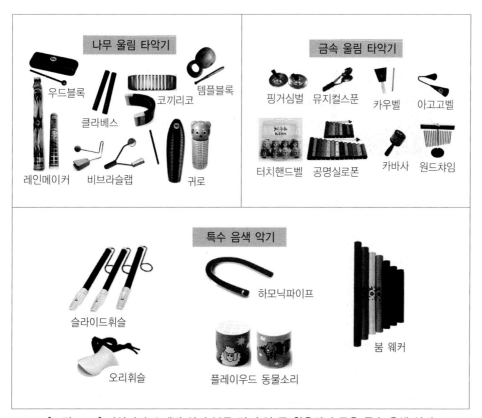

[그림 10-1] 타악기의 소재별 악기 분류 및 수업 중 활용하기 좋은 특수 음색 악기

3. 악기 연주하기 중심 교수 · 학습 과정안 설계

1) 학습 주제

타악기의 여러 소리를 탐색하고 소리 내는 방법 익히기

2) 학습의 중점

　악기 연주하기에서는 먼저 악기에 대한 탐색의 기회를 제공한다. 특히 타악기는 악기 소재와 연주하는 방법에 따라 소리가 달라지기 때문에 이 과정을 통해 학생이 소리의 차이를 아는 것이 중요하다. 본 차시 학습에서는 「즐거운 리듬 가족」(교

육부, 2018)이라는 악곡을 통해 여러 가지 타악기의 소리를 탐색하고 소리 내는 방법을 익히는 것에 중점을 두고 학습을 계획하였다. 이를 위한 학습 활동은 다음과 같다.

- 악기를 소재별로 분류하여 학생에게 제공한 후 소리를 탐색하게 한다.
- 악기 소리를 목소리로 표현한다.
- 악기를 소재별(나무 울림, 금속 울림, 가죽 울림)로 나누어 소리 내는 방법을 익힌다.
- 짧은 이야기나 노래에 맞추어 창의적으로 악기 소리를 표현한다.
- 제재곡을 부르며 원하는 악기를 선택하여 음악에 맞추어 자유롭게 소리 낸다.

악기를 들고 소리 내기 어려운 학생에게는 변형시킨 악기나 대체 악기를 제공하여 준다. 또한 악기의 소리 내는 방법을 익힐 때에는 지나치게 바른 주법만 강조하기보다는 악기를 탐색하고 악기의 소재에 따라 달라지는 음색을 비교하며 즐겁게 학습 활동에 참여하도록 한다.

정리 단계에서는 활동을 하면서 어려웠던 점, 즐거웠던 점, 다른 친구의 활동에 칭찬할 점 등으로 자기 평가와 동료 평가를 하면서 학습 성찰이 일어나도록 한다.

3) 학생 특성에 따른 활동

본 차시 학습 활동 시 참여가 어려운 학생의 특성에 따른 활동은 다음과 같다.

- 부분 참여를 통해 가능한 한 악기 탐색 활동에 참여시키되, 악기를 흔들거나 치고 두드리기 어려운 경우에는 변형된 악기나 공학적 접근이 결합된 악기를 제공한다.

스탠드 탬버린
출처: 한국선진학교.

줄을 당겨 연주하는 탬버린
출처: 한국우진학교.

스위치와 연결한 북
출처: https://enablingdevices.com

[그림 10-2] 변형된 악기와 공학적 접근이 결합된 악기

• 수업 활동 중 특정 소리에 민감도를 가진 학생이 있는지 잘 살펴보고, 악기 소리의 강약을 조절한다.

4) 악기 연주하기 중심 교수 · 학습 과정안의 실제

수업 일시		○○. ○○. ○○. ○교시		지도 대상	초 ○-○	장소	음악실
제재(차시)		소리 탐색하기(즐거운 리듬 가족) (2/8)				수업자	○○○
성취기준		[4음악01-05] 여러 가지 타악기의 소리를 탐색한다.					
학습 목표		악기에서 들을 수 있는 여러 소리를 탐색하고, 소리 내는 방법을 익힌다.					
준비물		음원(호루라기, 자동차 경적, 물 끓는 소리 등), 타악기류, 전자 저작물 등					
단계	학습 요소	학습 내용	교수 · 학습 활동				유의점
도입	감각적 감지	학습 목표 인지	• 전시 학습 상기 - 신체표현을 하며 〈즐거운 리듬 가족〉 노래 부르기 • 동기 유발 - 어떤 소리일까?(우리 주변에서 들을 수 있는 소리 들려주기) 호루라기 소리, 자동차 경적소리, 물 끓는 소리 등 • 학습 목표 확인				동기 유발 시 사운드만 들려주고, 어떤 소리인지 탐색하도록 한다.

<table>
<tr><td rowspan="3">전개</td><td>기초
기능 습득</td><td>악기 소리 탐색</td><td>• 타악기에서 들을 수 있는 소리 탐색하기
<table><tr><th>나무 울림</th><th>금속 울림</th><th>가죽 울림</th></tr><tr><td>우드블록
귀로 등</td><td>카바사
핑거심벌 등</td><td>핸드드럼(소고)
오션드럼
게더링드럼 등</td></tr></table>• 악기별 소리 내는 방법 탐색하기
- 악기 소리를 어떻게 표현할 수 있는지 이야기 나누기
(우드블록: 똑딱, 귀로, 칙칙, 카바사 찹찹, 핑거심벌: 딩~ 딩~, 핸드드럼: 둥둥, 오션드럼: 쏴~ 쏴~(철~썩), 게더링드럼: 둥둥 등)</td><td>교실 상황에 맞는 악기를 제공하되, 가급적 소재별로 구분하여 악기를 제공한다.</td></tr>
<tr><td>표현
방법 탐색</td><td>악기 소리 내는
방법 익히기</td><td>• 악기 소리 내는 방법 익히기
<table><tr><td rowspan="2">나무 울림</td><td>우드블록</td><td>한 손으로 손잡이를 쥐고 다른 손으로 나무 채를 잡은 후 두드려 소리 낸다.</td></tr><tr><td>귀로</td><td>아래쪽에 뚫린 두 구멍에 엄지와 검지손가락을 집어넣어 쥐고 채로 골이 파인 부분을 긁어 연주한다.</td></tr><tr><td rowspan="2">금속 울림</td><td>카바사</td><td>카바사의 손잡이를 잡고 반대편 손바닥 위에 카바사 구슬 부위를 대고 카바사를 돌려 소리를 낸다.</td></tr><tr><td>핑거심벌</td><td>양손으로 매달 듯이 고리를 잡고 위 아래로 스치듯 서로 부딪쳐서 소리 낸다.</td></tr><tr><td rowspan="3">가죽 울림</td><td>핸드드럼</td><td>북의 테를 한 손으로 잡고 평평하게 편 손으로 북의 가장자리 부분을 치거나 채를 이용하여 북면을 친다.</td></tr><tr><td>오션드럼</td><td>북 속에 구슬들이 움직이며 파도소리 같은 효과를 내기 위해 북을 치거나 흔든다.</td></tr><tr><td>게더링드럼</td><td>혼자 또는 여럿이 손이나 채를 이용하여 북면을 두드려 소리 낸다.</td></tr></table></td><td>바른 주법을 강조하기보다는 음색을 탐색하도록 지도한다.

중도 · 중복장애 학생의 경우 교사가 악기를 들어 주고 학생은 채로 두드리거나 대체 악기를 활용한다.</td></tr>
<tr><td>창의적
표현</td><td>리듬 치기</td><td>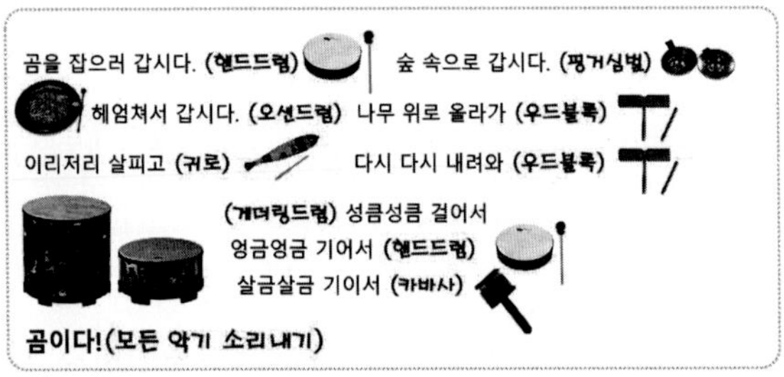
곰을 잡으러 갑시다. (핸드드럼)
숲 속으로 갑시다. (핑거심벌)
헤엄쳐서 갑시다. (오션드럼)
나무 위로 올라가 (우드블록)
이리저리 살피고 (귀로)
다시 다시 내려와 (우드블록)
(게더링드럼) 성큼성큼 걸어서
엉금엉금 기어서 (핸드드럼)
살금살금 기어서 (카바사)
곰이다!(모든 악기 소리내기)
• 노래 부르며 악기 연주하기
- 제재곡을 부르며 원하는 악기를 찾아 자유롭게 연주하기</td><td>짧은 이야기나 시, 노래 등을 이용하여 창의적으로 악기 소리를 표현하도록 지도한다.</td></tr>
<tr><td>정리</td><td>내면화</td><td>학습 성찰</td><td>• 친구와 함께 연주하기
• 가장 즐거웠던 활동이 무엇이었는지 말하기
• 가장 어려웠던 활동이 무엇이었는지 말하기</td><td>동료 평가와 자기 평가에 대한 생각을 서로 공유한다.</td></tr>
<tr><td colspan="3">평가 내용</td><td colspan="2">1) 악기에서 들을 수 있는 다양한 소리를 탐색할 수 있는가?
2) 악기의 소리 내는 방법을 익힐 수 있는가?</td></tr>
</table>

💡 생각 넓히기

1. 음악 수업에서 악기 연주하기의 중요성과 의미에 대해 토론해 봅시다.

2. 장애학생에게 악기 연주 지도를 할 때 어려운 점이 무엇인지 논의하고, 이를 해결할 수 있는 방법에 대하여 이야기해 봅시다.

3. 장애 영역별 특성을 고려한 악기 연주 지도 방법에 대해 이야기해 봅시다.

🌐 참고문헌

교육과학기술부(2009a). 특수교육 기본 교육과정 교과서 음악1.

교육과학기술부(2009b). 특수교육 기본 교육과정 교과서 음악2.

교육과학기술부(2009c). 특수교육 기본 교육과정 교사용 지도서 음악.

교육과학기술부(2013). 특수교육 기본 교육과정 초등학교 음악 1~2학년 교사용 지도서.

교육부(2014). 특수교육 기본 교육과정 초등학교 음악 3~4학년 교사용 지도서.

교육부(2015). 2015 특수교육 기본 교육과정 [음악] (교육부 고시 제2015-81호 [별책 3]).

교육부(2018). 특수교육 기본 교육과정 초등학교 음악 3~4학년 교사용 지도서.

김용희(2016). 창의적 음악교육. 경기: 음악세계.

민경훈(2015). 특수교육에서 오르프 음악지도방법의 수용적 가치. 융합예술치료교육, 제1권 1호, 15-32.

석문주, 최은식, 함희주, 권덕원(2017). 음악교육의 이해와 실천. 경기: 교육과학사.

승윤희, 민경훈, 양종모, 정진원(2019). 예비교사와 현장교사를 위한 초등 음악교육(2판). 서울: 학지사.

윤명원, 윤경미, 조성기, 이지혜, 최문희(2013). 중학교 음악. 서울: (주)천재교과서.

윤영배, 정윤선(2005). 유아, 초등 음악 학습을 위한 오르프 접근법과 악기 앙상블 제1집. 서울: 창지사.

임혜정(2009). 리듬악기를 이용한 유아음악 활동. 서울: 파란마음.

장혜성, 장혜원, 황은영, 김은영(2007). 개별화교육프로그램과 연계한 장애아 음악 활동의 이론과 실제. 경기: 교육과학사.

조효임, 장기범, 이경언, 윤제상, 이동재(1999). 오르프 음악 교육의 이론과 실제. 서울: 학문사.

조효임, 장기범(2005). 초등기악교육론. 서울: 예일출판사.

Adamek, M. S. (2001). Meeting special needs in music class. *Music Education Journal, 87*(4), 23-26.

한국선진학교 www.seonjin.sc.kr
한국우진학교 woojin.sen.sc.kr

제11장

음악 만들기 지도의 실제

최근영

음악을 만드는 모든 활동은 창작이다. 장애학생을 위한 음악 만들기
는 주변의 소리를 자신의 방식으로 표현하기, 노랫말 바꾸기, 리듬 만
들기, 즉흥적으로 표현하기, 즉흥가락 만들기, 이야기 음악 만들기 등
의 방법들을 다양한 방식으로 제공할 수 있다. 이 장에서는 음악 만
들기의 필요성, 음악 만들기 지도 방법에 대해 알아보고, 창작 중심
수업 모형에 의한 교수·학습 과정안 사례를 제시한다.

1. 음악 만들기 지도의 필요성

음악 만들기는 학생의 창의성을 계발하기 위한 음악 활동 중 하나이다. 음악 만들기는 모방, 신체적 표현, 즉흥적 표현, 작곡해 보려는 여러 가지 시도와 체험 등이 포함되는 것이므로 작곡 활동이라기보다는 음악 만들기(창작)라는 보다 넓은 개념으로 정의될 수 있다(장창환, 조효임, 이동남, 2004). 이 활동은 어느 정도 음악적 기초 지식이 필요하기 때문에 단순한 모방으로부터 시작하여 점차 어려운 활동으로 나아가는 단계적인 절차가 필요하다(교육과학기술부, 2009). 장애학생에게 음악 만들기를 선율 작곡의 개념으로 접근한다면 적용하기 어려울 수밖에 없다. 장애학생이 노랫말을 만들거나 리듬을 만드는 것이 어렵다고 생각하는 교사는 음악 만들기를 음악 수업의 활동으로 계획하지 않는다. 하지만 즉흥적이고 자발적으로 표현하게 한다면 음악 만들기 또한 자기표현과 창의성 계발을 위해 좋은 활동이 될 수 있다. 음악 만들기는 학생 스스로 결정하고 선택하게 함으로써 장애학생에게 자기결정권을 지도할 수 있는 좋은 방법이다(장혜성 외, 2007). 따라서 장애학생을 위한 음악 만들기를 어렵게 접근하지 말고 학생의 발달 단계에 알맞은 다양한 음악 활동을 제공한다는 개념으로 접근한다면 장애학생의 창의성을 계발시킬 수 있다.

교사는 음악 만들기 수업을 할 때, 학생이 주변 소리에 귀 기울이고, 목소리나 신체, 주변의 사물 등을 이용하여 자유롭게 소리를 표현할 수 있도록 격려해 주어야 한다(민경훈, 2015). 또한 학생의 수준을 고려하여 신체표현이나 사물, 악기 연주를 학생 자신의 방식으로 마음껏 표현하도록 기회를 제공한다. 이것을 즉흥연주라고 하며, 이러한 즉흥연주 역시 음악 만들기의 활동 중 하나이다. 장애학생을 위한 즉흥적인 창작 활동은 음악적 요소나 예술적 수준을 표현하기보다는 학생 스스로 창작 활동에 참여함으로써 학생의 생각이나 느낌을 표출한다는 것 자체만으로도 가치가 있다. 학생은 음악 만들기 수업을 통해 다양한 음악을 이해하게 되고, 이를 바탕으로 음악적 성장을 이루게 되며, 음악적 문제해결능력을 신장할 수 있다.

2015 특수교육 기본 교육과정 음악과에서는 음악 만들기 내용 요소를 따로 구분하여 제시하고 있지 않다. 그러나 각 학년군의 표현이나 감상 영역 성취기준에서 음악 만들기의 내용을 포함하여 〈표 11-1〉과 같이 제시하고 있다.

〈표 11-1〉학년군별 음악 만들기 관련 성취기준

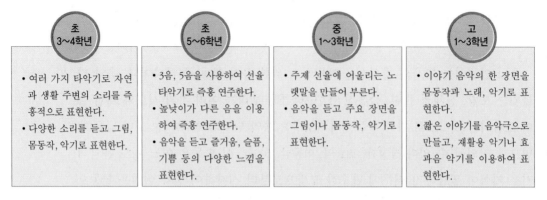

초 3~4학년	초 5~6학년	중 1~3학년	고 1~3학년
• 여러 가지 타악기로 자연과 생활 주변의 소리를 즉흥적으로 표현한다. • 다양한 소리를 듣고 그림, 몸동작, 악기로 표현한다.	• 3음, 5음을 사용하여 선율 타악기로 즉흥 연주한다. • 높낮이가 다른 음을 이용하여 즉흥 연주한다. • 음악을 듣고 즐거움, 슬픔, 기쁨 등의 다양한 느낌을 표현한다.	• 주제 선율에 어울리는 노랫말을 만들어 부른다. • 음악을 듣고 주요 장면을 그림이나 몸동작, 악기로 표현한다.	• 이야기 음악의 한 장면을 몸동작과 노래, 악기로 표현한다. • 짧은 이야기를 음악극으로 만들고, 재활용 악기나 효과음 악기를 이용하여 표현한다.

장애학생을 위한 음악 만들기 수업을 지도할 때에는 재미있고 쉬운 전래동요를 활용하여 자연스러운 문답 형태의 노래로 시작하는 것이 좋다. 차차 노랫말의 일부를 바꾸어 노래 부르기, 상황에 맞는 노래를 찾아 부르기, 노랫말에 간단한 리듬 붙이기, 모방하여 노랫말 만들기, 개성에 따라 자유롭게 표현하기 등의 활동이 되도록 지도한다(교육부, 2014a). 또한 개인적인 활동뿐만 아니라 학급 친구들과 함께 음악 만들기를 할 수 있도록 기회를 제공하는 것이 좋다.

2. 음악 만들기 지도 방법

장애학생에게 음악 만들기를 지도하기 위해서는 교사의 열린 마음과 창의적인 아이디어가 필요하다. 이 절에서는 장애학생에게 음악 만들기를 어떻게 이끌어 가면 좋을지 교실 상황에서 적용하기 쉬운 음악 만들기 지도 방법을 안내한다.

1) 노랫말 바꾸기

노랫말 바꾸기는 장애학생이 참여할 수 있는 창작 활동 중 빈번하게 사용되는 활동이다. 학생에게 익숙한 곡을 선정하거나 쉬운 전래 동요와 같이 자연스럽게 묻고 답하기(주고받는 형식)가 가능한 노래를 활용할 수 있다. 주고받는 형태의 문답식 노래는 학생과 함께 신체 놀이를 하며 쉽게 노랫말을 바꿀 수 있다. 친구의 이름,

별명 등을 넣어 노랫말을 바꾸도록 격려하면 흥미를 가지고 참여한다. 장애학생에게 노랫말 바꾸기 활동을 처음으로 적용할 때에는 몇 가지 노랫말의 예시를 제시하고 학생이 원하는 노랫말을 선택할 수 있도록 기회를 제공하는 것도 한 방법이다.

문답 형식의 전래동요 노랫말 바꾸기 활동

출처: 교육부(2014b), p. 135.

신체놀이를 하며 전래동요 노랫말 바꾸기 활동

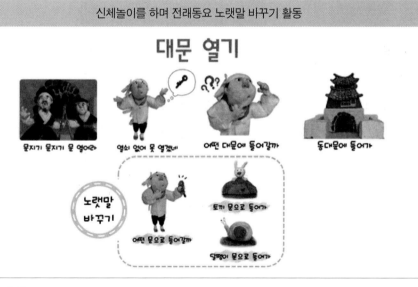

Tip. '○○야 문 열어라' 가사를 바꾸어 부른다.
     친구의 이름을 부를 수도 있고 별명을 부를 수도 있다.

출처: 교육과학기술부(2013), pp. 62-63.

노랫말 바꾸기 활동을 할 때에는 한번에 완성도 있는 활동을 하기보다는 그림이나 사진 등을 제공하여 학생으로 하여금 노랫말의 단서를 인지할 수 있도록 예시를 주면 쉽게 활동에 참여할 수 있다. 차츰 익숙해지면 단서를 점차 소거하여 학생이 자유롭게 노랫말을 바꿀 수 있도록 격려한다.

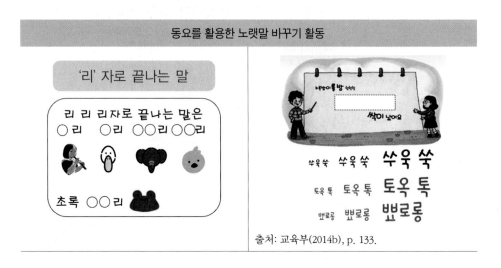

동요를 활용한 노랫말 바꾸기 활동

출처: 교육부(2014b), p. 133.

2) 소리(음색) 만들기

소리(음색)를 만드는 활동은 기존의 악기를 활용할 수 있다. 예를 들어, 큰북의 북면이 위를 향하도록 눕히고, 그 위에 쌀을 뿌린 후 채나 손으로 두드리면 독특한 음색을 경험할 수 있다. 또한 생활 주변의 물건을 활용하여 음색을 만들 수 있다. 생활 속에서 쉽게 접하는 신문지나 종이 등을 찢거나 공처럼 뭉쳐 보는 활동을 통해서도 소리를 만들 수 있다. 소리를 만드는 창작 활동을 할 경우에는 일상생활 속에서 쉽게 구할 수 있는 다양한 재료를 활용하여 재활용품 악기를 만들어 소리를 내어 보게 한다. 이것은 미술과 음악이 결합된 또 하나의 융합 창작 활동이다.

재활용품을 활용한 악기 만들기	다양한 재료를 활용한 악기 만들기

　소리를 만드는 활동 중 다른 하나는 도형이나 그림을 보고 어울리는 소리를 자유롭게 표현하는 것도 포함된다. 다음과 같이 기호 그림 악보를 보며 목소리나 악기를 이용하여 모양에 어울리는 소리를 표현하게 할 수 있다. 또한 주변에서 들을 수 있는 소리를 목소리, 악기, 몸동작 등으로 표현할 수 있고, 음악을 듣고 느낌을 다양한 방법으로 표현할 수 있다. 이 외에도 책의 장면, 자연과 관련된 다양한 사진이나 그림을 보고 느낌을 소리로 만들 수 있다.

기호 그림 악보
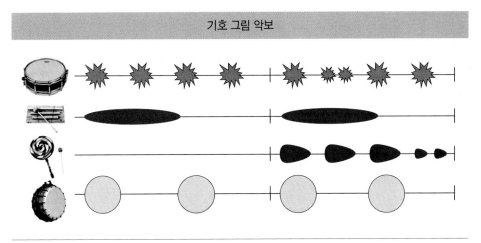

출처: 장기범 외(2014), p. 49의 내용을 재구성함.

3) 간단한 리듬 만들기

리듬 만들기 지도를 할 때에는 말 리듬을 활용하여 '응원 구호, 학급 구호 만들기' 등 생활 속의 활동과 연계하는 것이 좋다. 또한 학생에게 익숙한 단어나 선호 단어, 예컨대 파인애플(♪♪♪♪), 바나나(♪♪♩), 엄마(♩♩) 등을 리듬 만들기 활동에 활용할 수 있다. 이는 학생으로 하여금 좀 더 쉽게 리듬 창작을 경험하게 하는 방법이다. 음표를 이용하여 오선 악보나 리듬 악보에 리듬 만들기를 한다는 것은 장애학생에게 다소 무리가 따른다. 따라서 리듬 창작 활동을 할 때에는 다음과 같이 정간보 형식의 칸 악보를 활용하여 노랫말에 이어지는 리듬을 만들어 보는 활동이 효과적이다.

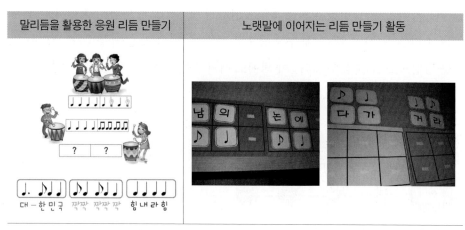

말리듬을 활용한 응원 리듬 만들기	노랫말에 이어지는 리듬 만들기 활동

출처: 교육부(2014b), p. 98.

4) 간단한 선율 만들기

가락 만들기는 비장애인도 어려워하는 영역이다. 그렇기 때문에 장애학생을 위한 선율 만들기를 할 때에는 즉흥적인 활동으로 접근한다. 2선(미, 라), 3선(미, 라, 도) 등의 악보를 활용하여 악보에 음표 대신 스티커를 붙이게 하거나 화이트보드를 이용하여 자석 붙이기 등의 방법을 활용하면 즉흥적이고 우연적이기는 하나 장애학생도 즉흥 가락 짓기가 가능하다.

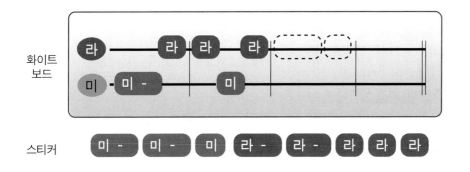

스티커를 이용한 즉흥 가락 짓기 활동

5) 이야기 음악 만들기

　동화나 짧은 이야기를 활용하여 음악을 만드는 활동은 학생의 창의력을 향상시키는 데 도움이 되는 활동이다. 특히, 이야기 음악 만들기는 장애학생의 신체능력, 협응능력, 언어능력, 의사소통능력, 창의력, 문학적 감수성 등의 발달에도 긍정적인 영향을 미치는 통합적인 활동이다. 이야기에서 특징적인 부분이나 분위기의 느낌을 악기나 신체, 주변의 사물로 표현할 수 있도록 지도한다.

동화의 장면을 이야기 음악으로 표현하기

사물악기가 된 도깨비

작자 미상

옛날 하늘나라에 천둥방망이, 바람방망이, 비방망이, 구름방망이를 가진 네 마리의 도깨비가 살고 있었어요. 이 도깨비들은 자기가 가진 재주를 이용하여 땅 위의 사람들을 보살펴 주었답니다. 그러던 어느 날 도깨비들이 심술을 부렸어요. 서로 자기가 힘이 세다며 내기를 한 거죠. 천둥도깨비가 힘껏 방망이를 내리치자 우르르 쾅쾅 번개가 쳤고, 바람도깨비가 방망이를 내리치자 거센 바람이 불어 집과 나무가 모두 날아가 버렸어요. 세 번째 도깨비가 비방망이를 내리치자 많은 비가 내려 사람들이 떠내려갔어요. 마지막으로 구름도깨비가 방망이를 내리치자 새까만 구름이 하늘을 덮어 온 세상이 까맣게 변했답니다. 사람들은 살려달라고 하늘에 외쳤지요. 옥황상제는 화가 나서 "요 녀석들! 도깨비들이 장난을 친 것이로구나. 너희 때문에 사람들이 힘들어하니 이제 사람들에게 즐거움을 주는 악기로 변하여 내려가거라." 이렇게 해서 네 마리의 도깨비는 각각 꽹과리, 징, 장구, 북이 되어 땅위로 떨어졌고, 사람들은 잔치를 열거나 힘든 일을 할 때 악기를 치며 즐겁게 놀았답니다.

	활동 방법
	• 사물악기가 된 도깨비의 이야기를 동영상으로 보거나 소리 자료로 듣는다. - 이야기에 등장하는 악기의 종류를 알아본다. - 악기 소리를 구음으로 흉내 내어 본다. 　꽹과리 소리: 갱갱갱 개개갱 　징 소리: 징~ 징~ 징~ 　장구 소리: 덩-따 쿵따 덩-따 쿵타 　북 소리: 둥 둥 둥 두둥 • 이야기를 들으며 사물놀이 악기(북, 장구, 꽹과리, 징)로 다양한 리듬을 만들어 표현한다. • 이 놀이를 통해 사물악기 종류와 연주 방법, 동화 내용에 맞추어 창의적 이야기의 내용을 표현한다.

출처: 모형오 외(2011), pp. 115-119.

이 외에도 다양한 악기(멜로디언, 리코더, 실로폰, 터치핸드벨 등)로 알림음 또는 휴대폰 벨소리를 만들어 보는 신호음악 만들기 활동 역시 창작 활동이다(석문주, 2015). 최근에는 음악 만들기 활동을 위해 컴퓨터, 음악 프로그램, 키보드 등의 매체를 활용한다. 이를 통해 녹음하기, 재생하기, 다양한 소리 탐색하기, 편집하기 등이 가능하므로 창작 활동에 대해 넓은 안목을 가지는 것이 필요하다.

6) 지도 시 유의점

음악 만들기를 할 때에는 교사가 학생의 자유로운 표현 활동을 기다리고 인정해 주는 것이 필요하다. 교사의 눈으로 바라볼 때, 탬버린을 손바닥으로 치는 대신 책상 위를 치는 경우 장애학생의 행동이 문제행동으로 보이기도 한다. 연주 방법을 알려 주는 것도 중요하지만, 음악 만들기 시간에는 학생의 그런 행동까지도 포용하여 음악을 통한 또 다른 소통의 방법으로 받아들이려는 자세가 필요하다. 장애학생을 위한 음악 만들기 지도 시 유의점은 다음과 같다.

• 음악 만들기 기초 시기에는 어렵게 접근하지 말고, 문답 형태의 전래동요나 학생에게 익숙한 악곡을 선정하여 노랫말을 바꾸는 활동으로 시작한다(김희

규 외, 2011). 언어발달에 지체를 보이는 학생에게는 그림이나 사진 등을 제시하여 학생으로 하여금 노랫말을 선택할 수 있는 기회를 제공한다.

- 생활용품이나 폐품 등을 이용하여 악기를 만들고, 음색을 만들어 보는 등 미술과 음악의 융합 활동을 통한 창작 경험을 제공한다.
- 리듬 만들기 활동 시에는 생활 속에서 학생과 함께할 수 있는 '응원 구호 만들기, 학급 구호 만들기' 등의 활동을 통해 말 리듬을 활용한 음악 만들기 활동에 참여할 수 있도록 지도한다.
- 가락 만들기 활동 시에는 2음을 활용하되 음표가 아닌 스티커나 자석 등을 활용하여 지도한다.
- 어떠한 활동이든 학생과 함께 완성한 것은 노래를 부르거나 악기로 연주하는 등 확인하는 시간을 가진다.
- 음악 만들기 활동은 개인뿐만 아니라 친구들과 함께 만드는 기회도 제공한다.
- 무엇보다 음악 만들기 활동에 대한 교사의 관심과 허용적인 태도를 가지는 것이 필요하다.

3. 음악 만들기 중심 교수·학습 과정안 설계

1) 학습 주제

겨울 장면에 어울리는 소리를 타악기, 신체, 주변의 사물로 표현하기

2) 학습의 중점

음악 만들기는 창의적인 소리 표현, 노랫말 바꾸기, 몇 개의 음을 사용하여 가락 만들기 등 다양한 활동을 계획할 수 있다. 본 차시 학습에서는 제재곡 「괜찮아요」(교육부, 2018)의 계절적 배경인 '겨울'의 장면을 이미지화하여 느껴지는 감정과 겨울에 들을 수 있는 소리를 표현할 수 있도록 지도한다. 특히, 주변의 다양한 재료나 물건을 이용하여 창의적인 소리 만들기를 표현할 수 있도록 계획하였다. 겨울 장면

에 어울리는 소리를 표현하기 위한 학습 활동은 다음과 같다.

- 겨울에 들을 수 있는 소리를 찾는다.
- 겨울에 들을 수 있는 소리를 흉내 낸다.
- '겨울'과 관련된 장면을 신체나 주변의 물건을 이용하여 소리를 탐색한다(눈 밟는 소리 '뽀드득 뽀드득' 에어캡 터뜨리기 등).
- 제재곡의 노랫말 장면에 어울리는 소리를 표현한다(바람 '쌩쌩' 신문지를 펼쳐서 흔들기 등).

겨울 장면의 그림, 사진, 이미지 등을 제공하여 주고, 연상되는 단어를 이끌어낸 후 악기, 신체, 주변의 사물로 표현할 수 있도록 구성한다. 장애학생에게는 '눈 밟는 소리, 바람 부는 소리' 등 청각적 인지를 돕는 음원을 제공하는 것도 필요하다.

정리 단계에서는 활동을 하면서 어려웠던 점, 즐거웠던 점, 다른 친구의 활동에 대한 칭찬할 점 등으로 자기 평가와 동료 평가를 하면서 학습 성찰이 일어나도록 한다.

3) 학생 특성에 따른 활동

본 차시 학습 활동 시 참여가 어려운 학생의 특성에 따른 활동은 다음과 같다.

- 신체적 제약으로 음악 만들기 활동에 참여하기 어려운 학생의 경우 마우스, 스위치 등을 활용하여 효과음(바람 부는 소리, 눈 밟는 소리 등)을 소리 낼 수 있도록 한다.
- 에어캡을 터트리기 어려운 학생의 경우 매듭을 묶지 않은 공기가 주입된 풍선을 날리거나, 손펌프를 활용하여 바람을 느낄 수 있도록 감각적 체험의 기회를 제공한다.

4) 음악 만들기 중심 교수·학습 과정안의 실제

수업 일시	○○. ○○. ○○. ○교시		지도 대상	초 ○-○	장소	음악실
제재(차시)	괜찮아요(2/8)				수업자	○○○
성취기준	[4음악01-06] 여러 가지 타악기로 자연과 생활 주변의 소리를 즉흥적으로 표현한다.					
학습 목표	겨울 장면에 어울리는 소리를 타악기, 신체, 주변의 사물로 표현한다.					
준비물	〈겨울 왕국〉 배경음악, 〈겨울 왕국〉 삽화, 에어캡, 신문지, 빨대, 풍선, 손펌프, 리듬악기, 전자 저작물 등					

단계	학습 요소	학습 내용	교수·학습 활동	유의점
도입	감각적 감지	학습 목표 인지	• 전 차시 학습 상기 - 신체표현을 하며 〈괜찮아요〉 노래 부르기 • 동기 유발 - 애니메이션 〈겨울 왕국〉의 삽화 몇 장면을 보며 겨울 풍경에 대해 이야기를 나눈다. • 학습 목표 확인	〈겨울 왕국〉 삽화 제시 전에 OST를 들려주어 주의집중을 유도한다.
전개	기초 기능 습득	소리 탐색	• 겨울과 관련된 노래 감상하기 - 멋진 눈사람, 겨울바람, 고드름 등 • 겨울에 들을 수 있는 소리 말하기 - 눈 밟는 소리 - 겨울바람 소리 - 손을 녹이는 따뜻한 입김 소리 • 겨울 소리 흉내 내기 <table><tr><td>눈 밟는 소리</td><td>겨울바람 소리</td><td>입김 소리</td></tr><tr><td>뽀드득 뽀드득</td><td>휘~잉</td><td>호~ 호~</td></tr></table>	겨울과 관련된 소리를 연상하여 다양한 소리를 표현하도록 한다.
	표현 방법 탐색	제재곡 장면 탐색	• '겨울'과 관련된 장면을 신체나 주변 물건으로 소리 탐색하기 - 뽀드득 뽀드득: 에어캡(뽁뽁이) 터뜨리기 - 휘~잉: 신문지를 펼쳐서 흔들기 - 호~ 호~: 빨대를 입에 물고 길게 불기 • 제재곡의 노랫말 장면에 어울리는 소리 표현하기 <table><tr><td>노랫말</td><td>소리 표현 방법</td></tr><tr><td>바람, 쌩쌩</td><td>신문지 펼쳐서 흔들기</td></tr><tr><td>호호</td><td>빨대를 입에 물고 길게 불기</td></tr><tr><td>꽁꽁</td><td>손뼉 치기</td></tr></table>	제재곡의 장면을 그림이나 사진으로 제공하여 어울리는 소리를 표현하도록 격려한다. 중도·중복장애 학생에게는 매듭을 묶지 않은 풍선으로 바람소리를 표현하도록 한다.
	창의적 표현	소리 만들기	• 제재곡을 부르며 주변 사물을 이용한 소리 만들기 - 학생을 두 모둠으로 나누어 노래 부르는 모둠과 소리 만드는 모둠의 역할을 제시한다. · 모둠 1: 제재곡 노래 부르기 · 모둠 2: 제재곡 노랫말 장면에 어울리는 소리 만들기 • 제재곡을 들으며 악기를 이용한 소리 만들기 - '바람, 쌩쌩, 호호, 꽁꽁'의 노랫말에 어울리는 악기를 선정하여 자유롭게 소리 만들기	목소리, 신체, 주변 물건 등 다양한 방법으로 소리를 표현하도록 한다.

정리	내면화	학습 성찰	• 가장 즐거웠던 활동이 무엇이었는지 말하기 • 가장 어려웠던 활동이 무엇이었는지 말하기 • 다른 모둠의 표현에서 칭찬할 점 말하기 • 무엇을 잘 하게 되었는지 말하기	동료 평가와 자기 평가에 대한 생각을 서로 공유한다.
평가 내용			1) 겨울 장면에 어울리는 소리를 신체나 주변의 사물로 표현할 수 있는가? 2) 겨울 장면에 어울리는 소리를 악기로 표현할 수 있는가?	

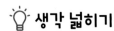
생각 넓히기

1. 음악 수업에서 소리 만들기의 중요성과 의미에 대해 토론해 봅시다.

2. 장애 영역별 특성을 고려한 소리 만들기 지도 방법에 대해 이야기해 봅시다.

3. 장애학생에게 소리 만들기를 지도하기 위한 창의적 방법에 대해 이야기해 봅시다.

참고문헌

교육과학기술부(2009). 특수교육 기본 교육과정 음악 교사용 지도서.

교육과학기술부(2013). 특수 기본 교육과정 초등학교 1~2학년 음악 교과서.

교육부(2014a). 특수교육 기본 교육과정 초등학교 음악 3~4학년 교사용 지도서.

교육부(2014b). 특수교육 기본 교육과정 초등학교 3~4학년 음악 교과서.

교육부(2015). 2015 특수교육 기본 교육과정 [음악] (교육부 고시 제2015-81호 [별책 3]).

교육부(2018). 특수교육 기본 교육과정 초등학교 3~4학년 음악 교과서.

김용희(2015). 예비교사를 위한 음악교육개론서 창의적 음악교육. 경기: 음악세계.

김희규, 김찬수, 김현자, 민경훈, 손상희, 송민경, 이종열, 정동영(2011). 특수교육 음악 교육론. 경기: 교육과학사.

모형오, 한계숙, 남미연, 남정화, 서지희, 유다영, 이도선, 이지언, 임하정, 조인정, 전송배(2011). 생활주제중심 유아국악교육. 경기: 양서원.

민경훈(2015). 특수교육에서 오르프 음악지도방법의 수용적 가치. 융합예술치료교육, 제1권 1호, 15-32.

석문주(2015). 음악중심 융합수업의 실제. 경기: 교육과학사.

석문주, 최은식, 함희주, 권덕원(2017). 음악교육의 이해와 실천. 경기: 교육과학사.

장기범, 강연심, 김경자, 김경화, 김희숙, 윤성원, 임원수, 조성기, 표태호, 홍종건(2014)
　　　초등학교 3~4학년 음악. 서울: (주)미래엔.
장창환, 조효임, 이동남(2004). 초등음악과 지도법(제3판). 서울: 삼호뮤직.
장혜성, 장혜원, 황은영, 김은영(2007). 개별화교육프로그램과 연계한 장애아 음악 활동의 이론
　　　과 실제. 경기: 교육과학사.

제12장

신체표현 지도의 실제

이지선

신체표현은 리듬, 가락, 빠르기 셈여림 등 음악의 요소를 여러 가지 동작으로 표현하면서 음악의 개념을 쉽고 재미있게 이해할 수 있는 효과적인 방법이다. 또한 음악을 듣고 느낀 것을 신체를 이용하여 자유롭게 표현하면서 창의력, 음악적 공감능력 등이 향상될 수 있다. 이를 위해서 교사는 다양한 신체표현을 활용한 음악 수업을 설계하고 실행할 수 있는 기초 지식 및 적용 능력을 갖추어야 한다. 이 장에서는 신체표현 지도의 필요성, 신체표현의 지도 방법, 신체표현 중심 교수·학습 과정안 작성의 예를 통해 신체표현 지도 방법에 대해 탐색하고자 한다.

1. 신체표현 지도의 필요성

음악을 들으며 우리는 음악에 대한 지식 수준, 음악적 기능의 숙달 정도 등에 상
관없이 몸을 자연스럽게 움직인다. 이러한 자연스러운 반응은 음악의 템포, 음악의
길이, 강세 등이 움직임의 시간성, 공간성, 에너지와 같기 때문이다. 따라서 음악교
육에서 신체표현은 음악 요소, 음악의 분위기 등을 이해하는 데 매우 효과적인 음
악 활동이 될 수 있다(민경훈 외, 2017). 또한 몸의 자유로운 움직임과 미적 표현의
다양성은 창의적인 음악적 표현을 가능하게 해 준다.

신체표현을 통한 음악교육은 20세기에 자크-달크로즈, 오르프로 이어지는 대표
적 음악 교육자들이 당시 현대무용의 등장과 함께 움직임을 도입하면서 시도된 음
악교육의 새로운 접근 방법이다. 자크-달크로즈는 인간은 본래 신체적으로 리듬감
을 갖고 태어난다고 주장하면서 음악적 잠재력을 최대한 발달시켜 주기 위해서는
'음악'과 '신체표현'을 결합하여 지도해야 한다고 했다(민경훈 외, 2017). 따라서 자
크-달크로즈는 유리드믹스(Eurythmics)에서 몸을 하나의 악기로 보고, 학생이 신체
동작을 통해 음악 표현을 체험함으로써 여러 가지의 음악적 개념을 형성하도록 했
다. 한편, 1922년에는 신체표현을 활용한 리드믹을 시각장애인과 청각장애인을 대
상으로 교육하여 효과를 이룬다(임미경 외, 2010). 리드믹이란 리듬에 기초를 두어
신체의 여러 감각 및 기능을 발달하게 하고 심신의 조화를 목적으로 창안한 음악지
도 방법이다. 오르프 역시 리듬을 중요하게 생각했으며 발 구르기, 무릎 치기, 손가
락 튕기기 등의 몸동작부터 춤을 포함한 다양한 움직임을 통해 표현하도록 했다.
2015 특수교육 기본 교육과정에서는 신체표현을 통한 음악 교수·학습 방법에 대
해 다음과 같이 제시하고 있다.

- 표현 영역에서는 자연과 사물의 현상, 자신의 느낌과 생각 등을 표정, 손짓,
  목소리, 몸동작, 악기 등 다양한 방법으로 표현할 수 있도록 지도한다.
- 교사는 학생의 신체적 특성, 학습 특성 및 수행 수준에 맞는 악곡을 선택하여
  노래를 부를 수 있도록 지도한다. 노래를 지도할 때는 손짓, 몸동작, 색깔 악
  보, 두 줄 악보, 가락 선 악보, 숫자 악보 등을 활용해 음의 높낮이를 생각하면

서 부를 수 있도록 한다.
- 연주하기에서는 학생이 자신의 느낌과 생각을 신체 악기, 생활 악기, 효과 악기 등 여러 가지 방법으로 자유롭게 표현할 수 있는 분위기를 제공한다.

신체표현은 장애학생의 음악교육에 중요한 역할을 한다. 첫째, 발달장애 학생에게는 음악적 요소를 몸으로 경험하게 하여 이해를 도울 수 있으며, 악기를 사용할 때보다 자유롭게 표현할 수 있어서 부담감을 줄여 줄 수도 있다. 둘째, 시각장애 학생을 위한 교수ㆍ학습 매체로 점자 악보나 음각화 자료가 있으나 여러 가지 동작으로 음의 높낮이, 강세 등을 몸으로 체험해야 교육의 효과를 높일 수 있다. 셋째, 청각장애 학생은 바닥, 악기 등의 울림을 통해 강세, 음의 길고 짧음 등을 학습하는 경우가 많은데 움직임으로 직접 표현해 보면 음악적 요소를 더 잘 이해할 수 있다. 넷째, 지체장애 학생의 경우 신체 기능에 따라 다양한 방법으로 음악적 표현 활동에 접근해야 한다. 신체표현은 손가락 구부리기부터 역동적인 움직임까지 모두 포함하므로 학생 개인별로 적합한 음악적 표현 방법을 적용할 수 있다. 이처럼 신체표현은 장애학생에게 음악을 좀 더 쉽게 이해할 수 있는 동시에 다양하고 자유로운 표현을 할 수 있는 음악적 표현의 한 방법이다. 따라서 교사는 음악 교과에서 다양한 신체표현을 학생 개인별 특성, 학습 목표 등에 적절하게 지도할 수 있어야 한다.

2. 신체표현 지도 방법

1) 동작의 유형

신체표현은 손뼉치기에서부터 춤까지 모두 포함하는 매우 포괄적인 개념이다. 신체표현에 전형적인 동작은 없으나 동작의 유형은 수업 설계 시 학습 목표에 따른 학습 활동을 명료화하고 구체화할 수 있게 해 준다.

동작의 유형은 크게 이동 동작ㆍ비이동 동작이 있고, 이동 동작ㆍ비이동 동작ㆍ조작적 동작으로 나눌 수도 있다. 여기에서 조작적 동작은 여러 가지 소품을 활용하여 움직이는 동작으로 몸의 이동 여부에 따라 이동 동작이나 비이동 동작에 포함된다. 유리드믹스에서 많이 사용되었던 동작(민경훈 외, 2017)과 동작 교육의 동작의 유형(김두범 외, 2014)을 참고하여 신체표현의 동작 유형을 제시하면 [그림 12-1]과 같다.

이동 동작	비이동 동작	조작적 동작
▼	▼	▼
• 걷기(walking) • 달리기(running) • 뛰기(jumping) • 호핑하기(hopping) • 스킵하기(skipping) • 갤러핑하기(galloping; 말뛰기라고도 함) • 미끄러지기(sliding) • 구르기(rolling)	• 손뼉치기(clapping) • 좌우로 흔들기(swinging) • 돌기(turing) • 뻗기(strething) • 구부리기(bending) • 지휘하기(conducting) • 돌리기(turn-around)-팔, 손목 등을 돌리기	• 잡아당기기 • 밀어내기 • 던지기 • 차기 • 굴리기 • 튀기기 • 돌리기(turn-around)-소품을 들고 돌리기 • 치기

구조적 동작 / 비구조적 동작(창의적 동작)

[그림 12-1] 신체표현을 위한 동작의 유형

출처: 민경훈 외(2017); 김두범 외(2014)의 내용을 재구성함.

신체표현은 교사의 시범을 따라 하거나 정해진 동작을 하는 구조적 동작에서 점차 복합적이고 창의적인 동작을 통해 음악적 표현을 하도록 이끌어 주어야 한다. 또한 신체표현은 놀이처럼 즐길 때 학생 참여형의 능동적인 음악 활동이 될 수 있고, 성숙하고 창의적인 음악적 표현으로 발전할 수 있다. 이를 위해 유리드믹스의 학습 방법인 '따라 하기, 빠르게 반응하기, 메아리 모방'이나 오르프의 학습 방법 중 '기억 모방, 중복 모방' 등을 동작과 함께 연계할 수 있다. 이러한 학습 방법은 다른 사람과의 상호작용을 기반으로 하므로 역동성 있고 흥미롭고 다양한 학습 활동을 구성할 수 있다.

유리드믹스를 적용한 학습 활동과 오르프의 학습 활동(민경훈 외, 2017), 동작교육에서의 타인과 함께 하는 활동(김두범 외, 2014)을 바탕으로 2명 이상이 함께하는 신체표현 활동을 제시하면 〈표 12-1〉과 같다.

〈표 12-1〉 2명 이상이 함께하는 신체표현 활동 예시

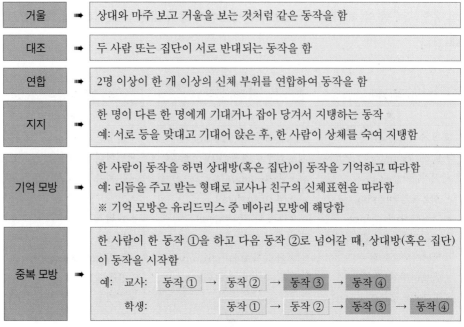

거울	➡	상대와 마주 보고 거울을 보는 것처럼 같은 동작을 함
대조	➡	두 사람 또는 집단이 서로 반대되는 동작을 함
연합	➡	2명 이상이 한 개 이상의 신체 부위를 연합하여 동작을 함
지지	➡	한 명이 다른 한 명에게 기대거나 잡아 당겨서 지탱하는 동작 예: 서로 등을 맞대고 기대어 앉은 후, 한 사람이 상체를 숙여 지탱함
기억 모방	➡	한 사람이 동작을 하면 상대방(혹은 집단)이 동작을 기억하고 따라함 예: 리듬을 주고 받는 형태로 교사나 친구의 신체표현을 따라함 ※ 기억 모방은 유리드믹스 중 메아리 모방에 해당함
중복 모방	➡	한 사람이 한 동작 ①을 하고 다음 동작 ②로 넘어갈 때, 상대방(혹은 집단)이 동작을 시작함 예: 교사: 동작 ① → 동작 ② → 동작 ③ → 동작 ④ 　　학생: 　　　동작 ① → 동작 ② → 동작 ③ → 동작 ④

출처: 민경훈 외(2017); 김두범 외(2014)의 내용을 재구성함.

2) 표현 영역별 신체표현 지도 방법

(1) 노래 부르기와 신체표현

노래 부르기에서 신체표현은 제재곡의 특징을 노래로 잘 표현할 수 있기 위한 교수·학습 활동 중 하나이다. 노래 부르기를 할 때 신체표현의 구체적인 예로는 노랫말에 어울리는 다양한 동작하기, 곡의 특징을 살려 노래 부르기를 할 경우, 노래 부르기 이전에 곡의 특징이 되는 음악의 요소를 신체로 표현한 후 노래 부르기 등을 할 수 있다(민경훈, 2015). 또한 노래 부르기를 할 때 노랫말을 읽지 못하는 학생이 있는데, 이런 경우 노래 부르기 이전에 반복적으로 들으며 다양한 신체표현 활동을 하면 노랫말을 어느 정도 따라 부르거나 흥얼거릴 수 있어서 노래 부르기에 매우 효과적이다. 뿐만 아니라 노래 부르기에 어려움이 있는 학생에게는 대안 활동으로 제시하여 노래 부르기를 하는 동안 활동에 참여하도록 수업을 계획할 수 있다. 따라서 노래 부르기 수업에서 신체표현은 교수·학습 과정 중 전개 단계의 첫 번째 활동으로 계획하면 효과적이다.

노래 부르기에서 신체표현 지도 예시

- 제재곡: 〈점점 느리게 점점 빠르게〉
- 주요 학습활동: 빠르기 변화에 맞추어 노래 부르기

| 도입 | – 노래 듣기 |

전개 – 빠르기 변화에 맞추어 노래 부르기
　　　신체표현 1: 손뼉치기
　　　신체표현 2: 걷기
　　　신체표현 3: 일정 박을 몸동작으로 표현하기

　　　– 악보에서 빠르기 변화 찾아보기(대안활동:
　　　노래 부르기가 어려운 학생은 신체표현 중
　　　한 가지를 선택하거나 새로운 동작을 만들어
　　　빠르기 표현하기)

정리 – 악보에서 빠르기 변화 찾아보기

출처: 교육부(2018a). 2015 특수교육 기본 교육과정 초등학교 5~6학년 음악 교과서.

- 교수 · 학습 활동에서 신체표현 활동의 목적

제재곡인 〈점점 느리게 점점 빠르게〉는 빠르기 변화를 특징으로 한다. '빠르기 변화에 맞추어 노래 부르기'의 경우, 노래 부르기 이전에 빠르기를 몸으로 자연스럽게 익히기 위한 목적으로 신체표현을 활동 안에 넣어 구성한다.

- 교수 · 학습 과정에서의 구체적인 신체표현 지도 방법

도입

노래 듣기에서 학생이 빠르기 변화를 더욱 잘 느끼고 몸으로 표현하는 것에 흥미를 가질 수 있도록 교사가 손뼉치기 등 간단한 동작으로 노래에 맞추어 신체표현을 한다.

전개

빠르기를 몸으로 표현하기는 앞서 제시한 신체표현 세 가지를 모두 할 수도 있고, 학생의 수준, 신체특성 등을 고려하여 한 가지 또는 두 가지만 할 수도 있다. 또한 정확하게 곡의 빠르기를 표현하기 어려운 수준의 학생일 경우 빠르기 변화를 신체로 표현하는지에 중점을 두어 지도하고 정확한 빠르기를 강조하지 않도록 한다.

빠르기 변화에 맞추어 노래 부르기에서는 발화가 안 되는 등 노래 부르기가 어려운 학생에게 대안 활동으로 신체표현을 하도록 한다. 대안 활동으로는 이 세 가지 신체표현이나 새로운 몸동작을 하도록 할 수도 있고, 지휘자 역할을 주어 빠르기가 변화할 때 간단한 동작을 하도록 하여 노래 부르기 활동에 참여할 수 있도록 한다.

(2) 악기 연주하기와 신체표현

악기 연주하기에서 신체표현은 악기 연주를 위한 기초 활동으로써 다양한 리듬, 셈여림을 위한 음악의 요소를 이해하고 표현하는 활동뿐만 아니라 신체 자체가 악기가 된다. 예를 들어, 손뼉치기, 발 구르기, 다리 두드리기 등 몸으로 소리를 내어 리듬 합주나 반주를 넣을 수 있다.

악기 연주에서 신체표현 지도는 악기로 연주할 리듬, 셈여림 등을 다양한 동작으로 표현하게 되는데, 신체 악기로 리듬 합주를 할 때에는 소리의 크기, 소리의 어울림과 학생 수를 동시에 고려해야 한다. 예를 들어, 세 가지 리듬을 신체 악기로 합주할 때 두 가지 리듬이 '손뼉치기'와 '다리 두드리기'인 반면 다른 한 가지 리듬이 '손바닥 비벼 소리내기'를 낸다면 앞의 두 가지 리듬 연주 소리에 묻힐 수 있다. 이때에는 학생 수를 조절하여 작은 소리가 나는 신체표현을 하는 학생 수를 많게 할 수도 있다. 그러나 실제 학교 현장에서 한 학급당 학생 수가 적으므로 가능한 소리의 크기를 고려하여 신체표현 방법을 제시하는 것이 좋다.

악기 연주에서 신체표현 지도 예

■ 제재곡: 〈바둑이 방울〉

■ 주요 학습 활동: $\frac{2}{4}$ 박자 리듬꼴 연주하기

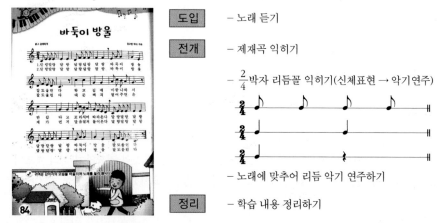

출처: 교육부(2018a). 2015 특수교육 기본 교육과정. 초등학교 5~6학년 음악 교과서.

■ 교수 · 학습 활동에서 신체표현 활동의 목적

$\frac{2}{4}$ 박자 리듬꼴을 여러 가지 리듬 악기로 연주하기 전에 신체 악기로 표현하며 몸으로 자연스럽게 익히기 위해 신체표현을 한다. 교사는 학생에게 신체 악기로 표현하는 방법을 제시할 수도 있지만 가능한 한 학생이 만들어 보게 한다.

■ 교수 · 학습 과정에서의 구체적인 신체표현 지도 방법

도입

노래 듣기에서 학생이 일정박을 신체 악기로 연주하게 한다. 이는 다양한 리듬꼴을 익히기 전에 곡의 빠르기, 기본 리듬꼴을 경험하는 것이 목적이 된다. 이때의 신체표현은 손뼉치기와 같이 학생에게 익숙하고 쉬운 표현 방법을 적용함으로써 새로운 신체표현 방법을 익히는 데 시간이 소요되지 않도록 한다.

전개

전개에서 박자의 리듬꼴에 대한 신체표현은 모두 동일하게 손뼉치기나 무릎치기 등으로 리듬을 표현하게 지도할 수도 있다. 그러나 합주를 하게 될 경우 혼란스러워할 수 있으므로 가능한 한 다른 신체표현으로 구성하고, 신체표현 후에 연주할 악기를 동시에 고려하는 것이 좋다. [그림 12-2]와 같이 1번 리듬의 손뼉치기는 양손에 리듬 막대를 들고 치는 동작과 연결지어 지도한 것이고, 2번 리듬의 왼쪽, 오른쪽 무릎치기는 테이블 캐스터네츠의 왼쪽과 오른쪽을 두드리는 동작을 연결지어 지도한 것이다. 이처럼 신체표현의 동작과 리듬 악기 연주를 연결지어 지도하면 리듬을 익히고 악기로 연주하는 데 효과를 높일 수 있다.

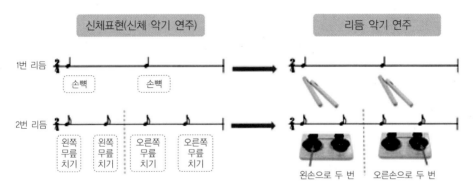

[그림 12-2] $\frac{2}{4}$ 박자 리듬꼴의 신체표현과 리듬 악기 연주

(3) 음악 만들기와 신체표현

음악 만들기에는 노랫말 바꾸기, 리듬 만들기, 음색 만들기, 이야기 음악 만들기 등이 있다. 지도 방법의 예로는 노랫말 바꾸기에서는 노랫말 대신 여러 가지 동작으로 표현할 수 있는데, 추상적인 것보다는 학생이 쉽게 표현할 수 있는 단어, 사물 등을 표현하게 하는 것부터 시작하여 신체표현에 대한 두려움을 느끼지 않도록 한다. 리듬 만들기에서는 한 학생이 창작한 리듬을 다른 학생이 신체 악기로 표현해

보거나 반대로 신체 악기로 표현한 리듬을 악보로 그려 보는 등 다양한 활동으로 구성할 수 있다(민경훈, 2015).

음색 만들기와 이야기 음악 만들기에서 신체표현은 신체를 이용하여 다양한 소리를 만들 수 있기 때문에 학생에게 학습에 대한 흥미를 높이고 창의적인 표현력을 향상시킬 수 있다. 이를 위해서는 학생이 처음에는 어려워할 수 있으므로 교사가 신체를 이용한 다양한 소리를 제시하고 모방해 보는 단계에서 점차 학생이 스스로 신체 악기를 활용한 소리 탐색하고 표현하도록 이끌어 주는 것이 중요하다. 각각의 음악 만들기에서의 신체표현은 다음과 같이 적용할 수 있다.

- 노랫말 바꾸기: 바꾸려는 노랫말을 신체로 표현하기
- 리듬 만들기: 리듬을 신체 악기로 표현하기
- 음색 만들기: 몸의 여러 부위를 두드려 다양한 소리 만들기
- 이야기 음악 만들기: 신체 악기로 효과음 만들기

음악 만들기에서 신체표현 지도 예시

■ 음악극 만들기: 혹부리 영감

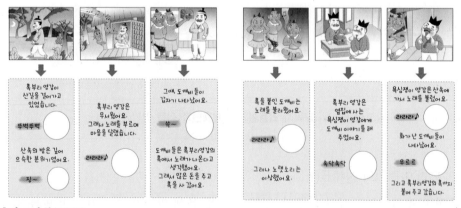

출처: 교육부(2018b).

■ 신체표현으로 효과음 넣기 예시

혹부리 영감이 걸어가는 발소리	▷	발을 굴러 효과음 넣기
혹부리 영감이 욕심쟁이 영감에게 이야기하는 소리	▷	작은 소리를 혀를 차서 효과음 넣기
도깨비들이 우르르 몰려오는 소리	▷	여러 명이 함께 발을 굴러 효과음 넣기

3) 음악 요소별 신체표현 지도 방법

신체표현에서 음악의 요소를 동작으로 표현하는 것은 매우 중요하다. 표현 영역에서 신체표현은 거의 음악 요소와 관련하여 이루어진다. 노래 부르기와 악기 연주하기에서는 곡의 특징을 신체로 표현하게 되는데, 빠르기, 셈여림, 음의 높낮이 등 음악 요소를 표현하게 된다. 음악 만들기 중 이야기 음악 만들기에서도 소리의 크기, 빠르기 등을 몸으로 표현하며 효과음을 만들게 된다.

표현 영역뿐만 아니라 감상 영역에서도 음악의 요소를 신체로 표현하는 방법을 지도하는 것은 중요하다(민경훈, 2015). 예를 들어, 조용하고 느린 곡을 감상했을 때, 풍선을 위로 부드럽게 쳐올리기나 종이컵을 이용해 옆 사람에 풍선 전달하기를 하여 풍선이 날아가지 않도록 작고 천천히 움직이면서 부드럽고 느린 동작으로 곡의 분위기 표현할 수 있다. 또 다른 방법으로 긴 천이나 리본 막대를 가지고 흔들면서 천천히 미끄러지며 표현할 수도 있다. 그런데 곡의 분위기 역시 음악의 요소에 따라 형성되는 것이다. 따라서 신체표현을 통한 음악 학습에서 음악의 요소에 대한 표현과 이해가 충분히 이루어져야 움직임으로 다양한 음악적 표현을 할 수 있다.

리듬, 가락, 빠르기, 셈여림의 4가지 음악의 요소에 대한 신체표현 방법의 예를 제시하면 다음과 같다. 제시되는 신체표현 방법은 수업의 내용, 학생의 특성을 고려하여 수업 설계 시 다양하게 활용될 수 있다.

[그림 12-3] 2015 특수교육 기본 교육과정 음악과 표현 영역 중 음악의 요소

출처: 교육부(2015)에서 발췌하여 재구성함.

(1) 리듬

리듬 학습에 활용할 수 있는 동작에는 손뼉치기, 무릎치기, 발 구르기의 비이동 동작과 잡아당기기, 두드리기, 문지르기 등의 조작적 동작, 갤럽, 스킵의 이동 동작이 있다. 이 외에 신체의 여러 부위를 두드리거나 소품 등을 손끝으로 긁기, 손바닥으로 문지르기를 하면서 다양한 방법으로 표현할 수 있다. 리듬의 내용 요소별 활용할 수 있는 동작은 다음과 같다.

> **박 학습 활동: 음악에 맞추어 일정 박 연주하기**

- 비이동 동작
  - 손뼉치기, 발 구르기, 무릎치기: 손뼉치기, 발 구르기, 무릎치기 중 선택하여 노래를 들으며 일정 박 표현하기
  - 옆 사람과 손뼉치기: 원을 만들어 앉은 후 자신의 손바닥과 옆 사람의 손바닥을 번갈아 치기

- 이동 동작
  - 노래 부르며 걷기
- 복합 동작
  - 노래 들으며 일정 박에 맞추어 손뼉 치며 걷기
    - **Tip**: 비이동 동작은 앞서 제시한 동작 외에도 신체 여러 부위를 두드려 표현하게 한다.
    - **Tip**: 일정 박에 맞추어 걸을 때, 학생의 걷는 속도에 따라 손을 살짝 잡아당겨서 빠르게 걷게 하거나 손을 밑으로 살짝 잡아당겨서 걷는 속도를 늦추도록 도와줄 수 있다. 이를 위해 교사는 평소 학생과의 상호작용하는 신체활동을 통해 학생을 관찰해야 한다.

- 비이동 동작

  - 손뼉치기, 발 구르기, 무릎치기를 하며 노래 부르기(곡의 빠르기 익히기)

  - 4박을 동작으로 만들기[예: 가슴 두드리기(1회)+손뼉 치기(1회)+무릎치기(1회)+발 구르기(1회)]

  4박자 동작 그림: 가슴 두드리기(1회)+ 손뼉 치기(1회)+무릎치기(1회)+발 구르기(1회)

| 가슴 두드리기 | 손뼉치기 | 무릎치기 | 발 구르기 |

  Tip: 동작 만들기는 2명이 짝을 지어서 한 사람이 동작을 만들고 다른 사람이 따라하는 게임 형태로 진행할 수도 있다.

- 복합 동작

  - 조작적 동작-비이동 동작

  - 리본 막대, 스카프 등을 박자에 맞추어 흔들기

    Tip: 학생이 신체표현을 할 동안 교사가 리듬 막대를 두드려 말로 박자를 세어 주는 것이 좋다.

    학생들의 수준에 따라 박을 세어 주다가 촉구(박자 세어 주기) 없이 신체표현을 하도록 하고 다시 박자를 세어 주어 점차 학생 혼자 박자를 익히도록 하는 동시에 학생의 학습 정도를 파악할 수 있다.

- 복합 동작

  - 잡아당기기(비이동 동작-조작적 동작)

    스프링 장난감·놀이 끈(탄력성이 있는 밴드)·팝튭스 등을 음의 길이에 맞추어 잡아당기기, 친구와 함께 놀이 끈을 잡고 잡아당기기

- 흔들기: 팔을 아래로 내리고 시계추처럼 흔들기
- 밀기: 서로 등을 기대고 앉아서 한 사람이 긴 음은 앞으로 상체를 많이 숙이고, 짧은 음은 상체를 조금 숙이기

비이동동작의 밀기

• 이동 동작
- 걷기: 음의 길이에 따라 보폭을 조절하여 걷기

    Tip: 학생이 포복을 스스로 조절하기 어려울 경우 바닥에 발바닥 스티커를 붙여 주어 보폭 조절을 도와준다.

반복되는 리듬 학습 활동: 반복되는 리듬 찾아 표현하기

• 비이동 동작
- 손뼉치기, 무릎치기: 음악을 들으며 반복되는 리듬이 나오면 정해진 리듬에 맞추어 손뼉이나 무릎치기
- 발 구르기: 반복되는 리듬이 나올 때마다 발 구르기

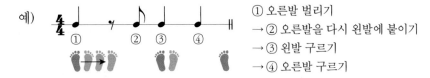

예) ① 오른발 벌리기
→ ② 오른발을 다시 왼발에 붙이기
→ ③ 왼발 구르기
→ ④ 오른발 구르기

    Tip: ①에서 왼발을 구르고 ②에서 오른발 구르게 할 경우, 음표의 길이만큼 기다리지 못하고 바로 오른발을 굴러서 리듬 표현이 잘 안 되는 학생이 많다. 따라서 이 예시처럼 발을 벌리게 하는 등 리듬을 잘 표현할 수 있는 동작으로 제시한다.

• 복합 동작
- 걷기와 손뼉치기: 음악을 들으며 걷다가 반복되는 리듬이 나오면 제자리에 서기, 음악을 들으며 일정 박으로 걷다가 반복되는 리듬이 나오면 제자리에

서서 손뼉 치기

Tip: 걷기와 손뼉치기는 복합 동작으로 학생 수준을 고려하여 적용한다.

(2) 가락

가락은 높낮이를 표현할 수 있는 동작으로 신체표현 활동을 구성하는데, 정확한 음높이를 표현하기에는 한계가 있다. 따라서 신체표현은 높은음보다 낮은음을 상대적으로 낮게 표현하며 높고 낮은음을 구별하는 데 중점을 두어 지도한다.

> **음의 높고 낮음 학습 활동: 높은 음과 낮은 음 구별하기**

- 비이동 동작
  - 손뼉치기, 발 구르기
  - 뻗기, 앉기와 서기: 허리에 손을 올리고 있다가 높은 음은 머리 위로 팔을 뻗고 낮은 음은 아래로 팔을 뻗기, 높은 음은 서고 낮은 음을 앉기

| 허리에 손 | 위로 뻗기 | 허리에 손 | 아래로 뻗기 |

- 이동 동작
  - 뛰어넘기: 바닥에 오선을 붙여 놓고 올라가는 가락일 때에는 위쪽으로, 내려가는 가락은 아래쪽으로 오선의 줄 뛰어넘기
    Tip: 오선에서 정확한 음의 위치를 찾는 것은 아니므로 셋째 줄에 동그라미 등 표시를 해서 그것을 기준으로 위와 아래로 뛰어넘도록 하거나, 한 줄만 붙여 놓고 줄을 기준으로 위와 아래로 뛰어넘기를 할 수도 있다.
- 조작적 동작
  - 높은음은 스카프를 올리고, 낮은음은 스카프를 내리기

- 실로폰 채로 오선이나 한 줄 선의 위쪽과 아래쪽을 가리키기
- 낙하산 천을 다 함께 들고 높은음에서 올리고, 낮은음에서 내리기
  Tip: 적극적인 참여를 위해 한 학생이 높은음과 낮은음을 소리내고 다른 학생들이 동작을 하도록 하여 게임 형태로 활동을 구성할 수도 있다. 높은음과 낮은음을 소리 낼 때에는 실로폰, 터치벨 등을 활용할 수 있다.

올라가는 가락, 내려가는 가락/학습 활동: 올라가는 가락과 내려가는 가락 구별하기

• 비이동 동작
  - 위아래로 흔들기: 올라가는 가락에서는 팔을 뻗은 상태로 점점 올리고 내려가는 가락은 점점 내려서 몸 옆에 붙이기

올라가는 가락　　　　　　내려가는 가락

• 이동 동작
  - 미끄러지기: 바닥에 발판 오선을 붙여 놓고, 높은음은 앞으로, 낮은음은 뒤로 스케이트를 타듯이 미끄러지기
  Tip: 위의 미끄러지기는 오선의 개념을 익힌 후 오선에서 위로 올라갈수록 높은음, 밑으로 내려갈수록 낮은음이라는 음의 상대적인 위치를 배울 때 활용할 수도 있다.
  Tip: 올라갔다가 내려가는 가락: 팔로 포물선을 그리며 표현한다. 이때 움직임 경로인 포물선을 그림으로 그려 주어 시각적 단서를 줄 수 있다.

2. 신체표현 지도 방법

> **차례가기, 뛰어가기 학습 활동: 차례가기와 뛰어가기 구별하기**

- 이동 동작
    - 걷거나 뛰기(차례가기의 가락 표현): 음악을 들으며 혹은 음악을 들은 후 바닥의 사다리(테이프로 붙여 놓은 사다리 모양)를 차례로 밟기
    - 뛰어넘기(뛰어가기의 가락 표현): 바닥에 붙어 있는 징검다리의 돌들을 뛰어서 밟아 건너기

〈바닥에 사다리 모양 만들기〉   〈사다리 차례로 밟기〉

Tip: 교사의 즉흥연주와 동작: 교사가 피아노 건반을 차례로(또는 건반을 건너뛰어) 누르면서 즉흥연주를 하면 학생이 듣고 동작을 한다. 이 활동은 제재곡에서 차례가기와 뛰어가기를 학습한 후 교사의 즉흥연주에 따라 이러한 동작을 할 수 있고, 반대로 교사의 즉흥연주를 통해 개념 이해 활동을 한 다음에 제재곡에서 차례가기와 뛰어가기를 찾아볼 수도 있다.

(3) 빠르기, 셈여림

빠르기의 경우 몸이 자연스럽게 반응하기 때문에 셈여림을 표현하기보다 덜 어렵다. 특히 발달장애학생의 경우 빠르기가 셈여림보다 수행 수준이 높다(이지선, 전병운, 2011). 이는 셈여림을 표현하는 데 어려움을 보이는 학생이 많다는 것을 의미하므로 힘 조절이 필요한 동작을 중심으로 지도하는 것이 적절하다. 큰 소리는 큰 그림, 작은 소리는 작은 그림 등으로 시각화하여 지도하기도 하지만, 가능한 한 동작을 크게 또는 작게 하는 등 힘을 이용하게 되는 신체표현으로 지도하면 힘의 강세와 셈여림을 연결시켜 이해하고 표현하게 되며 악기 연주 시 곡의 셈여림을 표현할 때에도 도움이 된다.

빠르게, 느리게 / 학습 활동: 빠르기 구별하기

- 비이동 동작
  - 손뼉치기, 발 구르기, 무릎치기: 교사의 피아노 즉흥연주를 듣고 빠르기에 맞추어 손뼉치기, 발 구르기, 무릎치기
  - 돌리기: 두 팔을 물레방아가 돌아가는 것처럼 빠르기에 맞추어 돌리기
- 이동 동작
  - 걷기, 뛰기: 교사의 피아노 즉흥연주에 맞추어 걷거나 뛰면서 빠르기 표현하기, 원을 만들고 손을 잡은 후 빠르기가 변하면 반대로 돌기, 빠르기에 맞추어 걷거나 뛰면서 돌기
  - 춤, 율동: 익숙한 곡을 빠르게 또는 느리게 연주해 주면 빠르기에 맞추어 춤을 추거나 율동하기
- 조작적 동작
  - 흔들기: 낙하산 천이나 넓은 천을 친구와 함께 들고 빠르기에 맞추어 위아래로 흔들기
  - 돌리기: 리듬 막대, 스카프 등을 빠르기에 맞추어 돌리기

    Tip: 빠르기의 변화를 처음 지도할 때에는 교사가 신호를 주어 학생들이 변화를 알 수 있도록 하고 점차 스스로 변화를 느끼고 표현하도록 한다.

    예: 즉흥연주를 하다가 빠르게 연주하면서 신호(예: 'go!'라고 말하기)를 주면 빠르게 신체표현을 한다. 교사가 다시 신호(예: '제자리!'라고 말하기)를 주면서 원래의 빠르기로 연주하면 학생도 원래의 빠르기로 신체표현을 한다.

셈여림 / 학습 활동: 큰 소리와 작은 소리 구분하기

- 비이동 동작
  - 손뼉치기: 큰 소리는 손뼉을 치고 작은 소리는 손끝으로 손바닥을 두드리기

    Tip: 이 활동은 세게와 여리게를 표현하기 전에 큰 소리와 작은 소리가 무엇인지 탐색하는 활동으로 신체의 여러 부위를 활용하여 소리를 탐색하게 한다.

    큰 소리와 작은 소리를 손뼉 치기의 세기를 달리하여 표현하기
  - 뻗기, 구부리기: 큰 소리는 공간과 힘(에너지)을 많이 사용하는 큰 동작으로 표현하기(예: 팔과 다리를 옆으로 최대한 뻗기), 작은 소리는 공간과 힘(에너지)

을 조금 사용하는 작은 동작으로 표현하기(예: 팔의 위쪽은 움직이지 않고 아래쪽만 위로 구부리기)

- 조작적 동작
  - 잡아당기기: 놀이 끈(탄력성이 있는 밴드)을 셈여림에 맞추어 세게 혹은 살짝 잡아당기기

    Tip: 두 명이 놀이 끈을 양쪽에 잡은 후, 한 사람은 소리 크기에 따라 놀이 끈을 잡아당기고 다른 사람은 힘에 따른 세기를 느껴 보게 할 수도 있다.

  - 쳐올리기: 큰 소리에는 위로 풍선을 세게 치고, 작은 소리에는 위로 살짝 치기
  - 튀기기: 큰 소리는 탱탱볼을 아래로 세게 튀기고, 작은 소리는 살살 튀기기
  - 흔들기: 낙하산 천, 리본 막대, 스카프 등을 함께 들고 소리 크기에 맞추어 흔들기

4) 지도 시 유의점

다양한 동작을 통한 신체표현 지도 시 고려할 사항은 다음과 같다.

- 하나의 동작으로 다양한 음악의 요소를 표현할 수 있고, 반대로 하나의 음악 요소를 다양한 동작으로 표현할 수 있다.
- 제시된 동작 외에 학습 목표 및 활동에 적합한 동작을 만들 수도 있다. 따라서 학습할 음악 요소 및 음악의 분위기 등의 표현 동작에 제한을 두지 않는다.
- 교사를 동작을 모방하는 구조적 동작에서 점차 창의적으로 만든 비구조적 동작으로 발전할 수 있도록 지도해야 한다.
- 다양하고 창의적인 신체표현을 위해서 필요에 따라 2명이 파트너가 되거나 3명 이상이 모둠 활동으로 구성한다.
- 장애 유형의 특성을 고려하여 수업 설계 시 다양한 동작을 구상해 두어야 한다. 즉, 학생의 신체 특성, 학습 수준을 고려하여 다양한 방법으로 표현하게 함으로써 소외되는 학생이 없도록 한다.
- 학생이 다양한 동작을 할 수 있는 공간이 확보되어야 하며, 여러 가지 위험 요소를 제거해 두어야 한다.

3. 신체표현 중심 교수·학습 과정안 설계

1) 학습 주제

$\frac{4}{4}$ 박자의 리듬꼴을 신체로 표현하기

2) 학습의 중점

제재곡에서 반복되는 가사와 리듬을 통해 다양한 동작을 함께 또는 혼자 만들고, 음악에 맞추어 리듬을 신체로 표현하는 데 목적이 있다. 도입 단계에서는 다양한 동작을 만들기 전에 전 차시에 학습했던 리듬을 상기시키기 위해 노래를 부른후 반복되는 3개의 리듬을 손뼉치기로 표현한다. 전개 단계는 기초 기능 파악(움직임 동작 탐색)-표현 방법 탐색(음악 요소 표현)-창조적 표현(창의적 신체표현)의 3가지 학습 요소와 내용으로 구성되어 있는데, 각각의 학습 요소별 학습 중점을 다음과 같다.

- 기초 기능 파악 단계에서는 학생이 움직임 동작을 탐색할 수 있도록 교사가 리듬별 동작을 제시하고 따라하게 함으로써 동작을 만드는 방법을 학습한다. 이후 게임을 통해 학생들이 리듬을 재미있게 반복하여 연습하면서 다양한 동작을 익히도록 한다. 이때, 집단을 나누어서 하면 다른 학생을 보면서 동작을 할 수 있어서 리듬별 동작을 맞출 때 부담감을 줄인다.
- 표현 방법 탐색 단계에서는 음악 요소인 리듬과 신체표현을 연결하여 리듬꼴을 잘 표현할 수 있는 신체표현을 다 함께 만든다. 즉, 리듬을 인지하고 그것을 신체로 표현한다는 것을 이해하고 표현하는 데 중점을 두는 단계이다. 따라서 학습한 동작을 응용하거나 그대로 했을 때 새로운 신체표현(동작)을 하도록 강조하지 않는다.
- 창조적 표현 단계에서는 학생이 노래를 들으며 즉흥적으로 동작을 만들면서 리듬꼴을 창의적인 동작으로 표현하도록 한다. 리듬꼴을 잘 표현하지 못하였

다고 하여 바로 지적하여 수정해 주기보다 표현하려는 의도를 파악하였다가 노래가 끝난 후 다시 한번 해 보는 기회를 주는 것이 좋다.

정리 단계에서는 동작을 만들어 본 소감을 발표하거나 자기 평가와 동료 평가를 진행하며 지난 학습에 대해 돌아보는 시간을 가진다.

3) 학생 특성에 따른 활동

본 차시 학습 활동에 참여가 어려운 학생의 특성에 따른 활동은 다음과 같다.

- 여러 가지 신체 동작을 할 때 서서 동작을 하거나 이동 동작을 하기 어려운 학생을 위해 교사가 다양한 동작을 구상하고, 학생이 발표할 때 아이디어를 제시해 준다.
- 신체표현이나 노래가 어려운 중도 · 중복장애 학생에게는 북을 일정 박으로 연주하여 반주자 역할을 주고 교사와 함께 리듬 연주를 하는 등 대안 활동을 제시하여 학습 활동에 참여할 수 있도록 한다.

4) 신체표현 중심 교수·학습 과정안의 실제

수업 일시	○○○○. ○○. ○○. ○교시		지도대상	고 ○-○	장소	음악실
제재(차시)	아프리카 민요에 맞게 신체표현하기(1/2) - 제재곡: 〈체체쿨레〉				수업자	○○○
성취기준	[12음악02-03] 여러 나라의 음악을 감상하며 곡의 분위기에 맞게 신체표현을 한다.					
학습 목표	다양한 리듬을 신체로 표현하기					
준비물	리듬 카드, 스카프					

단계	학습 요소	학습 내용	교수·학습 활동	유의점
도입	감각적 감지	학습 목표 인지	• 전 차시 학습 상기 　- 기습곡 〈체체쿨레〉 노래 부르기 　- 반복되는 3개의 리듬에 맞추어 손뼉 치기 　① (악보) ② (악보) ③ (악보) • 학습 목표 확인	
전개	기초 기능 파악	움직임 동작 탐색	• 교사의 리듬별 동작 따라하기 　- 동작의 예: 　(악보 및 발 동작 그림) 　① 오른발 벌리기, ② 오른발을 다시 왼발에 붙이기, 　③ 왼발 구르기, ④ 오른발 구르기 • 게임하기 　- 리듬 카드 게임하기: 카드를 뒤집어 나온 리듬에 맞는 동작하기 　- 두 가지 리듬을 교사의 신호(스카프 흔들기) 보고 동작하기 　　하늘색 스카프 리듬 (악보) 　　분홍색 스카프 리듬 (악보) 　　노란색 스카프 리듬 (악보)	시범동작: 학생의 신체기능에 적합한 이동 동작과 비이동 동작을 선정한다. 신체표현이 어려운 학생은 교사와 함께 리듬 악기로 일정박을 연주한다. 스카프를 흔들 때 리듬에 맞추어 흔든다.
	표현 방법 탐색	음악 요소 표현	• 함께 동작 만들기 　- 리듬에 어울리는 동작 함께 만들기 • 역할 바꾸며 신체표현 따라 하기 　- 두 명씩 짝을 이루어 한 사람의 동작 따라 하기 　- 노래 들으며 신체표현 따라 하기	함께 동작 만들기나 정리 단계에서 서로 만든 동작에 대하여 이야기함으로써 동료 평가와 자기 평가가 이루어지도록 한다.
	창조적 표현	창의적 신체 표현	• 노래 들으며 즉흥적으로 신체표현하기 　- 원을 만들어 앉고 두 명씩 원 안에 들어가 노래를 들으며 신체표현하기 • 원을 만든 학생들: 바닥에 앉아 노래하며 바닥을 두르러 기본 리듬 연주하기 • 원 안의 두 명: 한 명이 즉흥적으로 신체표현을 하면, 다른 한 명이 따라 하기	학생의 성향에 따라 즉흥적인 표현을 지나치게 강조하여 부담감을 주지 않도록 한다.

정 리	내면화	학습 성찰	• 리듬을 동작으로 표현한 소감을 말하기 • 가장 맘에 들었던 동작 해보기	
	평가 내용		1) 리듬이 표현되도록 동작을 따라 할 수 있는가? 2) 노래를 들으며 리듬에 맞추어 정해진 동작을 할 수 있는가? 3) 곡의 분위기에 어울리는 동작을 만들 수 있는가?	

🔆 생각 넓히기

1. 음악 수업에서 신체표현의 중요성과 의미에 대해 토론해 봅시다.

2. 장애 영역별 특성을 고려한 신체표현 지도 방법에 대해 이야기해 봅시다.

⊕ 참고문헌

교육부(2015). 2015 특수교육 기본 교육과정 [음악] (교육부 고시 제2015-81호 [별책 3]).

교육부(2018a). 2015 특수교육 기본 교육과정 초등학교 5~6학년군 음악교과서.

교육부(2018b). 2015 특수교육 기본 교육과정 고등학교 1~3학년군 음악교과서.

김두범, 김현희, 안수정(2014). 아동음악과 동작교육. 경기: 양서원.

민경훈(2015). 특수교육에서 오르프 음악지도방법의 수용적 가치, 융합예술치료교육, 제1
　　권 제1호. 15-32.

민경훈(2016). 특수교육에서 원초음악의 의미와 적용. 예술과 인간, 제2권 제1호. 1-16.

민경훈, 김미숙, 김선미, 김신영, 김영미, 김지현, 이가원, 장근주, 조대현, 조성기, 주희
　　선, 현경실, (2017). 음악교수학습방법. 서울: 학지사.

권덕원, 석문주, 최은식, 함희주(2014). 음악교육의 기초(3판). 경기: 교육과학사.

심성경, 이선경, 변길희, 김나림, 박주희(2017). 유아를 위한 동작교육의 이론과 실제. 서울:
　　학지사.

이지선, 전병운(2011). 2011 개정 특수교육 기본 교육과정 음악과의 활동, 이해영역 수행
　　수준 실태 분석. 지적장애연구, 17(2), 109-135.

임미경, 현경실, 조순이, 김용희, 이에스더(2010). 자크-달크로즈, 코다이, 오르프, 고든, 포괄
　　적 음악성 음악교수법. 서울: 학지사.

제13장

감상 지도의 실제

조대현

감상은 인간이 가진 고유하고 보편적인 능력인 청각적 지각력을 바탕으로 하는 활동이기에 특별한 훈련이나 교육 없이도 누구나 쉽게 경험할 수 있다. 그러나 이러한 감상 활동은 음악에 대한 광의적 이해아래 단지 청각적 지각만이 아닌 다양한 인지 영역에서의 활동으로발전하고 있다. 이러한 배경 아래 본 장에서는 음악의 속성을 중심으로 감상 활동의 의의와 이에 따른 감상 활동의 유형에 대해 살펴보고, 특수학교 학습자를 대상으로 한 학습자 중심의 효과적인 감상 활동 지도 방법과 교수·학습 모델 및 그 예를 제시하고자 한다.

1. 감상 활동 지도의 필요성

학교 음악교육의 목적이라 일컫는 '심미적 체험'이란, 음향의 감득과 음악적 사고 및 심상의 형성, 음악 미적 통찰의 과정을 통해 음악 예술의 총체적인 아름다움과 의미에 대한 향유를 뜻한다. 이는 특정한 체계 아래 조직된 음향과 관련하여 이루어지는 내면의 특별한 예술적 체험이며, 막연한 느낌부터 절정의 희열에 이르기까지 다양한 수준으로 경험된다(이홍수, 1992).

학교의 음악교육은 이러한 교과 본질에 도달하기 위하여 다양한 음악 활동을 제시하고 있는데, 그중 하나가 바로 음악 감상 활동이다. 흔히 음악은 소리 예술이기에 '듣기' 행위가 가장 기초적 활동이라고 생각한다. 이러한 이유에서 승윤희 등(2019)은 "감상은 청각적 지각을 바탕으로 하는 음악의 가장 보편적인 활동"이라고 정의했으며, 징재은과 최미영(2016) 또한 감상 활동의 의의를 "음악의 특성을 이해하고 음악 작품의 예술적 의미와 아름다움을 즐기며, 그 가치를 음미하는 것"으로 설명하고 있다. 어원적으로 '감상'은 '평가하다'와 '자기 것으로 만들다'는 의미를 가진 라틴어 '아프레티오(Appretio)'에서 유래하였다([그림 13-1] 참조).

[그림 13-1] 감상의 어원적 의미

즉, 감상한다는 것은 감상자가 활동의 주체로서 음악을 들으며 평가하고 그 결과를 자기의 것으로 만드는 적극적이고 능동적인 사고의 과정과 결과를 의미하며, 단순히 음악 작품을 대하는 '듣기' 활동에서 벗어나, 해석하고 분석하는 인지적 과정과 감상자 스스로 음악을 재해석하는 창의적 결과까지 포함하는 것이다. 우리는 이를 '작품의 아름다움과 예술적 의미를 향유하고, 내재된 가치를 음미하는 행위'라고 말한다. 이러한 배경에서 감상에 대한 정의는 [그림 13-2]와 같이 정리될 수 있다.

고든 (Gordon, 1970)	보드만(Boardman: 석문주, 2015에서 재인용)	감상이란
단순히 음악을 듣는 행위와 달리 이해하며 듣는 감상은 음악을 지적으로 즐기게 한다. 이것이 음악적 즐거움이다.	수동적 듣기인 listen(청취하다)에서 능동적이고 적극적인 듣기 행위인 describe(묘사하다, 설명하다)가 필요하다.	• 음악을 듣고 사고하여 음악의 미적 특성과 의미를 이해하는 능동적이고 주체적인 활동(정재은, 최미영, 2016) • 음악을 형성하고 있는 리듬, 가락, 화성, 음조직, 셈여림, 빠르기, 음색 등 모든 음악적 표현 요소에 대한 특징과 생성 원리의 구체화된 의미를 지각하고 감응하는 행위(이연경, 1996)

[그림 13-2] 감상의 정의

2. 감상 활동의 유형

감상 활동의 유형은 여러 학자에 의해 상이하게 제시되고 있으나, 이를 내용 및 위계를 고려하여 정리하면 〈표 13-1〉과 같다.

〈표 13-1〉 학자별 감상 활동의 유형과 위계

구분	위계 1	위계 2	위계 3	위계 4	위계 5
브라이언 (Brien, 1983)		감각적 감상자 (sensuous listeners)	연합적 감상자 (associative listeners)	비판적 감상자 (critical listeners)	심미적 감상자 (aesthetic listeners)
밀러 (Miller, 1996)	수동적 감상	감각적 감상	정서적 감상		지각적 감상
코플랜드 (Copland, 2002)		감각적 수준 (sensuous plane)	표현적 수준 (expressive plane)		순음악적 수준 (sheerly musical plane)

내용적으로 볼 때 위계 1에 해당하는 밀러의 '수동적 감상'은 들려오는 음악을 일종의 배경음악과 같이 받아들이는 단계로서, 감상자가 수동적인 입장이 된다는 점에서 가장 낮은 위계에 해당하는 감상의 유형이라 할 수 있다.

위계 2의 '감각적 감상'의 유형은 세 학자가 공통으로 제시하는 유형으로, '단순히 감각적으로 음악을 즐기는 행위'나 '별도의 지적 사고 과정 없이' 또는 '전문적인 음악 지식이 없는 상태에서 음악 자체에 빠져 감상'하는 단계를 뜻한다. 밀러의 경우, 감각적 감상은 수동적 감상과 달리 의도적 감상이라는 특징을 갖고 있다.

위계 3과 4는 학자에 따라 구분의 차이가 발생하는데, 브라이언의 '연합적 감상'은 악곡의 줄거리와 배경 등 비음악적 내용과 연합하여 음악을 감상하는 단계인 반면, '비판적 감상'은 연주의 질적 판단이 일어나는 단계의 감상이다. 밀러 또한 이를 음악에 대한 다양한 정서를 불러일으키는 '정서적 감상'으로 표현하고 있으며, 코플랜드는 음악에 내재하는 표현적인 힘과 특정한 의미를 탐색하는 '표현적 감상'으로 구분하고 있다.

위계 5는 감상 활동의 최종 목표에 해당하는 단계로서, 음악에 집중하여 악곡의 구조와 진행을 파악하는 감상, 즉, 악곡이 담고 있는 음악적 정보와 그것이 의미하는 바를 유추하고 음악에 대한 자신만의 의미를 부여하는 적극적이고 능동적인 사고의 결과물이 도출되는 최종 단계를 의미한다.

이러한 감상 활동의 위계와 단계에 따른 학자들의 구분 요소를 종합하면 [그림 13-3]과 같은 다섯 가지의 유형으로 정리할 수 있다. 이러한 구분은 단계별 위계를 전제한다.

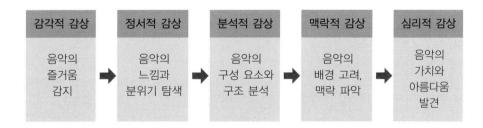

[그림 13-3] 감상 활동의 단계

3. 감상 활동 지도 방법

1) 감상 활동의 목표

학교 음악 수업에서 감상 활동의 목표는 앞서 언급한 감상 활동의 단계와 위계에 따라 다음과 같이 제시될 수 있다.

첫째, 감각적 감상과 정서적 감상의 단계에서는 다양한 음악 경험을 통해 음악이 주는 즐거움과 익숙함, 희로애락과 같은 감정 및 정서의 함양을 목표로 한다.

둘째, 분석적 감상의 단계에서는 소리에 대한 인지능력과 소리를 구별하는 능력, 예컨대 소리의 높낮이, 속도, 리듬, 음색 등과 같은 세부 요소에 대한 이해를 유도하고, 종래에는 음악적 구조에 대한 이해를 목표한다.

셋째, 맥락적 감상의 단계에서는 음악 내면에 담긴 고유한 배경과 이야기 등의 맥락적 이해를 유도함으로써 학습자의 음악에 대한 공감능력을 발전시킨다.

〈표 13-2〉 학년군별 음악 만들기 관련 성취기준

초 3~4학년	초 5~6학년	중 1~3학년	고 1~3학년
[음악의 특징] • 소리 탐색하기 • 그림, 몸동작, 악기로 표현하기 • 음악의 분위기와 느낌 표현하기 **[음악의 분위기]** • 움직임 따라 하기 • 몸이나 악기로 표현하기 • 친구들과 함께 몸으로 반응하기	**[음악의 특징]** • 목소리 음색 구분하기 • 악기 소리의 특징 비교 하기 • 서양 악기와 국악기 소리 구별하기 **[음악의 분위기]** • 몸으로 표현하기 • 그림으로 표현하기 • 희로애락의 느낌 표현 하기	**[음악의 특징]** • 성악곡과 기악곡의 특징 탐색하기 • 다양한 연주 형태의 차이점 찾아보기 • 퓨전 음악을 감상하고 느낌 표현하기 **[음악의 분위기]** • 주제 생각하며 표제 및 묘사 음악 듣기 • 주요 장면을 그림, 몸동작, 악기로 표현하기 • 주제 선율에 어울리는 노랫말 만들기	**[음악의 특징]** • 여러 나라의 음악 감상 하기 • 서양과 우리 음악의 차이점 구분하기 • 곡의 분위기에 맞게 신체표현하기 **[음악의 분위기]** • 이야기가 있는 음악의 줄거리 탐색하기 • 장면을 몸동작과 노래, 악기로 표현하기 • 음악극을 만들고 재활용 악기나 효과음 악기로 표현하기

넷째, 최종 단계에서는 심미적 감상능력을 목표하여 음악의 가치와 아름다움에 대한 주체적 이해와 습득을 가능하게 한다.

한편, 2015 개정 특수교육 기본 교육과정 음악과에서는 감상 활동의 주요 목표를 학년군 및 학교급별로 구분하여 〈표 13-2〉와 같이 제시하고 있다. 교육과정은 주요 내용을 내용체계에 따라 음악의 특징과 음악의 분위기로 구분하여 제시한다. 학교 감상 활동에서는 앞서 언급한 유형에 따른 단계별 활동 목표와 더불어 교육과정이 제시하고 있는 학년군 및 학교급별 목표와 성취기준에 대한 고려가 필요하다.

2) 감상 활동의 지도 방법

감상 활동을 계획하고 지도하는 데 있어 고려해야 할 점은 크게 '음악의 특징'과 '학습자의 특징'으로 구분되며, 이를 통해 교수·학습 방법과 내용을 결정할 수 있다([그림 13-4] 참조).

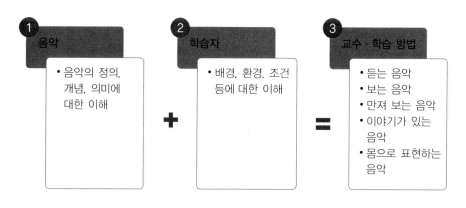

[그림 13-4] 감상 활동의 계획

(1) 음악에 대한 이해

조대현(2019)은 음악에 대한 정의에 대해 여러 학자의 주장을 종합하여 다음과 같이 설명하고 있다.

- 음악은 소리의 높낮이, 장단, 강약 등의 특성을 소재로 한다. 이는 공간적 성격을 보여 준다.

- 소리: 청각기관을 통해 뇌에서 해석되는 매질의 움직임으로, 공기나 물 같은 매질의 진동을 통해 전달되는 종파
- 높낮이: 소리의 진동수와 파장에 의해 결정
- 강약: 소리의 세기는 음압, 즉 파동의 압력을 의미

• 음악은 소리를 바탕으로 이루어진 시·공간예술이다.

[그림 13-5] 소리의 구성

• 음악은 다양한 소재나 요소에 질서를 부여하여 만든 유의미한 결과물이다.

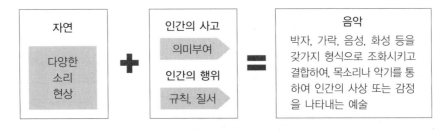

[그림 13-6] 음악의 구성

(2) 학습자에 대한 이해

학습자 또는 학습대상자에 대한 이해는 이미 제2, 4, 6장 등에서 살펴보았다. 감상 활동의 지도방법과 내용을 결정하는 데 있어서 특수학교 학생이 갖고 있는 장애 유형별 특징에 대한 이해는 매우 중요하다. 더불어 학습자 중심 교수·학습에서 강조하는 학습대상자의 배경과 학습의 정도, 수준 및 교육환경 등에 대한 파악은 수

업을 위한 전제조건이다.

(3) 교수 · 학습 방법에 대한 이해

장애학습대상자에 대한 감상 활동 수업은 다양한 스펙트럼(spectrum) 아래 나타나는 음악의 본질을 기초로 하여, 학생이 가진 여러 유형의 장애적 특징과 환경을 고려한 교수 · 학습 방법에 의해 설계되어야 한다.

이때 음악이 가진 소리 특성을 반영한 '듣는 음악', 그 음악 현상이 지닌 시공간적 · 색채적 성격을 반영한 '보는 음악'(음색, 음고), 음악의 질감을 고려한 '만져 보는 음악'(음감, 음질), 음악에 담긴 의미와 느낌을 언어적으로 제시하는 '이야기 음악', 그리고 학생의 더욱 적극적인 감상을 유도하는 '몸으로 표현하는 음악' 등이 고려될 수 있다. 이러한 고려는 역으로 학생의 특징을 음악의 본질에 대비한 결과이기도 하다.

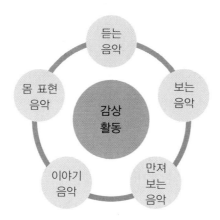

[그림 13-7] 감상 활동의 방법

3) 특수교육 대상자에 대한 감상 활동 지도 방법

(1) 듣는 음악

가장 일반적인 감상 활동의 하나로, 다른 감상 활동의 유형과 비교할 때 특히 감각적 감상과 정서적 감상 단계에서 그 의미가 크다. 듣는 음악 활동의 예는 다음과 같다.

- 편안한 소리, 마음에 드는 음악 찾아보기
- 주변에서 들을 수 있는 자연의 소리 찾기
- 일상생활 중 발생하는 다양한 소리 탐색하기
- 계절에 어울리는 음악 찾기
- 자주 듣는 음악 친구들에게 소개하고 들려주기

이러한 듣는 음악 활동은 다양한 소리와 소리의 질을 탐색함으로써 학생의 상상력과 호기심을 배양하고, 청감각적 능력을 키워 주며, 나아가 학생의 주변 사물과 환경에 대한 관심을 키우는 데 목표를 둔다.

(2) 보는 음악

사람의 목소리나 악기는 각기 고유한 특성과 음색(音色)을 지니고 있다. 보는 음악 활동은 소리를 발생시키는 다양한 음원의 고유한 특성에 대해 살펴보고 이에 대해 구별할 수 있는 자기만의 시각적 의미를 부여하는 데 목표를 둔다. 또한 학생들은 국악기를 비롯한 다양한 악기의 음색을 구분하고 연주 형태 및 장르를 경험함으로써 더욱 넓은 차원의 음악적 시각을 얻게 된다. 보는 음악 활동의 예는 다음과 같다.

- 소리에 어울리는 색깔 찾아 발표하기
- 소리에 어울리는 현상이나 악기(형태) 찾기
- 다양한 소리(음악)를 듣고 그림 그리기나 만들기 활동으로 표현하기
- 특정 대상(물건)을 보고 발생할 수 있는 소리 유추하기
- 특정 모습이나 현상에 어울리는 소리(음악) 상상하기(만들기)

(3) 만져 보는 음악

음악은 음악을 구성하는 여러 요소와 더불어 다양한 정서, 문화 그리고 느낌을 표현하기 위한 특정한 모양을 지니고 있다. 우리는 이를 '음감(音感)'이라고 말하는데, 학생들은 자신이 이미 경험적으로 갖고 있는 질감에 대한 상대적 이해를 통해 이를 판단하고 이해할 수 있다. 이는 학습자 중심의 음악에 대한 더 나은 이해를 목

표한다. 예를 들면, 손 등에 내리는 따스한 햇볕과 갑자기 내리는 차가운 가을비의 느낌 등 상대적인 음악 현상을 음악에 어울리는 상대적인 감각적 느낌을 통해 개념적 이해가 아닌 주관적 체감을 유도하는 것이다. 만져 보는 음악 활동의 예는 다음과 같다.

- 음악에 담긴 질감 상상하기
- 부드러운 음악, 차가운 음악 등 다양한 촉감을 불러일으키는 음악 찾아 소개하기
- 다양한 음감을 말하기로 표현하기
- 다양한 음감을 담고 있는 소리 만들어 발표하기

(4) 이야기 음악

음악은 이야기를 담고 있다. 이야기 음악 활동은 맥락적 감상 차원에서 음악이 담고 있는 이야기와 시대적 · 사회적 배경, 작곡가 · 작사가 · 연주가의 상황 등 음악을 보다 공감하게 하는 다양한 요인에 대해 살펴보고 이를 경험하는 데 목표가 있다. 특히, 표제음악이나 묘사음악을 감상할 때는 음악이 표현하는 내용이 무엇인지를 파악하는 것이 중요하다. 이때 사물이나 소리, 장면 등에 집중하게 하고, 이에 대한 분위기와 느낌을 글이나 말 등의 재료를 이용하여 이해하고 발표하게 한다. 관련주의 차원에서의 접근으로 학습자 수준의 흥미로운 경험이 가능하다. 이야기 음악의 예는 다음과 같다.

- 음악에 담긴 이야기 상상하기
- 악곡에 담긴 이야기 찾아 발표하기
- 악곡의 시대적 · 사회적 배경 탐색하기
- 음악가(작곡가, 연주자 등)의 생각('왜 그랬을까?') 유추하기
- 나의 이야기가 담긴 소리, 노래, 음악 만들어 연주하기

(5) 몸으로 표현하는 음악

음악 현상에 따라 신체가 반응하는 것은 인간의 자연스러운 본능이다. 음악을

듣고 친구 또는 교사 등 다른 사람의 동작을 모방하거나, 빠르기와 셈여림, 나아가 음악에 담긴 내용을 몸으로 표현하는 것은 음악을 더욱 쉽고 자연스럽게 경험하게 한다. 더욱이 다양한 음악적 요소에 대한 표현과 내용적 이해가 드러나면서 분석적 감상과 심미적 감상을 가능하게 한다. 몸으로 표현하는 음악 활동의 예는 다음과 같다.

- 서로 다른 소리의 움직임, 즉 서로 다른 질감의 소리가 만들어져 사방으로 울리는 현상을 몸으로 표현하기(예: 징에서 울리는 소리와 소고에서 울리는 소리 표현하기)
- 음악적 요소(음고, 빠르기, 소리의 크기 등)에 따라 몸이나 악기로 어울리게 표현하기
- 발레나 피겨 스케이팅 동영상을 보며 어울리는 배경음악 찾기
- 음악을 듣고 그 내용을 유추하여 몸동작이나 악기로 표현하기
- 본인(학급) 이야기에 어울리는 음악을 찾아 몸으로 표현, 발표하기

감상 활동에 있어서 가장 중요한 것은 바로 '집중'이다. 이러한 이유에서 단순히 듣기가 아닌 '적극적인 감상' 태도가 강조되며, 이는 또한 학습자 중심의 감상 활동이 필요한 이유이기도 하다. 궁극적으로 감상이란 학습자 개인이 본인의 주관적인 배경 아래 음악이라는 대상을 만나고 경험하는 행위로 그 과정과 결과는 매우 다를 수밖에 없다. 이러한 이유에서 이 장에서는 감상 활동을 가능한 한 다양한 학습자의 상이한 배경을 충족하고 상이한 학습 과정을 고려하며, 나아가 학교 교육이 목표하는 수준에 도달하기 위해 다양한 차원의 음악에 대한 정의와 개념, 그리고 이에 따른 교수·학습 방법을 구분하여 제시하였다. 그러나 이러한 현장에서의 교육은 보다 학습자의 관심과 배경을 고려한 통합적인 환경 아래 다양한 학습의 결과물을 존중하고 격려하는 융합교육적 목표를 추구해야 한다. [그림 13-8]은 앞서 설명한 감상 활동 다섯 가지 개별 유형에 따른 통합의 예를 보여 준다. 수업의 순서는 교사에 의해 다양하게 재구성될 수 있다.

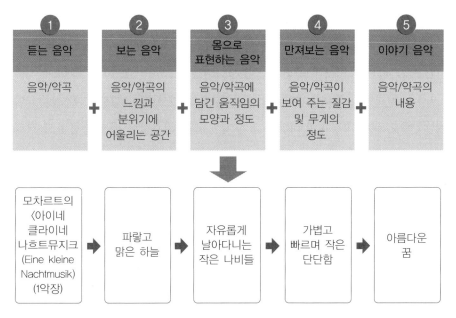

[그림 13-8] 감상 활동의 교수 · 학습 모델 및 예시

4. 감상 활동 교수 · 학습 과정안 설계

1) 학습 주제

- 학교에서 들을 수 있는 소리 탐색하기
- 음악을 듣고 여러 가지 방법으로 움직이기

2) 학습의 중점

듣기 활동은 가장 일반적인 감상 활동의 하나로, 다양한 소리와 소리의 질을 탐색함으로써 학습자의 상상력과 호기심을 배양하고, 청감각적 능력을 키워 주며, 나아가 학습자의 주변 사물과 환경에 대한 관심을 키우는 데 효과적이다. 이와 함께 이루어지는 음악을 몸으로 표현하는 활동은 음악 현상에 따라 신체적으로 반응하는 인간의 자연스러운 본능을 이용하여 추상적 음악을 경험적 음악으로 바꾸는 데 교육적 의미가 있다. 이는 음악에 대한 자연스러운 학습을 가능하게 하며, 나아가

분석적 감상과 심미적 감상을 가능하게 하는 주요 요소로 작용한다. 본 교수·학습 과정안은 학교에서 들을 수 있는 다양한 소리 탐색 활동과 그 소리를 여러 가지 방법으로 자유롭게 표현하는 활동으로 구성되어 있다.

교사는 학생들의 참여동기를 부여하고 비교적 긴 시간의 집중을 유도하기 위한 방안이 필요하며, 학생들의 다양하고 상이한 활동 결과물에 대해 존중하고 격려하는 자세가 요구된다.

3) 학생 특성에 따른 활동

본 차시 학습 활동에 참여가 어려운 학생의 특성에 따른 대체 활동은 다음과 같다.

- 듣기 활동이 어려운 학생은 그 외 4가지 활동 중 가능한 다른 활동을 통해 소리를 찾고 그 소리를 유추하는 활동을 한다[예: 학교에 있는 물건 말하기 → 물건이 가진 소리 상상(모양, 질감, 담긴 이야기 등)하기 → 상상한 소리 표현하기(말하기, 그리기, 만들기 등)].
- 신체표현이 어려운 학생은 불가능한 정도에 따라 신체표현의 방법과 정도를 재구성하고 불가능한 경우에는 그 외 4가지 활동 중 가능한 다른 활동을 통해 표현하게 한다.

4) 노래 부르기 중심 교수·학습 과정안의 실제

수업 일시	○○. ○○. ○○. ○교시	지도 대상		초 3-4	장소		음악실
제재곡(차시)	〈학교 가는 길〉(1/2)				수업자		○○○
성취기준	[4음악02-01] 자연의 소리나 생활주변의 소리를 탐색한다. [4음악02-06] 친구들과 함께 여러 가지 소리를 듣고 몸으로 반응한다.						
학습 목표	학교에서 들을 수 있는 소리를 탐색한다. 여러 가지 소리를 듣고 몸으로 표현한다.						
준비물	여러 가지 학교 소리 대상 사진, 학교 주변 사진, 전자 저작물 등						

단계	학습 요소	학습 내용	교수·학습 활동	유의점
도입	감각적 감지	학습 목표 인지	• 전 차시 학습 상기 – 학교와 관련한 기습곡 부르기 • 동기 유발 – 우리 학교에 있는 선생님 이름과 특징 말하기 • 학습 목표 확인	등굣길의 분위기를 표현하며 부르게 한다.
전개	감각적 인지	등굣길 기억하기	• 학교 오는 길에 볼 수 있는 것 이야기하기 – 학교 등굣길에 본(만난) 사람 생각하기 • 등굣길에 본(만난) 사람을 말하기 • 붙임딱지로 본(만난) 사람을 자유롭게 붙이기 – 학교 등굣길에 본 건물(사물) 생각하기 • 등굣길에 본 건물(사물)을 말하기 • 붙임딱지로 본 건물(사물)을 자유롭게 붙이기	학교 주변 사진을 제시하여 학생의 생각을 돕는다. 이때 학급 학생들의 등교하는 모습의 사진이 함께 제시되면 동기부여에 도움이 된다.
	기초 기능 습득 & 표현 방법 탐색	제재곡 탐색 & 음악 요소 표현	• 음악 감상하며 걷기 – 〈학교 가는 길〉 음악 감상하기 • 등교할 때와 하교할 때를 떠올리며 이야기 나누기 – 음악을 들으며 다양한 방법으로 걷기 • 음악을 들으며 한 줄로 걷기 • 앞으로 걷기, 옆으로 걷기 • 지그재그로 걷기: 방향이 바뀌는 부분에서는 팔과 다리의 움직임을 진행 방향으로 자연스럽게 바꾸어 걷는다. • 곡선 따라 걷기: 몸의 중심을 안쪽으로 기울이며 걷는다. • 원을 그리며 걷기	교사는 학생이 일정박에 맞추어 걷는 동안 리듬 막대로 리듬 치기를 한다. 움직임 활동이 어려운 학생에게는 그 외 4가지 유형 중 가능한 활동으로 재구성하여 제시한다.
	창의적 표현	다양한 소리(현상) 표현하기	• 학교에서 들을 수 있는 소리 듣고 찾아보기 – 교실 안에서 들었던 소리에 대해 이야기 하기 • 교실 안에서 들을 수 있는 소리 들어 보기 • 쉬는 시간에 떠드는 소리, 아침 방송 조회 소리, 쉬는 시간 종소리 등을 전자 저작물을 통해 들려주기 – 교실 밖에서 들었던 소리에 대해 이야기하기 • 교실 밖에서 들을 수 있는 소리 들어 보기 • 운동장에서 체육 하는 소리, 급식실에서 밥 먹는 소리, 복도에서 뛰는 소리 등을 전자 저작물을 통해 들려주기 – 교실 안과 밖에서 들을 수 있는 소리 찾아보기	

			• 운동장에서 체육 하는 소리, 급식실에서 밥 먹는 소리, 쉬는 시간에 떠드는 소리, 아침 방송 조회 소리, 쉬는 시간 종소리, 복도에서 뛰는 소리 등 　– 교실 안에서 들을 수 있는 소리 표현하기 • 학교 시종 소리 흉내 내기 • 친구들의 웃음소리 흉내 내기: '하하하' '히히히' '까르르르' 등 　– 교실 밖에서 들을 수 있는 소리 표현하기 • 교실에서 들을 수 있는 다양한 소리를 흉내 내기: 발자국 소리, 책상 부딪치는 소리 등 • 교실 밖에서 들을 수 있는 소리를 흉내 내기: 복도에서 뛰는 소리, 차 소리, 수돗물 소리, 신호등 소리	
정리	내면화	학습 성찰	• 가장 즐거웠던 활동이 무엇이었는지 말하기 • 가장 어려웠던 활동이 무엇이었는지 말하기 • 다른 친구의 표현에서 칭찬할 점 말하기 • 무엇을 잘 하게 되었는지 말하기	동료 평가와 자기 평가에 대한 생각을 발표를 통해 서로 공유한다.
평가 내용			1) 음악을 듣고 여러 가지 방법으로 움직일 수 있는가? 2) 학교에서 들을 수 있는 여러 가지 소리를 탐색할 수 있는가?	

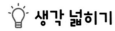 생각 넓히기

1. 학교 음악 수업에서 감상 활동이 필요한 이유를 이야기해 봅시다.

2. 감상 활동을 계획하는 데 있어 고려해야 할 점에 관해 이야기해 봅시다.

3. 특수교육 대상자에 대한 감상 활동 지도 방법을 활용한 수업 계획안을 5가지 유형으로 구분하여 작성하고 발표해 봅시다.

참고문헌

교육부(2015). 2015 특수교육 기본 교육과정(교육부 고시 제2015-81호 [별책 3]).
교육부(2018). 특수교육 기본 교육과정 중학교 1~3학년 음악 교과용 지도서.
교육부(2018). 특수교육 기본 교육과정 초등학교 3~4학년군 음악 교사용지도서.
교육부(2019). 특수교육 기본 교육과정 초등학교 5~6학년군 음악 교사용지도서.

김미란(2019). 클래식 음악감상 활동의 효과적인 교수・학습방법을 위한 실행연구. 한국
　　교원대학교 교육대학원 석사학위논문.

김경희(1998). 음악 감상능력 신장을 위한 교수・학습 방법. 김기석 편. 서울: 형설출판사,
　　pp. 235-264.

김유선(2019). 협동학습을 적용한 음악 감상수업 지도 연구-스마트 러닝을 중심으로. 부
　　산대학교 교육대학원 석사학위논문.

박혜향(2016). 신체표현활동을 적용한 음악 감상 수업이 자폐스펙트럼장애 학생의 음악
　　적 능력에 미치는 영향. 미래음악교육연구, 1(2), 1-21.

방성아(2012). 음악감상이 청소년의 학업스트레스와 우울 감소에 미치는 영향. 목표대학
　　교 교육대학원 석사학위논문.

배주연(2014). 음악 감상 수업모형 및 전략 개발 연구: 음악 감상의 유형을 기초로. 한국
　　교원대학교 대학원 석사학위논문.

석문주, 음악교육연구모임(2001). 교실에서의 음악감상. 서울: 교육과학사.

성경희(1994). 중학교 음악과 수업 방법 개선에 관한 연구(II). 서울: 한국교육개발원.

승윤희, 민경훈, 양종모, 정진원(2019). 초등음악교육. 서울: 학지사.

이연경(1996). 감상능력 육성을 위한 음악과 학습지도 방법에 대한 연구. 음악교육연구,
　　15(1), 1-52.

이홍수(1990). 음악교육의 현대적 접근. 서울: 세광음악출판사.

이홍수(1992). 느낌과 통찰의 음악교육. 서울: 세광음악출판사.

정재은, 최미영(2016). 음악감상 수업모형의 이론적 탐색. 교사교육연구, 55(1), 47-56.

조대현(2019). 융합적 사고에 기초한 음악교육의 이해. 서울: 학지사.

진보라(2019). 중학교 서양 음악 감상 수업을 위한 감상 유형별 교사의 발문 연구. 한국교
　　원대학교 대학원 석사학위논문.

Brien, J. P. O. (1983). *Teaching music*. New York: Rinehart.

Copland, A., Rich, A., & Schuman, W. (2002). *What to listen for in music*. Kansas
　　City: TopekaBindery.

Gordon, E. E. (1997). *The Psychology of Music Teaching*. Englewood Cliffs, NJ:
　　Prentice-Hall, Inc., p. 115.

Miller, H. M. (1996). 음악감상을 위하여. 양일용 역. 서울: 태림 출판사. (원전은 1958년에
　　출간).

제14장

생활화 지도의 실제

조수희

학교 밖 음악은 사회 속에서 다양하게 발전하고, 학생의 생활에 매우 큰 영향을 끼치고 있다. 이러한 의미에서 음악과 교육과정 속 생활화 영역은 점차 중요해지고, 그 비중 또한 커질 것이다.

이러한 생활화 영역의 지도를 위해 '음악의 생활화'의 의미와 다양한 지도 방법을 살펴보며, 앞 장의 영역별 교육과정 모형을 활용하여 교수·학습 과정안의 예시를 제시하고자 한다.

1. 생활화 영역 지도의 의의

　인간의 창의적이고 예술적인 것에 대한 관심과 열정은 예전부터 있었다. 미술, 문화, 무용, 건축 등의 유물이나 문화적 자원들을 보면 인류가 지구에 등장한 지 얼마 안 된 시점부터 예술, 특히 음악이라는 창조적인 행위를 지속해서 해 왔음을 알 수 있다. 인간은 이러한 창조적 행위를 통해 기계 및 로봇과의 차별성, 즉 인간 자체의 존재감을 드러내 왔다.

　그런데 그 유물과 증거들을 보면 인류는 음악을 단순히 행위 자체로 즐기기보다 모든 생활에 활용해 왔음을 알 수 있다. 즉, 애정 표현을 위해, 일의 능률을 위해, 놀이를 위해, 종교 행위의 준비와 정점을 위해 등등, 다양한 곳에서 음악은 사용되어 온 것이다.

　게다가 우리가 살아가는 현대는 더더욱 그러하다. 우리가 매일 접하는 TV와 영화, 인터넷 같은 대중매체 속에서, 백화점이나 마트에서, 학생들이 좋아하는 게임에서, 병원에서 치료를 위해, 심지어 운동을 즐기는 장소인 야구장과 축구장에서도 음악은 순수한 음악적 의도를 넘어서 상업적인 또는 실용적인 목적을 가지고 폭넓게 활용되고 있다.

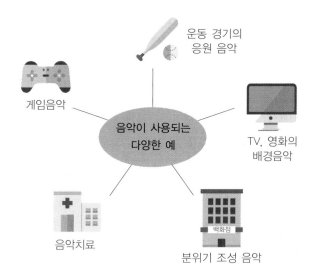

[그림 14-1] 일상생활 속 음악이 활용되는 곳들

이렇듯 우리의 삶에 음악은 아주 깊게 들어와 있기 때문에 음악교육의 중요성을 깨달았던 학자들이 개인의 생활 속에서 음악을 활용하고 음악을 즐기는 태도를 가지게 할 생활화 영역을 음악과 교육과정에 도입하였다.

'음악의 생활화'란 음악이 우리 삶에 주는 의미에 대한 이해를 바탕으로 음악을 활용하고 즐길 줄 아는 태도를 가지게 되는 것을 말하고, 또한 궁극적으로는 '음악 애호심'을 지니게 되는 것을 말한다.

'음악 애호심'이란 음악을 좋아하고 가까이하기를 즐거워하는 마음을 말하고, 이는 생활화 영역을 효과적으로 학습할 때 극대화될 수 있다. 즉, 학생이 다양한 곳에 활용되는 음악을 깨닫고 그 음악을 활용하여 얻을 수 있는 장점을 생활화 영역의 수업을 통해 반복적으로 경험하다 보면, 한 개인의 삶에 음악 애호심은 서서히 뿌리 내려 수준 높은 관객을 낳을 것이고, 평생 음악을 사랑하고 좋아하는 문화인을 낳을 것이다. 크게 보았을 때 음악의 생활화는 학교 음악교육의 궁극적 목표라고 봐도 과언이 아니다.

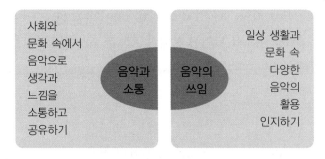

[그림 14-2] 생활화 영역의 내용 요소 두 가지

2015 개정 특수교육 기본 교육과정 음악과 생활화 영역의 내용 요소에서는 학습자가 음악을 배우거나 경험하는 활동을 통해 음악으로 소통하고, 음악의 쓰임을 이해하고 활용하기를 기대하고 있다. 이는 일상생활 속에서 만나는 음악을 이해하고, 그 음악에 대한 자기 생각과 느낌을 표현하는 음악적 소통의 기회와 함께 놀이, 춤, 의식, 행사, 대중매체 등 음악이 활용되는 다양한 사례에 대해 조사·발표·참여하여 학교 내외에서부터 음악을 생활화할 수 있는 태도를 갖게 하는 데 중점을 두고 있는 것이다.

2. 생활화 영역의 지도 방법

1) 생활화 영역의 학습 단계별 지도 방법

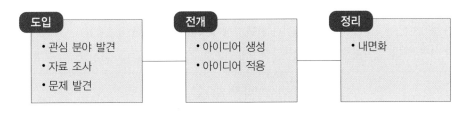

[그림 14-3] 생활화 영역의 학습 단계

　생활화 영역 수업은 교육과정 속 내용요소에 따라 소통하는 음악 수업과 활용하는 음악 수업으로 나눌 수 있으나 그 수업은 공통의 단계를 거친다. 먼저, 도입 단계에서는 일상생활 속 접했던 음악과 관련된 관심 분야를 상기해 보거나 인지하고, 그 내용과 연관된 자료를 인터넷, 도서 등을 통해 조사하고 발표하기, 혹은 실제로 경험하기를 통해 우리가 발견할 수 있는 문제나 실천할 수 있는 과제를 찾는다. 다음으로, 전개 단계에서는 그 과제를 풀기 위한 아이디어를 학생 수준에 맞게 과제물이나 실행 계획으로 제작해 보고, 이를 수업 시간과 실생활에서 적용하는 시간을 가진다. 마지막으로, 정리 단계에서는 앞의 활동을 실행해 본 소감이나 각자의 의견을 제시해 보는 내면화 시간을 가져 일상생활과 연결된 음악에 대해 한번 더 깊이 있게 성찰해 보는 시간을 가진다.

2) 내용 영역별 지도 방법

(1) 소통하는 음악 수업의 지도 방법과 사례

음악의 즐거움

학생 자신이 좋아하는 음악을 듣고 느낀 후 다양한 방식으로 반응하며 음악의 즐거움을 깨닫는 것은 음악 애호심을 함양하는 데 가장 기초적인 일이다. 이와 더불어 자신이 즐기는 음악을 가족이나 친구와 함께 듣고 즐기는 경험은 다른 사람과 함께 음악을 향유하며 소통하는 방법을 배우게 한다.

'음악의 즐거움' 지도 예시

- 좋아하는 음악에 맞추어 간단한 몸동작이나 표정 등으로 표현하기
- 좋아하는 음악을 조사하고 가족이나 친구 앞에서 소개하기('나! 최! 소!' 활동)
- 사회관계망서비스(SNS)를 활용하여 좋아하는 음악 공유하기

나! 최! 소!

학생 각자가 좋아하는 대중음악(힙합, 발라드, 댄스 등)을 직접 찾아 조사하고 발표하는 '나! 최! 소!'(나의 최애 음악을 소개합니다) 활동은 좋아하는 음악을 단순히 느끼는 것에서 나아가 음악에 대해 적극적으로 정보를 탐색하고 표현하게 하여 각자의 음악적 경험을 확장하게 할 것이다.

도입	• 각자 휴대할 수 있는 디바이스를 준비하고, 평소 음원 사이트에서 즐겨 듣는 플레이리스트를 공개한다.
전개	• 도입 단계에서 공개한 음악 중 학급 친구들에게 소개하고픈 음악을 한 곡 선택하고, 그 곡의 작곡가, 작사가, 연주자, 악곡 해설, 앨범 소개 등 악곡에 대한 여러 정보를 조사 후 정리한다. • 악곡 정보와 함께 이 곡을 좋아하는 이유, 어떤 부분이 좋은지, 자신의 악곡과 연관된 에피소드 등을 발표한 후 음원을 함께 들어 보는 시간을 가진다.
정리	• 평소 듣던 음악을 소개한 소감, 다른 친구들이 좋아하는 음악을 들어본 소감을 나눈다.

일상생활의 음악

사회, 학교나 가정 등 학생을 둘러싼 환경 속에서 만날 수 있는 음악을 찾거나 노래하는 활동은 학생이 평소 생활 속에 만나던 음악을 단순히 받아들이기보다 상황에 따라 그에 맞는 음악을 적극적으로 찾아 즐길 줄 알고, 그것을 활용하면서 음악 애호심을 증가시키는 데 도움을 준다.

'일상생활의 음악' 지도 예시

- 좋아하는 음악을 배경음악으로 하여 사랑하는 친구나 가족에게 영상 메시지 선물하기
- 나의 일상생활을 표현하는 다양한 소리 탐색하기('나의 하루와 소리' 활동)
- 전시회, 놀이공원, 지하철, 휴대폰 등 일상생활에서 만나는 다양한 시그널 음악을 조사하기
- 일상생활에서 만나는 재활용품을 활용하여 악기 만들기

나의 하루와 소리

'나의 하루와 소리'는 자신의 일상 속에서 만날 수 있는 소리를 탐색하는 활동으로, 다양한 사물의 소리를 활용하여 자신의 하루를 표현하는 활동이다. 이 활동은 교사 주도의 타율적인 음악 수업이 아닌, 학습자가 스스로의 삶을 반추한 후 자신의 삶을 음악과 연관 지어 보는 학생 주도적인 수업 방법이며, 자기 이해의 시간을 바탕으로 개성과 창의성을 표현하고 음악으로 소통하는 법을 배울 수 있을 것이다.

도입	• 조용한 배경음악을 들으며 각자의 하루 일과를 생각해 보고, 자신의 하루를 다섯 문장으로 만들어 본다.
전개	• 작성된 하루 일과에서 자신이 들었던 다양한 소리를 기억해 내고 기록하는 시간을 가진다. • 그 소리를 교실에서 구현할 수 있도록 여러 가지 사물을 탐색하고, 그 상황을 가장 잘 표현할 수 있는 소리를 선택한다. • 한 명씩 자신의 하루 일과 다섯 문장과 함께 각 문장의 끝에 자신이 선택한 소리를 함께 표현하며 발표한다.
정리	• 자신의 삶과 연관된 소리 탐색하기 활동을 끝낸 소감을 발표한다.

나의 하루에 어울리는 소리는?

1) 8시 일어나기
→ 알람 소리

2) 9시 등교하기
→ 버스 소리
•
•
•

[그림 14-4] 하루를 다양한 소리로 표현하기 수업자료 예시

음악과 행사

가정과 학교, 지역 사회의 음악 행사에 관심을 가지고 참여하며, 행사에 맞는 음악을 찾아보고 관람하는 것은 현실 속에서 음악을 직접 접해 보는 즐거움을 느끼게 한다.

'음악과 행사' 지도 예시

- 다양한 응원가를 조사하고, 체육대회에 사용할 학급 응원가로 개사하기
- 학교나 지역 사회의 음악 행사에 대해 조사하고 직접 참여하기('나도 그곳에서?' 활동)
- 전 세계의 음악 축제나 음악이 주로 사용되는 행사 조사하기

나도 그곳에서?

주변 지역사회의 음악 축제나 행사를 찾아 조사하고 그 행사에 참여해 보는 것은 학생이 음악으로 소통하고 있는 현장을 직접 느끼고 체험하게 한다. '나도 그곳에서?' 활동은 직접적인 음악 체험으로 인한 음악적 소통을 느끼는 좋은 계기가 될 것이다.

도입	• 학교나 지역 사회의 음악과 관련된 축제나 행사가 무엇이 있는지 생각해 본다.
전개	• 하나의 축제나 행사를 정하고, 그 행사의 목적, 일시, 장소, 프로그램 등을 조사한다. • 우리가 참여할 수 있을 만한 행사를 찾아 그 현장에서 음악적 분위기를 느껴 보거나 축제 혹은 행사의 일원이 되어 적극적으로 참여하며 일상생활 속 음악의 소통을 직접 경험한다.
정리	• 나와 거리가 먼 음악 축제나 행사가 아닌, 직접 경험한 음악 행사는 어땠는지 소감을 나눈다.

공연 음악

음악회를 관람하거나 학교와 학급의 발표회에서 연주에 직접 참여하는 활동은 학생을 둘러싼 환경 속에서 음악을 보다 적극적으로 즐기게 한다.

'음악과 행사' 지도 예시

- 공연을 관람하고 간단한 감상문 작성하기
- 공연 예절을 알아보고 역할 놀이하기('공연 예절 역할 놀이' 활동)
- 가족 음악회를 계획하고 동영상이나 사진을 찍어 학급에서 발표하기
- 학급 음악회 계획표, 홍보지, 사진 등을 모아 포트폴리오 만들기

공연 예절 역할 놀이

이 활동은 역할 놀이를 통해 공연 예절을 글과 영상으로만 익히는 것이 아닌, 몸소 체험하여 공연 예절을 익히는 데 그 의의가 있다. 관람자가 된 학생은 문화 시민으로서의 기본 소양을 높이는 계기가 되고, 공연자나 현장 진행자가 된 학생은 다소 간소하게나마 무대에 서기 위한 연습과 긴장의 과정, 무대가 만들어지는 과정 등을 체험하며 공연자, 진행자를 꿈꿔 보거나 성숙한 공연 관람자가 될 것을 다짐해 볼 수 있다.

도입	• 공연 현장을 상기하고, 어떤 사람들이 그곳에 필요한지 생각해 본다.
전개	• 학생은 실제 공연장에서 공연하듯 관람자, 공연자, 진행자가 되어 본다. • 관람자 중에서는 떠드는 사람, 의자를 계속 치는 사람, 돌아다니는 사람, 귀 기울여 연주를 잘 들어주는 사람 등의 다양한 역할을 각 학생에게 준다. 공연자는 실제 공연을 하듯 나름의 표현할 것을 준비하고, 진행자 역할 또한 공연자를 도와 무대가 잘 돌아갈 수 있도록 현장을 조율한다.
정리	• 관람자 역할, 공연자 역할, 진행자 역할의 학생들이 각자 자신의 역할에서 느꼈던 어려움, 즐거움을 이야기 나눈다.

(2) 활용하는 음악 수업의 지도 방법과 사례

음악과 놀이

놀이와 관련된 노래와 음악은 학생에게 음악을 자연스럽게 받아들이게 하고, 또래 놀이 문화 경험으로 쉽게 이끌어 준다. 또한 놀이가 가지고 있는 즐거운 분위기를 음악으로 전이시킴으로써 학생이 음악을 더욱 친숙하고 즐거운 문화로 받아들이게 하고, 세상을 보는 시각 또한 유연하고 넓어지는 계기가 된다.

'음악과 놀이' 지도 예시

- 전통 놀이와 연관된 전래 동요를 찾아 노래하기
- 다른 나라의 음악 놀이를 조사하고 체험하기
- 음악과 연관된 놀이 체험하기
- 평소 알고 있던 놀이에 음악을 접목하여 새로운 놀이로 재탄생시키기('음악으로 놀자!' 활동)

음악으로 놀자!

기존 음악 놀이의 예를 조사하고, 이를 바탕으로 새로운 음악 놀이를 변형·재구성·재창조하는 활동은 일상의 놀이 속에서 음악이 활용되었던 여러 가지 예를 재인식하면서 음악이 우리 생활에 깊이 관여하고 있음을 자연스럽게 습득하게 한다. 이는 새롭게 음악 놀이를 만들고 다함께 즐겨봄으로써 적극적으로 음악을 활용하는 계기를 만들 수 있다.

도입	• 각자가 알고 있는 노래와 함께하는 놀이의 예를 발표한다. (예: 〈그대로 멈춰라!〉 〈동대문을 열어라〉 〈수건 돌리기〉 등)
전개	• 모둠을 만들어 평소 우리가 알던 음악 놀이를 조금 바꾸어서 '우리 만의 조금 더 재미있는 음악 놀이 계획서(세부 내용: 놀이 인원, 놀이 방법, 필요한 장소, 유의사항, 준비물 등)'를 작성한다. • 각 모둠별로 계획서의 놀이를 가르치면 다른 모둠의 학생들은 재탄생된 음악 놀이를 즐긴다.
정리	• 재미있었던 음악 놀이를 선택해 보고, 왜 선택했는지 이유를 이야기한다. • 재탄생된 음악 놀이를 체험해 본 소감을 나눈다.

[그림 14-5] 공기놀이하며 노래하기 – 음악 놀이 재창조 활동 예시

음악과 춤

춤은 사람의 몸이 표현 매체가 되어 사상과 감정 등을 움직임으로 표출하는 예술로, 주로 음악을 매개로 하여 표현된다. 따라서 음악과 춤은 상당한 연관성이 있기에 춤곡을 감상하거나 음악과 함께 춤을 즐기는 활동은 학생이 좀 더 음악에 친근하게 다가갈 수 있도록 유도해 준다.

'음악과 춤' 지도 예시

- 전혀 다른 다양한 장르의 춤(힙합, 레게, 부채춤, 발레 등)의 배경음악을 틀고, 그 음악의 느낌에 어울리는 표정이나 몸짓을 표현하기('리듬에 몸을 맡겨!' 활동)
- 우리나라와 서양 춤곡의 분위기 차이를 느끼며, 분위기에 맞추어 몸짓을 표현하기
- 춤과 관련된 영화나 뮤지컬을 감상하고, 주요 음악에 맞추어 주인공처럼 느낌을 몸짓과 노래로 표현하기

리듬에 몸을 맡겨!

다양한 리듬에 기반을 둔 음악들은 인간의 신체를 움직이게 한다. 이러한 신체의 움직임이 좀 더 정교해지고, 멋지게 다듬어지면 하나의 춤이 된다. 특히, 다양한 음악과 춤이 어우러진 뮤지컬 작품을 감상한 이후 다양한 배경음악에 맞춰 표현하는 활동은 학생들의 몸짓과 표정을 좀 더 자유롭고 표현력 있게 도와줄 수 있다.

도입	• 다양한 감정 단어를 제시하고, 그에 어울리는 표정을 지어본다.
전개	• 뮤지컬 〈빌리 엘리어트〉 중 '짜릿한 전율'을 감상하며, 주인공 빌리가 춤에 맞춰 표현하는 감정을 느낀다. • 교사는 전혀 다른 다양한 장르의 춤(힙합, 부채춤, 발레, 댄스 등)의 배경음악을 준비하고, 예고 없이 음악을 들려주면 학생은 그 음악의 분위기를 느끼고 이에 맞게 표정, 몸짓, 춤 등 자연스럽고 다양하게 표현한다.
정리	• 다양한 리듬을 가진 음악에 맞추어 춤을 추어 본 소감을 나눈다.

음악과 의식

세상에는 다양한 의식이 존재한다. 개인의 인생에는 결혼식, 장례식, 입학식, 졸업식 등이 있고, 국가나 세계적인 의식에는 삼일절 기념식, 국군의 날 기념식, 올림픽, 월드컵 등이 그 예이다. 그런데 이렇게 많은 의식에는 여러 절차가 있고, 그 절

차에 음악이 사용되는 경우는 상당히 많다. 이러한 의식에 음악이 쓰이는 이유를 알면 우리 사회에서 음악이 하는 역할이나 기능을 좀 더 이해하기 쉬워진다.

'음악과 의식' 지도 예시

- 결혼식, 졸업식 등에 사용되는 여러 음악을 찾아보고, 그 의식에 어울릴 새로운 곡을 찾아보기('결혼식에 음악이 빠진다면?' 활동)
- 우리나라와 세계의 큰 의식에서 음악이 사용되고 있는 실제 사례와 해당 음악을 모둠별로 조사하고 발표하기

결혼식에 음악이 빠진다면?

음악이 없는 결혼식을 상상하고 새로운 음악을 입혀보는 활동은 개인의 삶 속 큰 의식에서 음악의 중요성을 각자의 상상력을 바탕으로 인식하게 할 것이다.

도입	• 친척이나 지인의 결혼식에서 들어본 음악의 예들을 떠올려 본다.
전개	• 결혼식에 주로 사용되는 음악을 조사하고 발표한다. • 결혼식에 음악이 빠졌을 때를 상상해 보며, 그 속에서 음악의 역할(분위기 조성과 전환, 절차의 알림 등)은 무엇인지 생각해 보는 시간을 가진다. • 내 미래의 결혼식에 새롭게 선택한 음악을 사용할 수 있다면 어떤 음악을 결혼식에 사용하고 싶은지, 그 이유와 예시 음악을 찾아 발표한다.
정리	• 음악 없는 결혼식을 상상해 본 소감과 결혼식에서 음악의 역할을 한번 더 떠올려 본다.

[그림 14-6] 의식음악 수업자료 예시

음악과 대중매체

　다양한 매체를 통해 전파되는 대중문화 속 음악을 이해하고 감상하는 것은 음악과 매체와의 관계, 사회 속 음악의 영향력을 이해하는 데 도움이 된다.

'음악과 대중매체' 지도 예시

- 라디오 동영상 공유 사이트 등의 음악 방송 큐시트 만들고 표현하기
- 음악이 전파될 수 있었던 대중 매체의 발전 과정 조사하기
- 광고 속 음악의 원곡을 조사하거나 기존의 광고 음악을 이용하여 내가 좋아하는 과자의 광고 음악 만들기
- k-pop의 영향력에 관해 토론하기
- 자신이 좋아하는 영화음악을 조사·발표하고, 영화 속에서 음악의 기능을 토의하기('영화와 음악의 관계 알기' 활동)

영화와 음악의 관계 알기

　대중매체를 통해 접했던 음악을 상기하고, 그 음악적 경험의 순간과 음악을 찾아 조사·발표함으로써 학생 스스로 음악을 선택하고 즐길 수 있는 적극적 음악 경험의 기회를 제공할 수 있다.

도입	• 여러 영화 중 무서운 장면, 슬픈 장면, 행복한 장면에 쓰이는 배경음악과 관련 동영상을 감상한다.
전개	• 영화에서 음악이 어떤 역할을 하고 있는지 다같이 생각해 본다. (예: '등장인물의 특성을 드러낸다' '장면의 분위기를 표현한다' 등). • 학생이 본 영화 중 음악으로 인해 기억에 남는 영화의 한 장면이나 영화음악을 휴대가 가능한 디바이스로 조사하고, 자신이 선택한 영화음악 소개와 선택 이유를 발표한다.
정리	• 인상적이었던 영화음악, 영화의 한 장면을 찾아본 소감을 나누고, 그중 모두가 좋아하는 영화음악을 한 곡 선택하여 다시 감상한다.

3) 지도 시 유의점

생활화 영역 지도 시 유의사항은 다음과 같다.

- 음악을 생활화하기 수업은 학생의 주변에 일어나고 있는 음악적인 환경에 대해 차분히 돌아보는 시간을 바탕으로 본인의 경험을 발표해야 자연스럽게 생활 속 음악에 대해 재인식하고 배움이 일어날 수 있기 때문에 교사는 개방적이고 허용적인 학습 분위기를 조성해야 한다.
- 모둠 활동 수업에서 교사는 모둠을 조직하고 배치할 때 학습자의 특성을 잘 고려하여 서로 잠재력을 발휘하고 적극적인 참여가 가능한 학생들로 이뤄지도록 도와야 한다.
- 음악 공연에 참여한 후에는 다른 친구들과 음악적 체험에 대해 소감을 나누고 공유하는 활동이 필요하다.

3. 생활화 중심 교수 · 학습 과정안 설계

1) 학습 주제

졸업식 공연 준비하기

2) 학습의 중점

졸업을 앞둔 중학교 3학년 장애학생을 대상으로 한 생활화 영역 교수 · 학습 과정안의 예이다. '졸업식'에 사용되는 음악을 스스로 찾아봄으로써 음악과 의식의 관계를 이해하게 하고, 그 행사에 참여하거나 관람함으로써 직접적인 음악 경험이 주는 즐거움을 체험하도록 하는 데 그 목적이 있다.

도입 시 학생이 '졸업'이라는 의식에 대해 기대감과 상상을 가질 수 있도록 '졸업'과 관련된 영화나 뮤직 비디오를 감상한 후 자신이 실제로 졸업식에 참석하게 된다면 어떤 마음을 가지게 될지 이야기를 나눈다. 그 후 '졸업' 혹은 아름다운 헤어짐, 떠남 등을 떠오르게 하는 음악을 검색하고 제목과 선택 이유를 발표한다.

다음 단계에서 졸업식에 학생이 직접 참여하여 노래하거나 연주하게 될 것임을 알리고, 이전 단계에서 선택했던 음악 중 우리가 공연할 수 있는 음악을 다양한 선정 기준을 거쳐 선택한다.

전개 단계에서는 좋은 졸업식 공연을 위한 구체적인 실천 사항을 음악계획서(연습 일지)에 작성하고, 그 연습 일지에 따른 첫 음악 활동(연습)을 실행해 보면서 부족한 부분, 잘하는 부분을 보완해 간다.

정리 단계에서는 졸업식 공연의 연주자가 연주를 준비해 본 소감을 발표하거나 자기 평가와 동료 평가를 진행하며 지난 학습에 대해 돌아보는 시간을 가진다.

본 차시 학습 활동에서 교사는 학생의 자율적인 의사와 취향을 존중하여야 하고, 음악과 의식의 의미를 잘 연결지어 학생들이 즐겁게 참여할 수 있도록 지도하는 것이 중요하다.

3) 학생 특성에 따른 활동

본 차시 학습 활동에 참여가 어려운 학생의 특성에 따른 활동은 다음과 같다.

- 졸업을 주제로 하는 음악을 디바이스를 이용하여 검색하고 조사하는 활동, 학생끼리 동영상을 촬영하는 활동의 경우 중도 · 중복장애 학생은 스스로 하는 활동이 어려우므로 학생이 원하는 음악을 교사가 찾아주거나 동영상 촬영을 도와주는 것이 좋다.
- 중도 · 중복장애 학생의 경우 공연 무대에 올라가 연주하는 자체가 어려울 수 있으므로 편한 자세로 공연을 관람할 수 있도록 안내한다.

4) 생활화 중심 교수 · 학습 과정안의 실제

수업 일시		○○. ○○. ○○. ○교시		지도 대상	중학교 3학년	장소	음악실
주제(차시)		졸업식 공연 준비하기(1-2/8)				수업자	○○○
성취기준		[9음악03-03] 다양한 의식에 쓰이는 음악을 찾아본다. [9음악03-04] 가족 행사나 학급 행사에서 음악을 활용하는 태도를 가진다.					
학습 목표		졸업식에서 공연할 음악을 선택하여 연주(노래)한다.					
준비물		동영상, 학습지(연습 일지-음악 계획서), 검색이 가능한 디바이스(휴대폰), 악기 등					

단계		학습 요소	학습 내용	교수 · 학습 활동	유의점 및 준비물
도 입	문제 인지	관심 분야 발견	졸업에 대한 생각	• '졸업'을 주제로 하는 영화나 뮤직비디오 등 감상하기 - 동영상을 감상하며 졸업에 대한 기대감, 미래에 대한 여러 생각을 말해 보고, 영상 감상 후 졸업식에 직접 참여하면 어떤 마음이 들 것 같은지 이야기 나누기	동영상
		자료 조사	졸업과 관련된 음악 조사	• '졸업'을 주제로 하는 음악을 검색하고 조사하기 - 모둠별로 이별(헤어짐), 졸업 등을 떠올릴 수 있는 음악을 검색하고 음 악의 제목과 선택 이유 발표하기 학생 특성에 따른 활동 예시: 중도 · 중복 장애학생의 경우 스스로 디바이스를 이용해 음악을 찾는 활동이 어려우므로 학생이 원하는 음악을 교사가 찾아주는 것이 좋다.	검색이 가능 한 디바이스 (휴대폰), 학 생의 취향을 존중하여 자유 로운 분위기에 서 의사표현을 할 수 있어야 한다.
		문제 발견	문제점 도출	• 졸업식 때 함께 노래 부르거나 연주할 후보 곡 정하기 - 모둠별로 조사에서 선택했던 악곡 중에서 졸업식 때 우리가 노래하거나 연주하면 좋을 것 같은 2~3곡을 선택하기 • 악곡 선택 기준을 세우고 한 곡 선정하기 악곡 선택 기준의 예시: - 악곡이 우리의 연주 수준에 적절한가? - 졸업식 당일까지 준비가 가능한 수준의 악곡인가? - 노래로 연주할 것인가? 악기로 연주할 것인가?	
전 개	문제 방안	아이 디어 생성	음악 계획서 작성	• 좋은 졸업식 공연을 위한 구체적 실천 사항 작성하기 - 연습 일지(음악 계획서)에 일정 시간 연습을 위한 약속 시간과 장소를 정하고, 계획서에 작성하기 - 악곡의 어려운 부분을 선생님께 배우기 - 음악 외적 조건 살펴보기(언제, 어느 순서에 공연할 것인가?/모든 학생 이 단체로 할 것인가? 소수가 특별 공연의 형태로 연주할 것인가?/연주 복장은 무엇으로 할 것인가? 등등)	연습 일지(음악 계획서), 악기, 간단한 촬영 장 비(휴대폰)

				• 연습 일지에 따른 첫 음악 활동 실행하기 　－ 첫 번째 연습 과정을 사진 혹은 동영상으로 촬영하기(앞으로도 음악 활동의 과정을 기록하거나 촬영함) 　학생 특성에 따른 활동 예시: 　중도·중복 장애학생의 경우 학생끼리 촬영하거나 실행 계획서 작성에 어려움이 있으므로 교사가 옆에서 돕는 것이 좋다.	
	문제 해결	아이디어 적용	음악 계획서 실행		
정 리	내면화	학습 성찰	소감 발표	• 연주자가 된 소감 발표하기 　－ 연주자로서 처음 연습한 소감을 발표한다. 　－ 가장 즐거웠던 활동이 무엇이었는지 발표한다.	편안한 분위기를 조성한다.
	평가 내용			1) 우리가 연주하기에 적합한 수준의 작품을 선택한 것 같나요?(모둠 평가) 2) 첫 번째 연습에서 내가 잘한 점과 아쉬운 점이 무엇이었나요?(자기 평가) 　학생 특성에 따른 활동 예시: 　－ 연습 중 여러 활동에 대하여 동료 평가와 자기 평가에 대한 각자의 생각을 발표하여 서로 공유하는 것도 좋다. 　－ 중도·중복 장애학생의 경우 학생의 상태나 의지에 따라 연주 혹은 관람을 선택할 수 있도록 안내한다.	

💡 생각 넓히기

1. '음악으로 소통하기' '음악의 쓰임' 이외에 현 교육과정상 생활화 영역에 포함될 수 있는 또 다른 활동들을 이야기해 봅시다.

2. 생활화 영역 수업 시 실천할 수 있는 수준별 장애학생을 위한 구체적이고 다양한 지도방법을 제시해 봅시다.

🌐 참고문헌

같이교육(2018). 초등 수업을 살리는 음악 레시피. 서울: 천재교육.

교육부(2015). 특수교육 기본 교육과정 중학교(교육부 고시 제2015-81호 [별책 3]).

교육부(2018). 특수교육 기본 교육과정 중학교 1~3학년 음악 교사용 지도서. 서울: 미래엔.

김용희(2016). 창의적 음악교육. 서울: 음악세계.

김희규, 김찬수, 김현자, 민경훈, 손상희(2011). 특수교육 음악교육론. 경기: 교육과학사.

민경훈(2017). 특수학교 음악교육의 의미와 2015 개정 특수교육 음악과 기본 교육과정 개발 방향 탐색. 음악교육공학, 제33호.

석문주, 최은식, 함희주, 권덕원(2017). 음악교육의 이해와 실천. 경기: 교육과학사.

승윤희, 민경훈, 양종모, 정진원(2019). 예비교사와 현장교사를 위한 초등음악교육. 서울: 학지사.

임은정(2015). 음악교수법 연구: 초등학교 음악 교과서의 생활화 영역 분석 연구. 음악교수법연구, 제16호.

정다솜(2019). 2015 개정교육과정에 따른 중학교 음악교과서 생활화 영역 분석. 전주대학교 교육대학원 학위논문.

한국교육과정평가원(2016). 2015 개정 교육과정에 따른 초·중학교 음악과 평가기준 개발 연구. 서울: 한국교육과정평가원.

현경실, 김미숙, 김선미, 김신영, 김지현, 김영미, 배수영, 이가원, 장근주, 주희선, 조성기, 조대현(2018). 음악교육 프로그램 개발. 서울: 레인보우북스.

제15장

음악과 평가의 실제

박희선

음악과 평가는 학생의 음악적 역량을 평가하는 동시에 표현, 감상, 생활화 영역에서 정한 지식·기능·태도 등을 기준에 따라 다양한 방법으로 측정하는 것이다. 평가는 성취기준 및 평가기준에 근거하여 학습의 결과뿐만 아니라 학습의 과정을 평가하며 그 결과는 이후 교수·학습의 질 개선에 활용된다. 이 장에서는 교육적 요구와 특성이 다양한 장애학생에게 획일화된 음악평가 방법이 아닌 학생의 음악적 잠재능력 및 발달과 성장을 위한 음악과 과정중심 평가 방법을 소개하고자 한다.

1. 음악과 평가의 이해

1) 음악 평가의 의의

음악과 평가는 음악적 역량 함양에 따른 학생의 교육목표 도달점을 확인하고 교수·학습의 질을 개선하는 데 그 목적을 두고 있다. 평가는 교수·학습의 결과가 아닌 과정의 한 부분으로 교사뿐만 아니라 학생의 내적 동기를 유발하고 학습 목표를 도달하는 데 도움을 준다. 평가가 교수·학습의 과정 속에서 유기적인 역할을 함으로써 학생 스스로 음악 활동을 지속적으로 성찰하고 개선해 나가며, 교사는 수업의 질을 지속적으로 향상시킬 수 있다(교육과학기술부, 2009).

2015교육과정 평가의 방향은 학생의 교육 목표 도달 정도를 확인하고 교수·학습의 질을 개선하는 데에 주안점을 두고 있다. 또한 학교와 교사는 성취기준에 근거하여 학교에서 중요하게 지도한 내용과 기능을 평가하며 교수·학습과 평가 활동이 일관성 있게 이루어지도록 한다. 학교는 교과의 성격과 특성에 적합한 평가 방법을 개발하고 적극 활용하는 것을 권장하고 있다(교육부, 2015a).

평가는 교수·학습 계획 시 함께 고려되고 교육과정에 근거하여 체계적·종합적으로 수립되어야 한다. 개별 학생의 음악적 능력과 수준·홍미·특성을 고려하여 계획되어야 하며, 학생의 홍미·자발성·창의성·적극성 등이 충분히 반영하여 학습 과정과 결과를 균형 있게 평가하여야 한다. 또한 음악과 교수·학습 방법의 개선과 더불어 과정중심평가를 강조하는데, 학습 활동의 최종 결과물을 평가하기보다는 수업의 모든 활동을 평가 내용에 포함한다.

특수교육에서도 학생의 최종 결과물에 대한 단편적인 평가보다 학습 과정 속에서 학생의 성장 및 학습 과정에 대한 종합적인 평가의 중요성이 대두되고 있으며, 과정중심 평가의 다양한 연구와 접근이 요구되고 있다(강대일, 정창규, 2018).

2) 기본 교육과정 음악과 평가의 특징

기본 교육과정 음악과 평가는 음악적 표현, 음악적 감수성, 음악적 소통능력, 창의융합 능력 등 음악과 역량의 함양 정도를 평가하며, 성취기준에 근거한 평가준거를 설정한다. 이때 학습 목표와 교수·학습 활동 내용, 평가 활동이 일관성 있게 이루어져야 하며, 핵심 개념, 내용 요소 등에 대한 학습이 이루어졌는지 확인한다(교육부, 2015b).

장애학생을 위한 2015 기본 교육과정 음악과의 내용은 '표현' '감상' '생활화'의 세 영역으로 구성되어 있으며, 각 영역을 분리해서 평가하기보다 통합적인 평가가 이루어져야 한다.

'표현' 영역에서는 기본적인 음악적 지식과 기능을 익혀 음악의 아름다움을 경험하고, 음악적 느낌과 생각을 효율적으로 전달할 수 있는 능력을 평가하며, '감상' 영역에서는 음악의 아름다움과 분위기를 느끼고 생각을 표현할 수 있는지 살펴본다. '생활화' 영역에서는 음악의 역할과 가치를 이해하고, 생활 속에서 다양한 음악을 활용할 수 있는 태도가 길러졌는지를 평가한다(교육부, 2015c).

또한 음악과 성격에 적합한 다양한 평가 방법이 활용되고 장애학생의 특별한 요구와 학생의 현재 수준, 지적 능력, 강점과 약점, 흥미 등을 고려하여 평가 도구 및 기준이 마련되어야 한다. 나아가, 음악적 지식과 기능, 흥미, 태도와 자세 등의 정의적 영역도 함께 포함되어야 한다.

일반적으로 수업을 시작하기 전 수업에 대한 전반적인 계획을 세우고 계획 안에 평가 계획이 이루어져야 하는데, 음악과 평가 계획 및 절차는 [그림 15-1]과 같다.

장애학생의 음악 수업 활동을 평가하기 전 고려해야 할 점은 다음과 같다.

첫째, 학생들에게 학습한 내용을 반복적으로 연습하고 실제적인 맥락 속에서 적용·활용할 수 있는 충분한 기회를 제공해 주었는가? 장애학생들은 다소 학습 속도가 느리고 배웠던 내용을 일반화하기 어려우며 고차원적이고 추상적인 개념을 이해하는데 한계가 있다. 교사는 장애학생들의 이런 특성을 고려하여 학생들의 실생활과 연관된 학습으로 학생들의 흥미를 유발하고 실제적인 맥락 속에서 학생들이 자연스럽게 배울 수 있게 해야 한다. 또한, 학생들에게 긍정적인 피드백을 통해 반복적인 연습과 학습의 기회를 충분히 제공해 주고 이를 바탕으로 평가가 이루어져야 한다.

둘째, 학생별 장애 특성을 이해하고 평가 시 획일적인 방법이 아닌 다양한 표현·표출 방식을 허용해 주었는가? 학생들은 각기 다른 독특한 특성을 가지고 있다. 그러나 평가에 있어서는 하나의 기준과 획일화된 방법을 학생에게 적용하는데, 교육

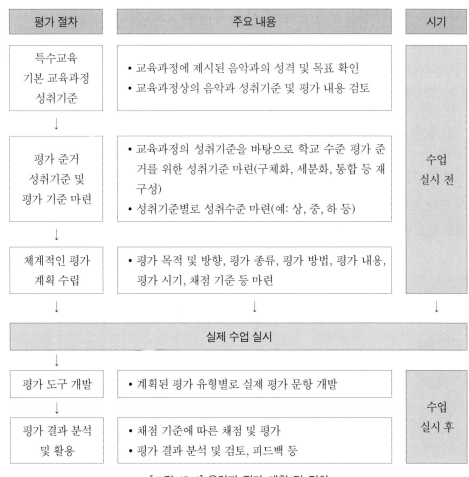

평가 절차	주요 내용	시기
특수교육 기본 교육과정 성취기준	• 교육과정에 제시된 음악과의 성격 및 목표 확인 • 교육과정상의 음악과 성취기준 및 평가 내용 검토	수업 실시 전
평가 준거 성취기준 및 평가 기준 마련	• 교육과정의 성취기준을 바탕으로 학교 수준 평가 준거를 위한 성취기준 마련(구체화, 세분화, 통합 등 재구성) • 성취기준별로 성취수준 마련(예: 상, 중, 하 등)	
체계적인 평가 계획 수립	• 평가 목적 및 방향, 평가 종류, 평가 방법, 평가 내용, 평가 시기, 채점 기준 등 마련	
실제 수업 실시		
평가 도구 개발	• 계획된 평가 유형별로 실제 평가 문항 개발	수업 실시 후
평가 결과 분석 및 활용	• 채점 기준에 따른 채점 및 평가 • 평가 결과 분석 및 검토, 피드백 등	

[그림 15-1] 음악과 평가 계획 및 절차

출처: 교육부(2015c).

적 요구가 다양한 장애학생에게도 예외는 아니다. 예를 들어, 발화·발성에 제약이 있는 장애학생에게는 '정확한 음정과 박자로 노래 부르기'보다 'AAC를 활용하여 노래 부르기' '몸으로 노래 부르기', 또는 정확한 음정과 박자가 아닌 '모음으로 부르기' 등의 학생 특성에 맞는 다양한 노래 부르기 평가 방법이 더 적합할 수 있다.

셋째, 학생의 현재 수준과 능력에 따른 차별화되고 개별화된 평가 척도와 도구를 사용하였는가? 같은 교실 안에서 함께 수업을 받고 있지만 학생의 학습능력에 따라 수용할 수 있는 학습의 양과 내용은 질적으로 차이를 보인다. 모든 수업 시간에 각 학생에게 개별화된 수업 내용을 제공할 수는 없지만, 평가는 수준별 상·중·하 기준이 아닌 개별 학생의 능력과 특성에 맞는 평가 척도와 도구가 주어져야 한다.

평가는 학생의 학습 과정 속에서 이루어져야 하며, 그 결과를 바탕으로 학생의 목표 달성 수준과 수업을 분석하고 종합하여 장애학생에게 적합한 교수·학습을 제공되어야 한다.

3) 교수·학습 평가의 유형

교수·학습 평가 유형은 평가 목적, 평가 주체, 평가 방법, 평가 관점 등의 기준에 따라 분류할 수 있으며, 이 분류는 서로 대립적인 관계가 아니라 학생의 평가를 돕는 상호보완적인 관계에 있다(강대일, 정창규, 2015).

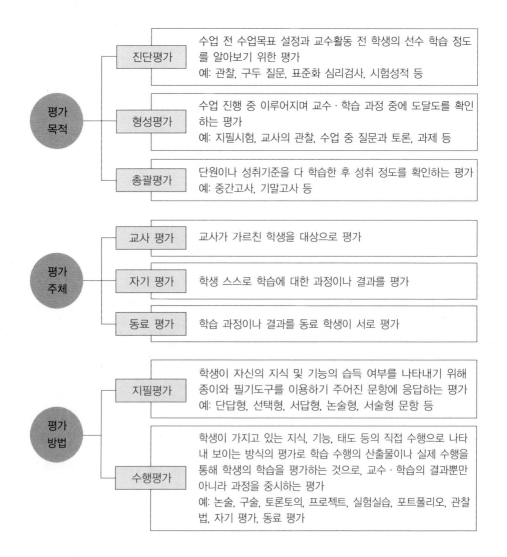

평가 목적		
	진단평가	수업 전 수업목표 설정과 교수활동 전 학생의 선수 학습 정도를 알아보기 위한 평가 예: 관찰, 구두 질문, 표준화 심리검사, 시험성적 등
	형성평가	수업 진행 중 이루어지며 교수·학습 과정 중에 도달도를 확인하는 평가 예: 지필시험, 교사의 관찰, 수업 중 질문과 토론, 과제 등
	총괄평가	단원이나 성취기준을 다 학습한 후 성취 정도를 확인하는 평가 예: 중간고사, 기말고사 등

평가 주체		
	교사 평가	교사가 가르친 학생을 대상으로 평가
	자기 평가	학생 스스로 학습에 대한 과정이나 결과를 평가
	동료 평가	학습 과정이나 결과를 동료 학생이 서로 평가

평가 방법		
	지필평가	학생이 자신의 지식 및 기능의 습득 여부를 나타내기 위해 종이와 필기도구를 이용하기 주어진 문항에 응답하는 평가 예: 단답형, 선택형, 서답형, 논술형, 서술형 문항 등
	수행평가	학생이 가지고 있는 지식, 기능, 태도 등의 직접 수행으로 나타내 보이는 방식의 평가로 학습 수행의 산출물이나 실제 수행을 통해 학생의 학습을 평가하는 것으로, 교수·학습의 결과뿐만 아니라 과정을 중시하는 평가 예: 논술, 구술, 토론토의, 프로젝트, 실험실습, 포트폴리오, 관찰법, 자기 평가, 동료 평가

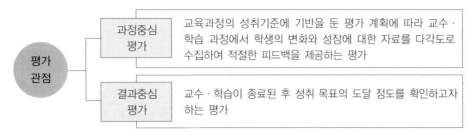

[그림 15-2] 평가 유형
출처: 강대일, 정창규(2018); 한국교육과정평가원(2017).

2. 장애학생을 위한 음악과 과정중심 평가의 실제

　평가는 학생 교육에 필수적인 요소이며, 학생의 학습 결과에 성찰과 향후 교수·학습 계획의 기초가 된다. 서열 중심의 상대적이며 결과 중심이었던 이전의 평가에서 교수·학습 과정을 중시하는 평가로 진환되기 시작했다(교육부, 2015a).

　과정중심 평가란 교육과정의 성취기준을 기반으로 한 평가 계획에 따라 교수·학습 과정에서 학생의 변화와 성장에 대한 자료를 다양한 방향에서 수집하고 적절한 피드백을 제공하는 평가이다. 학생의 지식, 기능, 태도가 어떻게 발달하고 있는지 파악을 위해 교수·학습과 연계하여 학생의 수행 과정을 평가하며 인지적·정의적 영역까지 포괄적으로 이루어진다. 또한 학생의 성장과 발달 과정을 관찰함으로써 학생의 부족한 점을 채워 주고, 우수한 점을 심화·발전시킬 수 있도록 도와준다(한국교육과정평가원, 2017).

　장애학생에게 과정중심 평가는 학생의 학습 과정의 발전과 태도 변화에 대한 자료를 수집할 수 있으며, 평가 과정에서 피드백을 제공해 줌으로써 약점을 보완해 주고 강점을 부각시킬 수 있다. 나아가 인지적인 영역을 포함해 기능, 태도, 흥미, 자세, 적성, 관심 등의 다양하고 종합적인 평가가 이루어져 개인적 요구가 다른 장애학생의 개별화교육계획(IEP)에 유용하게 활용할 수 있다.

1) 교육과정 평가기준

2015 교육과정 구성의 중점을 살펴보면, 국가수준의 교육과정을 지역의 특수성과 학교, 학급, 학생 특성을 반영하여 역량중심의 창의적 교육과정으로 재구성할수 있다. 따라서 국가수준의 교육과정 성취기준을 재구성하여 평가준거 성취기준을 만들고 그와 연계된 구체적인 교수·학습 평가 기준을 수립하여야 한다(한국교육과정평가원, 2017; 교육부, 2015a).

⟨표 15-1⟩ 초 3~4학년군 '표현' 영역 평가기준 예시

학년(군)	핵심개념	교육과정 성취기준	평가준거 성취기준		평가기준 예시
초 3~4	표현 전달	[4음01-02] 일상생활을 주제로 한 말리듬을 따라 부른다.	[4음01-02-01] 친구들의 이름을 넣어 말리듬을 따라 부른다.	가	친구들의 이름으로 말리듬을 따라 부르는가?
				나	친구들의 이름 중 한 글자의 모음으로 말리듬을 따라 부르는가?
				다	AAC를 활용하여 말리듬을 따라 부르는가?

⟨표 15-2⟩ 초 5~6학년군 '감상' 영역 평가기준 예시

학년(군)	핵심개념	교육과정 성취기준	평가준거 성취기준		평가기준 예시
초 5~6	음악의 분위기	[6음02-04] 음악을 들으며 느낌을 몸으로 표현한다.	[6음02-04-01] 만화영화 음악을 들으며 주인공의 움직임을 몸으로 표현한다.	가	영화 ⟨도리를 찾아서⟩의 음악을 들으며 '도리'의 움직임을 몸으로 표현하는가?
				나	영화 ⟨도리를 찾아서⟩의 음악을 들으며 자유롭게 움직이는가?
				다	영화 ⟨도리를 찾아서⟩의 음악을 들으며 일체의 일부분을 움직이는가?

2) 현재 수준 파악을 위한 진단평가

학년 초 1~2주는 학생을 관찰하는 시기로 교사가 학생의 전반적인 현재 수준과

흥미, 관심, 신체·인지 능력의 제한점, 강점과 약점, 음악적 기초능력 등을 파악한다. 교사는 진단평가를 시작하기 전 관찰 프로토콜(protocol)을 만들 수 있으며, 교육과정 성취기준과 음악 활동에 필요한 기초 기능, 전 학년의 음악 평가 등에 기반을 두어 작성하여야 한다. 교사의 양적·질적 진단평가를 기반으로 학생에게 적합한 개별화교육계획(IEP) 및 교수·학습 계획을 수립하고 학생의 능력과 흥미를 고려한 자료 및 교재·교구 등을 제공해 준다.

(1) 체크리스트 관찰 프로토콜

체크리스트 관찰 프로토콜은 학생의 능력이 어느 정도인지 시각적으로 파악하기 쉬우며, 교수·학습을 시작하기 전 장애학생의 사전 평가 자료로 활용할 수 있고, 학기 말이나 학년 말의 사후 평가와 비교하여 학생의 학습능력 개선 및 발달 정도를 알 수 있다.

〈표 15-3〉 체크리스트 관찰 평가(초 5~6학년군) 예시

영역		평가 내용	평가 척도
표현	표현과 전달	의성어나 의태어가 포함된 재미있는 말에 리듬을 넣어 말리듬 놀이를 할 수 있는가?(예: 할아버지♩ ♩ ♩ ♩/음매~♩ ♩ 등)	0 1 2 3 4 5
		묻고 대답하는 형태로 인사말 놀이를 할 수 있는가?	0 1 2 3 4 5
		말리듬에 따라 표정, 몸동작, 타악기로 자유롭게 표현할 수 있는가?	0 1 2 3 4 5
		몸과 주변의 물건, 타악기 등을 다양한 방법(문지르기, 긁기, 두드리기, 흔들기)으로 소리를 낼 수 있는가?	0 1 2 3 4 5
	음악의 요소	빠른 곡과 느린 곡을 집중하여 듣고 악곡의 빠르기에 따라 신체나 악기로 빠르기를 표현할 수 있는가?(예: 빠르기에 맞추어 달리거나 천천히 걷기 등)	0 1 2 3 4 5
		큰 소리와 작은 소리에 반응할 수 있는가?(예: 큰소리에 깜짝 놀라는 표정이나 몸짓, 작은 소리에 귀를 기울이며 집중하는 모습 등)	0 1 2 3 4 5
		큰 소리와 작은 소리를 목소리나 악기로 표현할 수 있는가?	0 1 2 3 4 5
		반복되는 일정박에 맞추어 손뼉을 치거나 걷거나 몸을 흔들 수 있는가?	0 1 2 3 4 5
		소리를 듣고 같은 높이로 소리를 낼 수 있는가?(높은 소리, 낮은 소리 내기)	0 1 2 3 4 5

감상	음악의 특징	자연의 소리나 생활 주변의 소리를 집중하여 들을 수 있는가?	0 1 2 3 4 5
		악기 소리를 듣고 같은 악기를 찾을 수 있는가?	0 1 2 3 4 5
		다양한 음악을 듣고 몸동작으로 자유롭게 표현할 수 있는가?	0 1 2 3 4 5
	음악의 분위기	음악을 듣고 친구 또는 교사 등 다른 사람의 동작을 모방하는가?	0 1 2 3 4 5
		음악을 듣고 자신의 느낌을 자유롭게 표현하는가?	0 1 2 3 4 5
생활화	음악과 소통	좋아하는 음악에 반응하는가? (예: 음악을 들으며 뛰거나, 춤추기, 경청하기 등)	0 1 2 3 4 5
	음악의 쓰임	놀이와 관련된 노래를 들으며 놀이에 참여할 수 있는가?	0 1 2 3 4 5

* 평가척도:
0점-측정 불가 및 참여하려는 의지나 관심을 전혀 보이지 않음; 1점-참여하려는 의지는 있으나 수행 불가(※신체적 도움 받아 참여); 2점-미흡; 3점-보통; 4점-잘함-5점-매우 잘함)

(2) 서술형 관찰 프로토콜

서술형 관찰은 학생의 음악적 재능과 능력을 평가하기보다 정의적 영역인 학생의 태도, 성격, 흥미, 관심, 강점과 약점, 학습에 방해가 되는 요소와 행동 등을 파악하고 분석한다. 또한 장애학생이 갖고 있는 어려운 점과 제한점을 파악하는 기초 자료로 활용하며 대체할 수 있는 다양한 음악 활동을 제시한다.

〈표 15-4〉 서술형 관찰 평가(초 5~6학년군) 예시

영역		평가 내용	관찰 내용
표현	표현과 전달	여러 가지 타악기, 현악기, 건반악기들 중 어떤 악기에 관심을 보이는가?	예: 에그셰이커에 관심을 보이며 자신의 귀에 대고 자유롭게 흔들어 소리를 냄
		선호하는 연주 방법은 무엇인가?	예: 탬버린을 주었을 때 흔들어서 소리를 내며 손바닥으로 치는 것을 선호하지 않음
		악기 연주 시 신체적 제약을 보이는 악기는 무엇인가? 그 기능을 대체할 수 있는 방법은 무엇인가?	예: 손과 팔에 힘이 없어 악기를 잡을 수 없으며 일반적인 캐스터네츠 대신 테이블 캐스터네츠를 사용하여 연주하는 것이 좋음
		발화·발성 및 표현 언어 정도는 어떠한가?	예: 자신의 의사나 요구를 한두 개의 낱말로 간단하게 표현할 수 있음
		노래 또는 반주에 맞추어 어느 정도 노래를 따라 부를 수 있는가?	예: 노래를 맞추어 한두 소절 정도 노래를 흥얼거릴 수 있음

음악의 요소	신체를 움직이는 데 어떤 제약이 있는가? 만일 제약이 있다면 어떤 활동으로 대체할 수 있는가?	예: 휠체어를 타는 학생의 경우, 책상이나 악기를 두드려 빠르기를 나타냄
감상	특정 소리에 민감하게 반응하거나 거부하는 행동을 보이는가?	예: 바이올린 소리나 현악기를 매우 싫어해 음악 감상 시 귀를 막는 행동을 하지만 피아노 독주 음악에 관심을 보이고 안정감을 찾음
	자신의 느낌이나 감정을 어떤 방법으로 표현하는가?	예: 기분이 좋을 때 특정 멜로디를 흥얼거리고 손뼉을 치며 뛰어다님
생활화	놀이와 관련된 활동 시 흥미를 가지고 참여하는가? 어떤 종류의 놀이에 관심을 보이는가?	예: 〈두꺼비 놀이〉를 좋아하고 노래의 일부분을 흉내 내며 따라 부르며 흥미를 가지고 친구들과 참여함
특이 사항	• ○○는 평소 물건을 자주 입에 넣는 행동을 하며 음악 시간에도 악기를 입에 넣으려고 함 • △△는 평소 음악 시간에 노래를 부르지 않고 침묵하나 가정이나 교실에서는 아이돌 노래를 좋아하고 반복되는 후렴구를 자주 따라 부름	

3) 장애학생을 위한 음악과 수행평가

　교수·학습에 어려움이 있는 장애학생에게는 학습 결과에 대한 평가보다 학습을 위한 평가, 학습으로서의 평가가 중요하다. 다양한 음악 활동의 최종 결과만이 아닌 수업 중에 이루어지는 모든 산출물과 음악 활동의 수행 과정 등을 통해 학생의 발달과 성장을 다각도로 평가할 수 있다(교육부, 2015a).

　수업에서 과정중심 평가의 방향성을 가장 잘 나타낼 수 있는 대표적인 방법은 수행평가이다(한국교육과정평가원, 2017). 특히, 학습 속도와 변화가 다소 느리고 개별적 학습 특성 및 수행능력이 일반학생과 다른 장애학생은 음악 평가에 있어 자연스러운 학습 상황에서 이루어지는 과정중심 평가가 적절하다. 음악 수업 시 장애학생에게 적용할 수 있는 수행평가 방법은 실기평가, 포트폴리오, 관찰평가, 자기·동료 평가, 프로젝트 평가 등이 있다.

(1) 실기평가

실기평가는 노래 부르기, 악기 연주하기, 음악 만들기, 감상하기 등의 음악 활동에 대한 성취도를 평가할 때 사용되며, 음악 실기 평가 시 성취기준과 목표에 따라 무엇을 어떻게 평가할 것인지 평가 영역과 기준을 미리 계획하여야 한다. 또한 하나의 활동뿐만 아니라 두 가지 이상의 활동을 통합적으로 수행하는 과정을 평가할 수도 있으며 평가자인 교사의 실기능력이나 관점 등에 따라 평가 결과가 달라질 수 있다(교육부, 2015a). 따라서 객관적인 평가가 이루어지도록 평가 기준을 명확히 하고 타당성과 신뢰도를 높일 수 있는 방법을 마련해야 한다.

〈표 15-5〉 고등 1~3학년군 실기평가 예시

단원	1단원 봄의 속삭임		제재	박자에 맞추어 〈사랑의 협주곡〉 노래 부르기		
목표	$\frac{4}{4}$박자 박자와 리듬에 맞추어 〈사랑의 협주곡〉을 부른다.					
수준별 목표	(가) $\frac{4}{4}$박자에 맞추어 〈사랑의 협주곡〉을 부른다. (나) $\frac{4}{4}$박자의 반복되는 제재곡의 후렴구를 따라 부른다. (다) $\frac{4}{4}$박자 제재곡의 반주에 맞추어 첫 음을 낸다.					
평가 시 유의점	정확한 발음이나 음정을 학생에게 강요하지 않는다.					
수준별	**평가 기준**				상	중	하
가	$\frac{4}{4}$박자에 맞추어 〈사랑의 협주곡〉을 부를 수 있는가?						
나	$\frac{4}{4}$박자의 반복되는 제재곡의 후렴구를 따라 부를 수 있는가?						
다	$\frac{4}{4}$박자 제재곡의 반주에 맞추어 첫 음을 낼 수 있는가?						

(2) 실음평가

음악의 표현 영역 중 음악 요소 영역을 평가할 때 활용한다. 장애학생은 음악을 듣고 음악의 빠르기, 높낮이, 같은 음과 다른 음 구별하기 등의 활동을 이해하기 쉽지 않으며, 말이나 글로 표현하거나 서술하는 것은 더 어렵다. 이때, 학생에게 시각적인 단서나 선택 문항을 제시해 주어 음악 요소를 이해하도록 한다.

〈표 15-6〉 실음평가 예

평가 학습지	평가 내용
• 음악을 듣고 어울리는 빠르기의 그림을 선택해 보세요.  　　(1)　　　　　　　(2)	생상스의 〈동물의 사육제〉 중 '서주'의 빠른 부분과 '백조'의 느린 부분의 음악을 들려주고 학생이 느끼고 생각하는 빠르기를 선택한다.
• 음악을 듣고 올라가는 음인지 내려가는 음인지 찾아 스티커를 붙여 보세요. 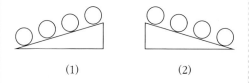 　　(1)　　　　　　　(2)	멜로디언이나 마림바 등의 건반악기로 올라가는 음이나 내려가는 음을 들려주고 알맞은 그림을 선택한 후 스티커로 붙인다(스티커 대신 도화지에 올라가는 느낌과 내려가는 느낌의 선이나 그림을 그린다).
• 2개의 음악을 듣고 같은 음악이면 같은 그림을, 다른 음악이면 다른 그림을 선택해 보세요.  　　(1)　　　　　　　(2)	주어진 2개의 음악을 듣고 같은 음악인지 다른 음악인지 구별한다(2~4마디 이하의 음악을 들려주고 비교하도록 한다).

(3) 관찰평가

일반적으로 관찰평가는 수업 시간에 학생의 태도, 음악에 대한 관심, 흥미를 평가할 때 사용한다. 그러나 장애학생의 경우 학습 성취 속도가 다소 느리고 장애로 인해 목표에 도달하기 어려운 경우가 많은데, 관찰평가는 지적 능력과 언어 표현에 어려움을 보이는 장애학생에게 보편적으로 적용할 수 있는 평가 방법이다. 또한 나이가 어리거나 지적 능력이 낮은 학생의 음악 활동을 평가하기 위해 평가 상황을 의도적으로 마련할 수 없는 경우에는 인위적인 상황이 아닌 자연적인 상황에서 관찰평가가 자주 사용된다(이은정, 2010).

관찰평가는 평가에 있어 학생의 기능적인 평가뿐만 아니라 음악 활동에 참여하는 학생의 수업 참여 태도와 자세, 흥미와 관심 등을 종합적으로 판단하여 교수·학습 활동에 실질적인 도움을 줄 수 있다. 그러나 객관성을 높이기 위해서는 평가 준거가 필요하며 교육과정 성취기준에 따른 관찰평가 기준을 마련해야 한다. 자연스러운 학습 환경에서 장애학생의 음악 학습의 결과뿐만 아니라 학습의 변화 과정도 살펴볼 수 있도록 평가를 구성해야 한다.

〈표 15-7〉 관찰평가 기록지 예시

단원	11단원 향기 따라 봄 여행 (초 5~6학년군)	제재	선율 타악기 연주하기(4차시)
성취 기준	[6음악01-06] 선율 타악기로 간단한 가락을 연주한다.		
평가 관점			
• 실로폰 연주 방법을 알고 바른 자세로 연주하는가?			
• 실로폰 연주 활동에 흥미를 가지고 적극적이며 자기주도적으로 참여하는가?			
• 실로폰 연주 활동 시 집중하여 끝까지 연주하는가?			
• 친구들과 어울려 즐겁게 연주 활동에 참여하는가?			
관찰 평가	예: ○○은 손에 힘이 없어 실로폰 채를 놓치는 경우가 종종 있으며 건반 중앙을 치기보다 모서리를 쳐서 연주함. 그러나 음악에 맞추어 실로폰 가락을 자유롭게 만들어 신나게 연주하며, 가창 수업 시 고개를 숙이고 자신감 없는 행동을 보이나 실로폰 연주 활동에는 자신감을 갖고 끝까지 참여함		

(4) 자기 평가

자기 평가(self-evaluation)란 특정 주제나 교수·학습 영역에 대해 자기 스스로 학습 과정이나 학습 결과에 대한 자세한 내용을 작성·제출하도록 하여 평가하는 것이다. 학생의 음악적 성취 수준과 흥미와 관심, 참여 태도 등을 평가한다. 이 평가 방법은 점수화하거나 양적 평가의 근거로 활용하기는 어렵지만, 학생이 자신의 흥미와 관심을 파악하고 이후 음악 활동에 적극적으로 참여하는 데 도움 자료로 활용할 수 있다(교육부, 2015a).

장애 학생 수준에 맞는 평가 방법을 고안하여 학생 스스로 자신을 평가하고 점검할 수 있는 기회를 제공해 준다.

	나에게 점수를....	해당되는 만큼 색칠하기
1	수업 활동에 적극적으로 참여하려는 태도를 보였는가?	☆ ☆ ☆ ☆ ☆
2	음악의 아름다움을 느끼며 즐겁게 수업에 참여하였는가?	☆ ☆ ☆ ☆ ☆
3	수업 중 친구들과 협력하였는가?	☆ ☆ ☆ ☆ ☆
4	수업 후 악기 정리 및 뒷정리를 하였는가?	☆ ☆ ☆ ☆ ☆
5	오늘 나의 수업에 점수를 준다면?	☆ ☆ ☆ ☆ ☆
6	가장 즐거웠던 활동은?	_____
7	무엇을 잘하게 되었나요?	_____
8	가장 어려웠던 활동은?	_____
9	오늘 활동 중 칭찬할 점은?	_____

● 오늘 음악 시간! 나의 모습을 찾아보세요.

[그림 15-3] 자기 평가표 예시

(5) 포트폴리오 평가

포트폴리오란 "일정 기간 교사와 학생이 세운 목적과 평가 기준에 의해 교사나 자신, 동료 등이 평가된 작품을 수집한 것"(남경숙, 2008)으로 음악 수업 활동과 관련된 결과물 등을 활용한 종합적인 평가 방법이다. 평가 방법으로 음악 활동과 관련된 작품, 음악 감상록, 동영상, 사진, 그림, 일지, 감상문, 기타 기록물들이 포함된다.

포트폴리오 평가를 통해 학생은 학습 과정 및 성장 과정을 인식하고 학습에 대한 결과물을 시각적으로 확인할 수 있다.

봄 음악 감상하기 – 봄이 오는 소리 – (초 3~4학년군 음악 교과서 내용 중)	노랫말 바꾸기 (초 3~4학년군 음악 교과서 내용 중)	셈여림 카드 만들기 (고등 1~3학년군 음악 교과서 내용 중)
	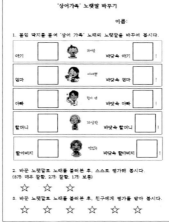	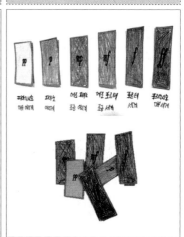

[그림 15-4] 포트폴리오 평가 예시

(6) 프로젝트 평가

프로젝트 평가란 학습할 가치가 있는 특정 주제를 선정하고 소집단·대집단의 학생들이 서로 협력하고 주어진 문제를 능동적으로 해결해가는 과정의 결과물을 평가한다(한경화 외, 2019). 프로젝트 학습은 개인 또는 동료와 집단을 구성하고 주어진 학습 과제를 해결하기 위해 노력하는 과정에서 학습이 이루어지는데, 장애학생에게 다소 어려운 활동으로 여겨질 수 있다. 반면에 새로운 시도로 학생에게 다채롭고 신선한 경험을 제공해 줄 수 있다. 친구와의 협업을 통해 '음악극'이나 '테마가 있는 연주회' 등을 준비하여 발표회 시간을 갖는 것도 의미 있는 프로젝트 학습의 성과물로 평가될 수 있다.

〈표 15-8〉 고등 1~3학년군 프로젝트 평가 예시

프로젝트명	창극 〈흥부전〉 공연하기
단원	5단원 '이야기를 담은 음악'
목표	이야기에 역할을 나누어 창극의 한 장면을 표현한다.
성취 기준	[12음01-07] 이야기의 장면에 어울리는 소리를 다양한 악기로 연주한다. [12음02-03] 여러 나라의 음악을 감상하며 곡의 분위기에 맞게 신체표현을 한다. [12음02-06] 짧은 이야기를 음악극으로 만들고 재활용 악기나 효과음 악기를 이용해 표현한다. [12음03-01] 학교 및 학급 발표회에서 노래를 부르거나 악기를 연주한다. [12음03-02] 공연 예절을 지키며 음악회를 관람한다.
방법	– 이야기 장면에 어울리는 효과음 만들기 – 역할 나누기(해설가, 흥부, 흥부 아내, 아이들) – 소품 만들기 및 준비하기(박 만들기, 가면 색칠하기, 톱 만들기, 엽전 준비하기 등) – 대본 및 동작 연습하기 – 학급이나 모둠별로 공연하기
평가 기준	• 모든 학생이 모둠의 일원으로 프로젝트 활동에 함께 참여하였는가? • 〈흥부전〉에 등장하는 인물 중 자신이 담당하는 대사 또는 노래를 따라 부를 수 있는가? • 〈흥부전〉에 등장인물의 동작을 따라할 수 있는가? • 창극에 필요한 준비물을 함께 준비할 수 있는가? • 다른 모둠 발표 시 공연 관람 시 지켜야 할 예절을 알고 지킬 수 있는가?

(7) 종합적 수행평가의 예

목표한 성취기준에 도달하기 위해 학생은 수업 중 다양한 음악 활동을 하며 그에 따른 다각적인 음악 수행평가가 이루어져 한다. 하나의 성취기준을 이루기 위해 여러 가지의 다양한 활동을 하거나, 하나의 교수 · 학습 활동이 여러 가지 성취기준을 충족시키기도 한다.

기본 음악 교육과정에 제시된 표현, 감상, 생활화 등의 성취기준과 교수 · 학습 활동이 각자 독립적이고 분리된 내용이 아닌 서로 유기적인 관계에 있으며, 따라서 학습에 대한 평가도 각각의 성취기준의 분리적인 평가보다는 종합적이고 통합적인 평가가 이루어져야 한다.

〈표 15-9〉 초 5~6학년군 수행평가 예시

학교	초등학교		학년군	초 5~6	단원	1단원 꿈꾸며 앞으로
성취기준	표현					

학교	초등학교	학년군	초 5~6	단원	1단원 꿈꾸며 앞으로
성취기준	표현	[6음악01-01] 동요와 전래 동요를 듣고 따라 부른다. [6음악01-04] 묻고 답하는 형태의 말 리듬을 만들어 부른다.			
	감상	[6음악02-04] 음악을 들으며 느낌을 몸으로 표현한다.			
	생활화	[6음악03-01] 상황에 어울리는 음악을 찾아서 듣는다.			
평가 방법	실기평가: Pr / 실음 평가: L / 관찰 평가: W / 자기평가: S / 포트폴리오 평가: Po / 프로젝트평가: Pj				

영역	성취기준	평가 기준	평가 방법
표현	[6음악01-01]	(상) 동요와 전래 동요를 듣고 따라 부를 수 있는가?	W, Pr, S
		(중) 동요와 전래 동요 노래 중 일부분을 듣고 따라 부를 수 있는가?	
		(하) 동요와 전래 동요 노래 중 3마디 이상 또는 반복되는 음을 듣고 따라 흥얼거릴 수 있는가?	
	[6음악01-11]	(상) 4박자 말리듬을 만들어 묻고 대답할 수 있는가?	W, Pr, S
		(중) 교실에서 나는 소리를 리듬으로 표현할 수 있는가?	
		(하) 말리듬을 소리 대신 몸이나 악기로 표현할 수 있는가?	

감상	[6음악02-04]	(상) 〈라데츠키 행진곡〉의 분위기 변화를 알고 분위기에 맞추어 신체표현을 할 수 있는가?(a-b-a 부분으로)	L, W, J
		(중) 행진곡 분위기에 맞추어 걷거나 자유롭게 자신의 신체를 표현할 수 있는가?(a-b-a부분으로)	
		(하) 행진하는 분위기 부분에 맞추어 걷거나 몸을 움직일 수 있는가?(a 부분)	
생활화	[6음악03-01]	(상) 기분 좋을 때 듣는 음악이나 노래를 찾아 목록을 작성할 수 있는가?	W, Po, Pj
		(중) 자신이 좋아하는 노래를 선곡할 수 있는가?	
		(하) 친구들이 선곡한 노래를 함께 감상할 수 있는가?	

🔆 생각 넓히기

1. 장애학생의 음악 수업에 적합한 과정중심평가 방법을 생각해 봅시다.

2. 음악수업 평가 방법과 결과 활용 방안에 대해 이야기해 봅시다.

⊕ 참고문헌

강대일, 정창규(2018). 과정중심평가란 무엇인가. 서울: 에듀니티.

교육과학기술부(2009). 2009개정음악과 교육과정. 초·중등학교 교육과정 총론. 서울: 교육과학기술부.

교육부(2015a). 특수교육 교육과정 총론 (교육부 고시 제2015-81호 [별책 1]).

교육부(2015b). 2015 특수교육 기본 교육과정 [음악] (교육부 고시 제2015-81호 [별책 3]).

교육부(2015c). 특수교육 기본 교육과정 3~4학년군 음악 교과서 및 지도서.

남경숙(2008) 포트폴리오를 적용한 음악과 수행평가 도구 개발-초등학교 3학년을 중심으로-.

민경훈, 김신영, 김용희, 방금주, 승윤희, 양종모, 이연경, 임미경, 장기범, 조순이, 주대창, 현경실(2014). 음악교육학 총론. 서울: 학지사.

승윤희, 민경훈, 양종모, 정진원(2013). 예비교사와 현장교사를 위한 초등 음악교육. 서울: 학지사.

이경언, 장근주, 권현정, 길지희, 김미숙, 정진원, 최문정, 최은아(2016). 2015개정 교육과정에 따른 초·중학교 음악과 평가기준 개발 연구. 한국교육과정평가원 연구보고 CRC 2016-2-10.

이경언, 장근주, 박지현, 최은아, 권현정, 노혜정, 송주현, 곽태훈, 유명국, 강세연, 김지현, 모정미, 강민선, 양은주(2012). 2009 개정 교육과정에 따른 음악과 성취기준 및 성취수준 개발 연구. 한국 교육과정평가원 연구보고 CRC 2012-9.

이은정(2010). 초등학교 3, 4학년 음악 수업에서 평가도구 개발. 한국교원대학교.

조성기, 장기범, 민경훈, 이상원, 함명희, 김한순(2009). 2007 개정 교육과정에 따른 음악과 성취기준과 평가기준 개발 연구. 한국교육과정평가원 연구보고 CRC 2009-13.

최은아(2019). 초등학생의 회복탄력성 신장을 위한 음악과 교육 프로그램 개발 및 효과. 초등교육연구, 32권 2호, pp. 51-73.

한경화, 김새봄, 정명철, 정혜원, 김영미, 김혜리(2019). 개별화교육계획-교육과정-수업과 연계한 특수교육과정중심 평가. 경기: 교육과학사.

한국교육과정평가원(2017). 과정을 중시하는 수행평가 어떻게 할까요? (주)한솔애드컴.

홍미영, 김미경, 김수진, 김희경, 남민우, 박은아, 상경아, 송미영, 이승미, 이용상, 박제윤, 문진, 최유경(2012). 2009 개정 교육과정에 따른 성취기준 및 성취수준 개발 연구(II) -교육과정 분석 및 성취기준 개발-. 교육과학기술부·충청남도교육청.

제3부
넓히기

제16장

음악 중심 융합 교수 · 학습 방법

한선영

교사는 음악 중심의 융합교육에 대해 고민하고 실천하는 방법에 대해 지속적으로 연구하고 적용해야 한다. 다양한 학문 분야의 지식과 더불어 예술적 소양을 갖춘 미래형 인재를 양성하는 것은 장애학생을 가르치는 특수교육에서도 중요하다. 이 장에서는 음악 중심 융합교육의 의의를 알아보고 특수교육의 관점에서 음악 중심 융합교육의 형태와 실제를 살펴봄으로써 음악 중심 융합교육에 대한 개념과 실제를 정립하고자 한다.

1. 음악 중심 융합교육의 의미

1) 융합교육의 의미

'융합(融合)'의 사전적 의미는 "둘 이상의 사물을 서로 섞거나 조화시켜 하나로 합함"(표준국어대사전)으로 교육에서는 '통합'과 혼용되어 사용되어 왔으나 최근에는 통합교육의 여러 의미(예: 초등학교 1, 2학년의 통합교과, 특수교육에서의 통합교육)와 구별되는 의미로 융합교육이 많이 사용되고 있다. 융합교육(STEAM)은 과학(Science)과 기술(Technology), 공학(Engineering), 수학(Mathematics)을 종합적으로 교육하는 STEM에 예술(Art)을 추가하여 과학·기술·공학·수학 지식과 더불어 예술적 소양을 갖춘 미래형 인재로 양성하는 교육을 의미한다(양종모, 2013). 따라서 융합교육은 미래 사회가 요구하는 자율적·창조적 지식을 지닌 창의적 인재, 즉 융합형 인재의 양성을 위한 교육이라고 말할 수 있다.

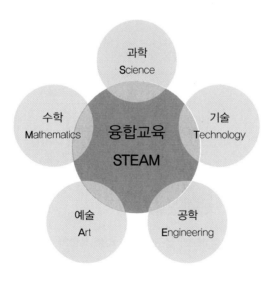

[그림 16-1] 융합교육의 개념

2) 음악 중심 융합교육

(1) 음악 중심 융합교육의 의의

음악 중심의 융합교육의 의의는 주지 교과 위주의 학교 교육에 지친 학생을 예술 기반의 교육 활동에 참여하게 하여 학습의 위기에서 벗어나서 자신감과 소속감을 배우고 공동체 의식을 고취하며, 학습에 적극적으로 참여하도록 촉진하는 데에 있다(양종모, 2013).

융합교육에서는 지식을 분절된 것이 아닌 통합된 결정체로 바라보고 있다. 융합을 바라보는 접근법에서 가장 대표적인 구분은 드레이크(Drake, 2012)의 구분이다. 드레이크는 융합을 크게 다학문적(multidisplinary), 간학문적(interdisplinary), 탈학문적(transdisciplinary)으로 구분하고 설명한다. 첫째, 다학문적 융합은 음악 교과와 다른 교과 간의 융합을 의미한다. 둘째, 간학문적 융합은 공통의 주제를 중심으로 과목 간의 융합을 하는 것을 뜻한다. 셋째, 탈학문적 융합은 실생활에 교과가 융합되는 것, 학생과 지식의 관련성을 파악하여 학문의 경계를 없애고 새로운 영역으로 융합되는 것을 말한다(양소영, 2015).

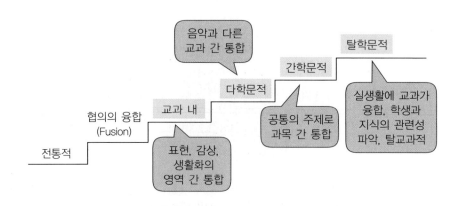

[그림 16-2] 접근 방법에 따른 통합의 위계

출처: Drake(2012).

2015 음악과 교육과정에는 음악 중심의 융합교육을 위한 표현들이 있다. 대표적으로 '연계'라는 표현이다. 음악 활동의 '유기적 연계' '영역별 연계' '다른 교과와의 연계' '학교급별 연계' 등의 연계성을 고려한다는 것에서는 학생이 음악 학습을 통

해서 포괄적이고 종합적인 이해를 하고 전인적인 발달을 할 수 있도록 계획해야 함을 명시한 것이다.

2015 특수교육 기본 교육과정도 공통 교육과정 음악과와 같은 맥락으로 타 교과와의 연계 및 실생활의 적용, 사회와 문화와의 연관성을 강조했다. 이는 다양한 문화적 배경과 상황에서 음악을 접함으로써 학생의 수준에 알맞은 음악적 경험을 제공하고 음악적 지식과 활동이 유기적으로 연계되도록 가르쳐야 함을 나타낸다. 음악에서 이루어지는 활동은 음악 교과뿐만 아니라 타 교과, 실생활과 연계됨으로써 학생의 음악적 정서를 표현하고 음악적 이해를 심화시키며 문화적 소양을 향상할 수 있다.

'음악'을 중심으로 한 다른 예술 영역 및 교과와의 연계는 음악이 가지고 있는 다양한 특성을 활용하여 학생의 음악 지식을 심화시키고 흥미를 불러일으키며 학습 경험을 확장시킨다.

첫째, 음악과 춤, 미술, 연극, 영화, 문학 등 다른 예술 영역과의 연계는 다른 예술의 표현 수단과의 결합을 통해 음악적 정서를 표현하고 다양하게 소통하는 방법을 배우도록 함으로써 학생의 문화적 소양을 높일 수 있도록 해 준다. 특히 음악과 다른 예술을 결합하는 과정에서 음악만이 가지고 있는 고유한 특성을 발견하고 음악에 대한 이해를 심화시킬 수 있다.

둘째, 음악과 다른 교과와의 연계를 통하여 음악이 가지고 있는 인문·사회·자연과학적인 특성들을 발견함으로써 음악에 대한 시각을 확장시키고, 관련 과목에 대한 학습 효과를 증대시킬 수 있다.

출처: 교육부(2105).

(2) 음악 중심의 융합교육의 기준

융합교육의 관점으로 교육활동을 제공하기 위해서는 교육활동이 실생활의 문제해결과 연결되어야 하며, STEAM의 교과, 요소를 포함해야 한다. 음악 중심의 융합교육의 기준, 음악 중심의 융합교육의 형태를 살펴봄으로써 음악 중심의 융합교육을 이해할 수 있다. 음악 중심의 융합 수업은 학생의 실생활과 연계되고 흥미를 고려하며 융합적 사고력을 배양할 수 있어야 한다. 한국과학창의재단에서 제시한 융합교육의 기준에 따라 음악 수업을 아래와 같이 분류할 수 있다(신재한, 2013).

〈표 16-1〉 융합교육의 기준과 음악 수업

융합교육 기준에 적합한 음악 수업	융합교육 기준에 적합하지 않은 음악 수업
• 학생의 미래를 준비하는 음악 수업	• 교과별로 분리된 음악 수업
• 관련 교과가 연계되고 융합되는 음악 수업	• 단원마다 분절된 음악 수업
• 연속적으로 연계되고 이어지는 음악 수업	• 교과서에만 의존하는 음악 수업
• 다양한 자원을 활용하는 음악 수업	• 지식 습득 위주의 음악 수업
• 체험, 지식 활용, 문제해결 위주의 음악 수업	• 원리를 전달받는 음악 수업
• 원리를 깨우치는 음악 수업	• 학문적 개념에 집중하는 음악 수업
• 실생활 문제를 해결하기 위한 음악 수업	• 주어진 문제에 답하는 음악 수업
• 문제를 정의하는 음악 수업	• 학생의 관심이 배제된 음악 수업
• 학생의 실생활에 연계된 음악 수업	• 학생의 참여가 제한된 음악 수업
• 창의적 아이디어가 드러나는 음악 수업	• 똑같은 정답을 요구하는 음악 수업
• 다양한 학습 결과물이 산출되는 음악 수업	• 학생이 독립적으로 혼자 학습하는 음악 수업
• 학생이 서로 협력할 수 있는 음악 수업	• 학생과 교사의 상호작용이 제한된 음악 수업
• 학생과 교사가 상호작용하는 음악 수업	• 교사 1인이 책임지는 음악 수업
• 교사가 협력하여 준비하고 실행하는 음악 수업	• 교사가 가르치는 음악 수업
• 교사가 안내하는 음악 수업	• 강의 중심의 음악 수업
• 프로젝트형 음악 수업	• 결과가 강조되는 음악 수업
• 문제해결 과정이 강조되는 음악 수업	• 원인을 알아가는 음악 수업
• 방법을 찾아가는 음악 수업	

출처: 신재한(2013)의 내용을 재구성함.

(3) 음악 중심의 융합교육의 형태

특수교육에서 음악 중심의 융합교육은 다양한 형태로 이루어질 수 있다. 첫째, 교과 내의 융합으로 음악 교과와 기본 교육과정 음악 교과의 세부 영역인 표현, 감상, 생활화 영역을 통합한 음악 교과 내의 영역 통합 수업이 있다. 둘째, 한 가지 주제를 중심으로 음악 교과와 타 교과를 융합하여 효율적으로 해당 주제를 학습하기 위한 교과 간의 융합이 있다. 셋째, 학교에서 이루어지는 교과 외 교육활동과 음악 교과와의 융합이 있다. 마지막으로, 특수교육적인 특성을 고려한 음악 교과와 치료의 융합을 들 수 있다. 드레이크의 분류를 바탕으로 특수교육 관점에서 음악교육의 융합을 정리하면 [그림 16-3]과 같다.

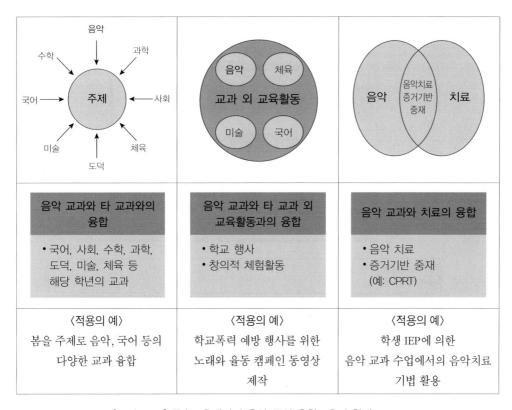

[그림 16-3] 특수교육에서의 음악 중심 융합교육의 형태

2. 음악 교과 중심 융합 수업

1) 음악 교과와 타 교과와의 융합

　음악 교과는 주제에 따라 다양한 교과와 융합이 가능하다. 교육과정의 주제에 따라 융합을 하거나, 교사용 지도서에 제시된 단원의 연계와 단원의 지도계획을 참고하여 해당 학년의 타 교과와 융합하여 수업을 할 수 있다. 예를 들어, 기본 교육과정 초등학교 3~4학년군 음악 나권의 11단원에서 '주변 물건으로 리듬 표현하기' 제재는 동학년군 과학 '여러 가지 재료로 물체 만들기' 제재의 '악기 만들고 놀이하기' 활동과 융합하여 새롭고 재미있는 음악 교과 중심의 융합으로 재구성될 수 있다.

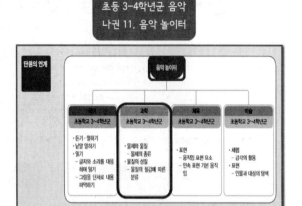

초등 3~4학년군 음악
나권 11. 음악 놀이터

재재명	차시	쪽수	학습 활동	교과서 쪽수
신체와 물건으로 리듬 표현하기 (리듬 랩)	1	2	· '리듬 랩'을 노래 부르기 · 입으로 낼 수 있는 소리를 찾아 표현하기 · 다양한 악기와 물체로 리듬 표현하기	34~35쪽
주변 물건으로 리듬 표현하기	2	2	· 생활 주변의 물건의 소리 탐색하기 · 생활 주변의 물건으로 리듬 표현하기	36~37쪽
말 리듬을 만들어 타악기로 표현하기 (시계)	3	2	· 일정박에 맞춰 노래 부르기 · 시계 소리 말 리듬을 만들어 표현하기 · 말 리듬에 어울리는 타악기로 표현하기	38~39쪽
음악을 들으며 몸으로 표현하기 (시계포)	4	2	· 가락의 움직임을 느끼며 감상하기 · 음악을 들으며 몸으로 표현하기	40~41쪽
다양한 타악기로 시계 소리 표현하기	5		· 다양한 타악기로 시계 소리 표현하기 · 시계를 표현한 곡을 찾아 친구들과 감상하기	
노랫말에 어울리는 신체 표현하기 (우리 모두 다함께)	6	1	· 노랫말에 어울리는 신체 표현하기 · 노랫말을 바꿔 노래 부르고, 친구와 함께 신체 표현하기	42쪽
자진모리장단을 치며 노래 부르기	7	2	· 자진모리장단을 치며 '청어엮자' 노래 부르기 · 주는 소리와 받는 소리를 구분해 악기와 물체로 장단 표현하기	43~44쪽
청어엮자 놀이하기	8		· '청어엮자' 놀이 순서를 익혀 표현하기 · 친구들과 '청어엮자' 놀이하기	

[그림 16-4] 음악 교과와 타 교과와의 융합 예시

출처: 교육부(2017d).

    음악 교과와 타 교과의 융합 사례에 대한 예시를 살펴보려면 융합 수업에서 흔히 볼 수 있는 융합적 요소인 'STEAM 과목 요소'를 알아야 한다. 구체적으로 S는 과학적 요소를 의미하고, T/E는 기술적 요소를 의미하고, A는 예술적 요소, M은 음악적 요소를 의미한다.

    기본 교육과정 초등학교 3~4학년군 음악 나권의 11단원에서 '주변 물건으로 리듬 표현하기' 제제와 동학년군 과학 '여러 가지 재료로 물체 만들기' 제제의 융합의 예를 살펴보면 [그림 16-5]와 같다.

프로그램명	생활 주변의 물건
적용 학년/학기	4학년 2학기
관련 과목	음악, 과학

1. 주제 및 제작 의도

이 수업은 '생활 주변의 물건'이라는 주제는 생활 주변 속에서 익숙하게 들었던 소리를 들어 보고 탐색하는 과정을 통해 음악을 자연스럽고 즐겁게 받아들이며 쉽고 즐겁게 이해하는 데에 중점을 둔다. 주요 활동으로는 여러 가지 물체의 특징 중 질감에 따른 성질을 오감을 통해 탐색하고 관찰하기, 몸이나 주변 물건으로 소리 표현하기, 여러 가지 타악기로 생활 주변의 소리 나타내기, 친구들과 함께 음악에 어울리는 놀이 활동하기가 있다. 이 수업을 통해 학생들은 주변 사물에 대한 관심을 확장하고 음악적 상상력을 키우며 과학적 호기심을 충족시킬 수 있을 것이다.

2. 학습 목표

1) 내용 목표

　(1) 여러 가지 물체의 다양한 질감을 알고 탐색하며 관찰할 수 있다.

　(2) 주변 물건의 소리를 탐색하고, 리듬을 연주할 수 있다.

　(3) 친구들과 함께 주변 물건으로 합주를 할 수 있다.

2) 과정 목표

　(1) 생활 주변의 물질을 탐구하고 생활에 맞게 적용할 수 있다.

　(2) 악기를 만들고 스스로 또는 친구들과 함께 어울려서 연주할 수 있다.

3. STEAM 과목 요소

- S: 물질의 성질
- T/E: 매체 활용하기
- A: 생활 주변 물건으로 악기 만들기, 악기 연주하기
- M: 말 리듬으로 수 세기

[그림 16-5] 음악 교과 중심 융합 수업 예시

출처: 교육부(2017a, 2017b, 2017c, 2017d).

2) 음악 교과와 교과 외 교육 활동과의 융합

음악 교과와 교과 외의 교육활동과의 융합은 주로 주제 중심으로 이루어질 것이며, 창의적 체험활동 시간을 주로 활용하게 될 것이다. 창의적 체험활동은 제한된 교과 시간에서는 성취하기 어려운 구체적인 체험과 실천을 통해 교육목표를 이룰수 있으며, 수업에서 배운 내용이 실생활 맥락에서 활용될 수 있는 실천적인 지식을 형성할 수 있다. 이때 교과와 창의적 체험활동의 공통된 주제를 도출하고 실천적인 교과의 지식과 기능을 고려하여 교과와 창의적 체험활동을 주제 중심으로 통합하는 것이 일반적이다.

음악 교과와 교과 외의 교육활동 융합의 예를 들면, '학예회' 행사는 교과 외의 교육활동으로 편성된다. 이때 학예회라는 주제로 여러 교과에서는 간학문적 융합이 이루어진다. 음악 교과에서는 학예회에서 부를 노래를 연습하고, 미술 교과에서는 학예회를 꾸미고 돋보일 다양한 만들기가 이루어진다. 체육 교과에서는 의식에 필요한 다양한 신체 활동을 준비하고, 국어 교과에서는 학예회를 초대하는 편지 쓰기를 할 수 있다.

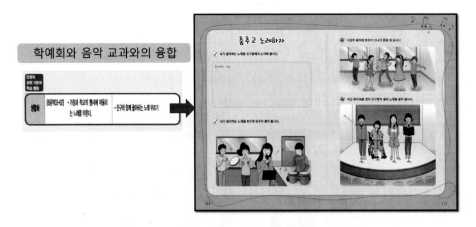

[그림 16-6] 음악 교과와 교과 외 교육 활동의 융합 예시

출처: 교육부(2019).

〈표 16-2〉 음악 교과와 교과 외 교육 활동의 융합

구분	교육 활동	내용
학교 행사	입학식	행사 노래 배우기, 음악에 맞추어 신체표현하기
	졸업식	
	운동회	
	음악회	음악회 연습하기, 노래 부르기, 악기 연주하기, 감상하기
	연극, 뮤지컬 공연하기	공연 연습하기, 음악 준비하기
	학교 신문 만들기	음악 감상문, 음악회 소개 등 글쓰기
창의적 체험활동	동아리 활동	노래 부르기, 노래 감상하기
	봉사활동	악기 연주하기, 공연하기
계기 교육	명절(설, 추석)	명절(설, 추석) 노래 배우기, 강강술래 놀이하기(덕석 몰기, 대문 놀이, 남생이 놀이, 청어 엮기 등)
	어버이날	어버이날 관련 노래 배우기
	학교폭력 예방 교육	노랫말에 어울리는 그림 그려서 뮤직비디오 만들기

3) 음악 교과와 치료의 융합

(1) 음악치료

음악치료는 다양하게 정의될 수 있는데, 대표적으로 브뤼시아(Bruscia, 1989)는 음악치료를 "치료사가 음악적 경험과 관계들을 통해 역동적인 변화의 힘으로 발전시켜 내담자의 건강을 달성하도록 돕는 체계적인 중재의 과정"이라고 정의했다. 또한 미국음악치료협회(American Music Therapy Association: AMTA)는 "인증된 음악치료 프로그램을 완료한 자격을 갖춘 음악치료 전문가가 개별화된 치료 목표를 달성하기 위해서 임상 상황에서 증거 기반의 음악 중재를 활용하는 것"으로 음악치료를 정의한다.

음악치료는 음악을 임상적 목적으로 활용하는 응용학문의 하나로 음악, 심리학, 특수교육, 의학 등 다양한 인접 학문과의 협업과 연계가 필요한 분야이다. 장애학생의 음악치료는 학교 또는 학교 밖 외부의 기관에서 이루어질 수 있다. 음악치료를 통해 장애학생은 현재의 심리적·정서적 문제 및 부적응을 해결하고 미래의 문제를 예방하여 신체적·정서적·사회적 안녕을 유지할 수 있다. 음악치료는 여러

분야와 협업하여 이루어지는데, 장애학생의 음악교육에서도 학습에 직접적인 도움을 제공하거나 의사소통능력 발달의 촉진, 사회성 및 신체 발달 등의 측면에 활용되어 왔다. 음악치료의 기법은 수용적 기법(감상적 경험), 작곡기법, 즉흥기법, 재창조기법의 4가지 기법으로 나눌 수 있다(Wheeler, 2019). 음악치료의 적용 영역은 [그림 16-7]과 같이 교육적 영역, 심리 · 치료적 영역, 의료 · 재활 영역이 있다.

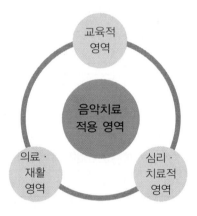

[그림 16-7] 음악치료의 적용 영역

장애학생은 개별화교육계획(IEP)에 따른 교육목표에 따라 음악치료적 접근이 필요할 수 있다. 음악치료와 음악교육의 접근 방식은 치료인가, 교육인가에 따라 나뉜다(Mawby, 2015). 음악치료는 주로 개인을, 음악교육은 주로 집단을 다룬다. 음악치료와 음악교육의 교차점은 [그림 16-8]과 같다.

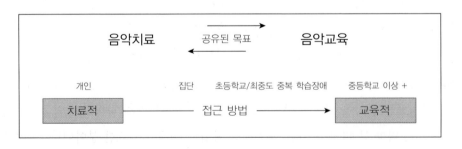

[그림 16-8] 음악치료, 학교 내의 음악교육에 대한 접근 방식과 교차점
출처: Mawby (2015).

(2) 음악과 증거기반 중재의 융합(CPRT를 중심으로)

음악과 증거기반 중재의 융합의 예는 다양하다. 그중에서 학급 단위에서 활용할 수 있는 대표적인 증거기반의 중재로 교실 중심축 반응 교수(Classroom Pivotal Responses Training: CPRT)를 들 수 있다. CPRT는 자폐학생의 교육적 요구를 충족시키기 위한 개별적 교수 상황에서의 중재인 중심축 반응 훈련(Pivotal Responses

단서	학생의 주의집중 단서를 제공하기 전에 학생이 주의집중을 했는지 확실히 하기 명확하고 적절한 교수 학생의 발달 단계 또는 바로 앞 단계에서 명확하고 적절한 단서 제공하기 쉬운 과제와 어려운 과제(유지/습득) 동기유발을 촉진하기 위해서 쉬운 과제와 어려운 과제 섞어서 제공하기 주도권 공유(학생의 선택/번갈아 가며 하기) 학생의 주도를 따름으로써 주도권을 공유하고 활동, 자료를 학생이 선택할 수 있도록 하며, 학생과 교사가 주도권을 번갈아 가며 바꾸기 다양한 단서(주의집중 폭 넓히기) 이해의 폭을 넓히기 위한 다양한 자료 활용, 다양한 개념의 예시를 활용하기 학습 자료의 다양한 관점에 주의를 기울이도록 학생이 반응할 기회를 제공하기
	학생의 행동 또는 반응
반응	직접 강화 활동 또는 행동과 직접적인 관련이 있는 강화 제공하기 유관된 후속 결과(즉각적이고 적절한) 학생의 반응에 근거한 즉각적인 결과 제공하기 시도에 대한 강화 학생이 미래에 다시 시도하는 것을 장려하기 위해 좋은 시도에 대해 보상하기

[그림 16-9] CPRT의 구성요소

출처: Stahmer (2011).

Training: PRT)의 구성 요소를 교실 환경에 적용한 중재이다. 본래 자폐학생의 교육적 요구를 충족시키기 위해 개발되었으나 현재는 발달장애, 지적장애 등 다양한 장애학생에게 적용되는 증거기반의 중재로 음악과 수업에도 활용된다. CPRT를 활용한 음악 수업은 학생이 즐겁게 참여하는 가운데 학생의 의사소통, 놀이, 사회성, 학습 기술을 가르칠 수 있으며, 학습한 기술의 습득과 일반화를 촉진하는 장점을 지닌다. 학생이 수업에 흥미를 느낄 수 있도록 학생이 좋아하는 주제나 활동으로 동기를 유발하는 것은 CPRT의 핵심 요소이다. 따라서 선호도 평가를 통해서 학생이 좋아하는 게 무엇인지 확인하고 그것을 정적 강화제로 제공하는 것이 중요하다. CPRT는 학생 중심의 중재이고, 재미있고, 다면적이고, 융통성이 있으며 효과적이다(Stahmer, 2011).

(3) CPRT 적용 교수 · 학습 과정안의 실제

CPRT 음악 수업은 적용하는 학생에 따라, 환경에 따라 다양하게 변형할 수 있다. CPRT의 구성 요소(주의집중, 유지/습득 과제, 선택권 제공, 강화, 주도권 공유, 다양한 단서에 대한 반응, 공감, 자기주도, 자기관리)를 포함한 음악과 교수 · 학습 과정안의 예시는 다음과 같다.

〈표 16-3〉 CPRT의 구성 요소를 포함한 음악과 교수 · 학습 과정안의 예

수업 일시	20○○. 07. 07.		지도 대상	초 3-○	장소	초 3-○교실
주제 (차시)	노래 부르며 빠르기 표현하기(1/2) 제재곡: 〈수박파티〉				수업자	○○○
학습 목표	노랫말에 어울리는 빠름과 느림을 신체로 표현하기					
준비물	상어가족 머리띠, 수박 모양 학습자료, 전자저작물, 수박					
단계	학습 요소	학습 내용	교수 · 학습 활동		CPRT 요소	
도입	학생 집중	학습 목표 인지	• 전 차시 학습 상기 - 기습곡 〈상어가족〉 노래 부르기 - 좋아하는 상어가족 머리띠 찾기 - 노래를 몸으로 표현하고 노랫말 바꾸어 불러 보기 - '상어가족' 그림 퍼즐 완성하기 • 학습 목표 확인		• 학생의 주의집중 • 시도에 대한 강화 • 선택권 제공 • 유지/습득 과제 • 자연스러운 강화	

전개			• 제제곡 익히기 　– 〈수박파티〉 동영상을 보고 제재곡을 빠르게 　　또는 느리게 반복해서 부르기 • 노래 들으며 수박 모양 학습 자료 만들기 　– 수준(가, 나)에 따라 다양한 단서를 제공하여 　　수박 모양 학습자료 만들기 • 서로의 수박 보고 '내 수박 어떤가요?' 　– 노래 부르며, 질문 주고받기 --- • 내 수박 어떤가요? • 그 수박 참 멋져요/맛있게 보여요/훌륭해요. • 내 수박 참 멋져요/맛있게 보여요/훌륭해요.	• 유지/습득 과제 • 다양한 단서에 대한 　반응 • 공감
	표현 방법 탐색	음악 요소 표현	• 함께 동작 만들기 　– 노랫말에 어울리는 동작 함께 만들기 • 신체표현 시범 보고 따라 하기 　– 교사 또는 친구의 동작 따라 하기 　– 노래 들으며 신체표현 따라 하기	• 자기주도 • 주도권 공유 • 유지/습득과제
	창조적 표현	창의적 신체 표현	• 노래 들으며 즉흥적으로 신체표현하기 　– 친구들 앞에서 노래를 부르며 신체표현하기	• 자기주도
정리	내면화	학습성찰	• 노래를 빠르기로 표현한 소감을 말하기 • 자기 평가/상호 평가하고, 수박 먹기	• 자기관리 • 자연스러운 강화
평가 내용	1) 노래를 듣고 빠르게 또는 느리게 따라 부를 수 있는가? 2) 노랫말에 어울리는 신체표현으로 빠름과 느림을 표현할 수 있는가?			

💡 생각 넓히기

1. 음악 중심 융합교육의 개념과 의의를 설명해 봅시다.

2. 특수교육에서의 음악 중심 융합교육의 형태에 대하여 토론해 봅시다.

3. 교실 중심축 반응 교수(CPRT)의 구성 요소와 음악과 적용에 대하여 이야기해 봅시다.

⊕ 참고문헌

교육부(2015). 2015 특수교육 기본 교육과정 [음악] (교육부 고시 제2015-81호 [별책 3]).

교육부(2017a). 기본 교육과정 3~4학년 과학과 교과서.

교육부(2017b). 기본 교육과정 3~4학년 과학과 교사용 지도서.

교육부(2017c). 기본 교육과정 3~4학년 음악과 교과서.

교육부(2017d). 기본 교육과정 3~4학년 음악과 교사용 지도서.

교육부(2019). 기본 교육과정 5~6학년 음악과 교사용 지도서.

방은, 최하영 (2018). 중심축 반응 훈련을 적용한 문답형 동요 프로그램이 자폐범주성장애 아동의 시작하기와 반응하기에 미치는 영향. 특수교육재활과학연구, 57(3), 259-290.

신재한 (2013). STEAM 융합교육의 이론과 실제. 경기: 교육과학사.

양소영 (2015). 각 교과 간 핵심 내용 연계에 따른 초등학교 3~4 학년군 음악과 중심 융합 교육 방안 탐색. 음악교육연구, 44(3), 91-110.

양종모 (2013). 음악 중심 융합 교육의 방법 탐색. 음악응용연구, 6, 57-74.

Bruscia, K. (1989). *Defining music therapy.* Spring Lake, PA: Spring House Books.

Drake, S. M. (2012). *Creating standards-based integrated curriculum.* Corwin: A SAGE Company.

Drake, S., M., & Burns, R. C. (2004). *Meeting Standards Through Integrated Curriculum.* Alexandria: ASCD.

Eagle, C. (1978). *Music psychology index.* Denton, TX: Institute for Therapeutic Research.

Mawby, S. (2015). *Music Education and Music Therapy in Schools for Children with Special Educational Needs: Similarities, Crossovers and Distinctions.* Music in schools for children labelled as having special educational needs and/or disabilities (SEN/D): A whole school perspective.

Stahmer et al. (2011). *Classroom Pivotal Response Teaching for Children with Autism.* New York: The Guilford Press.

Wheeler, B. L. (2019). 음악치료 핸드북 (사)전국음악치료사협회 역. 서울: 시그마프레스. (원전은 2016년에 출간).

표준국어대사전. https://stdict.korean.go.kr/search/searchResult.do에서 2019. 10. 08. 인출.

AMTA. https://www.musictherapy.org/about/musictherapy/에서 2019. 10. 08. 인출.

제17장

통합교육을 위한 음악 교수 · 학습 방법

한선영

음악과는 통합교육을 실천하기에 적합한 교과이다. 교사는 통합교육 환경에서의 '모든 학생을 위한 양질의 교육'을 제공하기 위하여 교과 지식뿐만 아니라 교육 철학과 교수 전략을 갖추어야 한다. 이 장에서는 통합교육을 위한 음악교육의 의의와 음악교육에서의 중재반응모형, 보편적 학습설계, 차별화교수, 협력교수에 대해 살펴본다. 그리고 통합교육 환경에서 음악교육을 위한 협력의 원리와 실천 방법을 탐색하며, 통합교육을 위한 음악교육 교수 · 학습 방법에 대한 개념과 실제에 대해 알아보고자 한다.

1. 통합교육을 위한 음악교육의 의의

통합교육(inclusive education)은 장애학생이 장애에 의한 차별을 받지 않고 또래와 함께 개별화된 교육 요구에 따라 적합한 교육을 받는 것으로써 물리적 통합을 넘어선 교육과정 및 사회적 통합을 고려한 것이다(국립특수교육원, 2009). 현재의 통합교육은 더 이상 장애학생에게만 국한되어 있지 않고 '모든 학생을 위한 양질의 교육'이라는 슬로건하에 교육의 질을 향상하기 위해 노력하고 있다(박승희, 2003).

음악 교과는 국어, 수학 등의 주지 교과와는 다르게 학습에 어려움이 있는 학생도 즐겁게 참여하고 교육 활동을 통해서 교과의 목표와 성취기준에 도달할 수 있는 교과로서 교육과정 및 사회적 통합에 적합한 교과이다. 통합교육 환경에서 장애학생도 적절한 교육을 제공받는다면 음악을 통하여 자신의 잠재력을 최대한 발휘할 수 있고, 온전한 구성원이 될 수 있다. 그러기 위해서 교사는 모든 유형의 학습자를 포함하는 수업을 계획, 교육, 평가할 수 있어야 하며, 교과 지식뿐만 아니라 개개인을 개별적으로 바라보고 전체 구성원과 더불어 조화롭게 성장하도록 지원할 수 있는 교육 철학과 교수 전략을 갖추어야 한다. 다시 말해, 통합교육의 철학을 바탕으로 주지 교과와는 다른 음악과의 교과적 장점을 살려 관련 전문가들이 협력하여, 중재반응모형(Response To Intervention: RTI), 보편적 학습설계(Universal Design for Learning: UDL), 차별화교수(Differentiated Instruction: DI), 협력교수(Co-Teaching) 등의 틀을 적용한 음악 교과수업을 제공한다면 장애학생을 포함한 통합교육 환경의 모든 학생을 위한 음악교육을 실천할 수 있을 것이다.

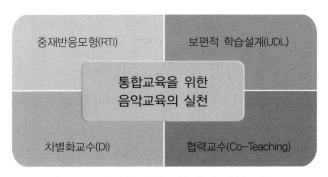

[그림 17-1] 통합교육을 위한 음악교육의 실천

2. 통합교육을 위한 음악교육의 다양한 패러다임

1) 중재반응모형(RTI)

오늘날의 특수교육은 다층지원시스템(Multitiered Systems of Supports: MTSS)을 추구한다. 미국 공중 보건 서비스의 3단계 분류 서비스를 기초로 하는 다층지원시스템은 지원의 필요 정도에 따라 학생에게 점차적으로 전문화된 지원을 제공하는 것으로서(Gordon, 1983), 학업적·행동적·사회정서적 영역에 걸쳐서 모든 학생에게 질 높은 지원을 제공하는 것에 초점을 둔다. 다층지원시스템의 하나로서 학업적 영역의 지원으로 소개할 수 있는 것이 중재반응모형(Response To Intervention: RTI)이다. 중재반응모형은 학습장애의 진단 및 평가의 가장 보편적인 모형으로 활용되었지만 최근에는 통합교육 모형으로 발전하고 있으며, 중재반응모형은 긍정적 행동지원이나 보편적 학습설계 등과도 융합될 수 있다(Basham et al., 2010). 중재반응은 프로그램이 아닌 프로세스이자 프레임워크이고 효과적인 중재 또는 교육에 대한 학생의 반응 수준에 따라 다층의 교육적 지원을 다양한 요구의 학습자에게 적용하는 데 활용되고 있다(Campbell et al., 2010). [그림 17-2]는 다층지원시스템에 따른 중재반응모형을 1단계 보편적 중재, 2단계 표적 집단 중재, 3단계 집중적 중재로 구분하여 설명하고 있다.

중재반응모형 접근법을 활용하여 교사는 모든 학생이 음악교육에서 얼마나 잘 반응하는지에 따라 지원의 강도를 선택한다. 중재반응모형의 1단계는 보편적인 중재이다. 음악에서의 보편적인 중재는 일상의 음악교육을 의미한다. 보편적인 음악교육에서 학생이 반응하지 않으면(교육적 성과를 보이지 않는다면), 그 학생에 대하여는 2단계의 표적 집단 중재를 제공한다. 이는 학생이 전체 학생 대상의 음악교육 활동에서 성취를 보이지 못한 소집단 학생의 경우에 제공한다. 표적 집단 중재의 예로는 특정 악기 연주하기, 신체표현하기 등에서 추가적인 도움이 필요한 학생을 대상으로 한 소집단 수업을 들 수 있다. 마지막 3단계는 가장 높은 수준의 개입이 필요한 집중적 중재이다. 이 단계에서 때로는 학생을 분리해서 집중적인 중재(교육)를 제공하는 풀 아웃(pull-out) 서비스가 필요할 수도 있다. 1단계와 2단계의 중

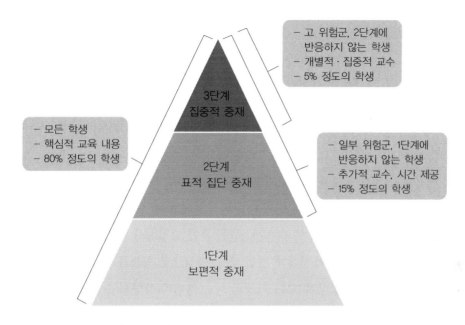

고 위험군, 2단계에
반응하지 않는 학생
- 개별적·집중적 교수
- 5% 정도의 학생

- 모든 학생
- 핵심적 교육 내용
- 80% 정도의 학생

3단계
집중적 중재

- 일부 위험군, 1단계에
반응하지 않는 학생
- 추가적 교수, 시간 제공
- 15% 정도의 학생

2단계
표적 집단 중재

1단계
보편적 중재

[그림 17-2] 다층지원시스템에 따른 중재반응모형

재만으로는 반응하지 않는 학생을 대상으로 하며, 개별적인 중재가 제공된다.

〈표 17-1〉 중재반응모형의 다층지원시스템과 음악교육 예시

단계	중재 구분	대상	중재반응모형에 따른 음악교육의 예
1단계	보편적 중재	80% 정도의 학생	모든 학생에게 제공하는 보편적인 음악교육
2단계	표적 집단 중재	15% 정도의 학생	보편적인 음악교육에 교육 성과를 보이지 못하는 학생 대상의 소집단 수업
3단계	집중적 중재	5% 정도의 학생	가장 높은 수준의 집중적인 교수를 제공하는 개별 음악교육

출처: Basham et al. (2010).

중재반응모형의 다층지원시스템에서는 단계가 올라갈수록 중재의 강도가 높아져 더욱 집중적인 교수를 제공한다. 1단계와 2단계의 중재는 일반 교육과 특수교육을 하나로 통합한 환경에서 이루어지는 음악교육이라고 볼 수 있으며, 3단계에서는 주로 개별 음악교육 또는 특수교육 서비스가 이루어진다.

2) 보편적 학습설계

보편적 학습설계(Universal Design for Learning: UDL)는 건축학의 'universal design'이 교육학으로 확장하여 등장한 개념이다. 보편적 학습설계란 과학적 통찰력을 바탕으로 모든 사람을 위한 교육과 학습을 개선하고 최적화하기 위한 틀이다 (CAST, 2018).

보편적 학습설계는 고유의 장단점을 지닌 모든 학습자를 위한 접근이다. 보편적 학습설계는 학습과 주의집중에 어려운 장애학생에게 큰 도움을 주는 것뿐만 아니라 대부분의 비장애학생에게도 도움을 준다. 음악 교실에서 보편적 학습설계를 적용함으로써 모든 학생은 자신에게 가장 쉬운 방식으로 정보를 받아들이고 소화하고 표현할 수 있다. 이를 통해 모든 학생의 학습 경험이 향상되고 개별 학생이 전통적인 교실의 제약에서 벗어나 수업에 접근하고 교과목에 대한 지식을 넓힐 수 있게 해 준다. 보편적 학습설계는 다양한 요구의 학습자가 교육에 동등하게 접근할 수 있도록 교육과정, 교수, 교육자료를 포함한 교수환경에서의 보편적 접근을 고려한 접근법이다.

통합교육 환경의 학생은 일반 교육과정의 음악 교과에서 다양한 수준의 참여로 음악적 경험을 할 수 있다. 이때 다음과 같이 보편적 학습설계는 일반 교육과정의 조정이나 수정이 없는 가운데 개인과 집단 모두에게 효과적인 음악교육을 제공하는 것이다. 이를 위해 교사는 학생의 강점과 부족한 점을 파악하고 효과적인 전략을 수립해야 한다. 이때 장애학생의 경우에는 개별 학생의 개별화교육계획(IEP) 등을 참조하여 학생의 흥미, 능력, 교육목표 등의 정보를 파악할 수 있다. 음악 교과는 일부 다른 과목과 달리 다양한 유형의 대안적인 수단으로 표상을 제시하고 자료에 응답할 수 있는 기회를 제공한다(Darrow, 2010). 또한 음악을 가르치는 교사는 음악을 통해 의미 있는 동기부여 요소를 찾아 학생들이 학습 과정에 적극적으로 참여시킬 수 있다(Adamek & Darrow, 2005).

일반 교육과정의 연속체상의 보편적 학습설계를 살펴보면 [그림 17-3]과 같다. 음악과로 적용하여 설명을 해 보면, 보편적 학습설계는 교육과정을 조정 · 수정 없이 계획 단계부터 모든 학생이 접근할 수 있도록 설계하는 것이라고 개념화할 수 있다.

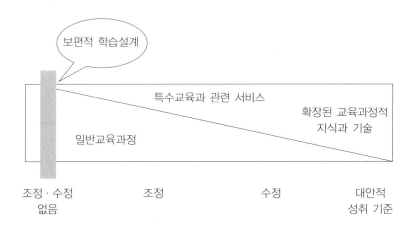

[그림 17-3] 일반 교육과정의 연속체상의 보편적 학습설계

출처: 박승희(2014).

미국 응용특수공학센터(Center for Applied Special Technology: CAST)는 학습자의 가변성을 인식하고 모든 학생에게 효과가 있는 교육목표, 방법, 자료, 평가를 만드는 청사진인 보편적 학습설계를 개발했다. 보편적 학습설계의 7가지 원리는 공평한 사용, 사용 시 융통성, 간단하고 직관적인 사용, 인식 가능한 정보, 오류에 대한 포용, 적은 신체적 노력, 접근과 사용을 위한 크기와 공간이다. 각 원리에 따른 음악교육 적용의 예를 살펴보면 〈표 17-2〉와 같다.

〈표 17-2〉 보편적 학습설계의 7가지 원리에 의한 음악교육 적용 예시

원리	음악교육 적용의 예
공평한 사용	• 모든 학생이 공평하게 접근하고 활동할 수 있는 음악교육 교실 • 개인차를 고려한 음악 표현, 감상, 생활화 영역의 수업 설계 • 표현, 감상 활동 수업 시 감각장애학생, 지체장애학생 등을 포함한 모든 학생의 참여할 수 있도록 고려
사용 시 융통성	• 다양한 학생의 선호도와 능력을 충족시킬 수 있도록 다양한 교수방법 제공(장애를 고려한 교수·학습 보완 자료 준비 등), 선택권 제공 • 적극적인 참여를 유도할 수 있도록 수업 형태(짝 활동, 개별, 소집단)의 다양화 • 표현의 복잡성이 조절될 수 있도록 지속적인 검토하여 모두가 접근하고 사용할 수 있도록 편의를 도모

간단하고 직관적인 사용	• 불필요하게 복잡한 것을 제거하고 단순하고 쉬운 자료 제공(핵심 개념 제시, 배경지식 활성화) • 학생의 경험, 지식, 학습능력 등과 관계없이 간단하고 직관적으로 예측할 수 있는 자료 제공 • 과제수행 중 그리고 과제수행 후에 효과적인 촉진과 피드백 제공
인식 가능한 정보	• 학생의 지각능력을 고려한 인식 가능한 다양한 양식의 정보 제공(그림, 언어, 음악, 촉각, 신체 활동 등을 통해 필요한 정보를 효과적으로 전달) • 감각장애학생, 지체장애 학생 등을 포함한 모든 개인의 효과적으로 참여하도록 접근 가능한 다감각적 교수 · 학습 자료 제공(실물 자료, 촉각 자료, 시청각자료 등) • 음악적 표현을 풍부하게 하기 위해 다양한 방식(시각, 청각, 촉각, 공학기기 등) 사용
오류에 대한 포용	• 음악 표현, 감상 활동에 있어서 활동의 방법, 감상에 필요한 배경 지식이나 예 제공(표현의 예시, 감상곡의 이해를 돕는 시청각자료 제공 등) • 활동을 능숙하게 하기 위한 반복연습의 시간을 제공하여 오류의 최소화
적은 신체적 노력	• 수업에 자연스러운 신체적 자세를 유지하도록 독려(악보 읽기, 노래 부르기, 악기 연주하기, 감상하기 등의 활동) • 음악 활동 참여에 효율적이고 편리하며 지속적인 신체적 수고를 최소화 • 이해를 돕는 시범을 제공하고, 성공 지향적인 과제를 제시하여 효과적인 학습에 기여
접근과 사용을 위한 크기와 공간	• 음악 표현, 감상, 생활화 영역의 풍부한 수업을 진행하기 위한 적절한 장소 제공(음악실) • 저시력 학생, 지체장애학생 등을 고려한 자리 배치 • 음악교육에 방해가 되는 환경 요소를 최소화

보편적 학습설계는 단일 교육과정의 모든 학생 적용(one-size-fits-all)이 아니라 교수 · 학습에 대한 다양하고 유연한 접근법이다. 보편적 학습설계의 영역과 가이드라인(CAST, 2018)을 살펴보면 [그림 17-4]와 같다.

다양한 참여 수단 제공	다양한 표상 수단 제공	다양한 행동, 표현 수단 제공 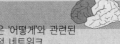
학습은 '왜'와 관련된 정서적 네트워크	학습은 '무엇'과 관련된 인지적 네트워크	학습은 '어떻게'와 관련된 전략적 네트워크

접근

흥미를 돋우는 다양한 선택제공(7)
- 개인의 선택, 자율성 최적화(7.1)
- 학습자와의 관련성, 현실성 최적화(7.2)
- 위협이나 주의분산 최소화(7.3)

인지 방법의 다양한 선택제공(1)
- 정보 제시 방법을 학습자에게 맞게 제공(1.1)
- 청각 정보의 대안 제공(1.2)
- 시각 정보의 대안 제공(1.3)

신체 표현의 다양한 선택제공(4)
- 반응 방식, 자료 탐색 형식 다양화(4.1)
- 도구, 보조공학기기에 대한 접근 최적화(4.2)

설계

지속적인 노력과 끈기를 돕는 선택(8)
- 목표와 목적의 중요성 부각(8.1)
- 요구 사항, 자료 다양화하여 난이도 최적화(8.2)
- 협력, 동료 공동체 육성(8.3)
- 성취 지향적 피드백 증진(8.4)

언어, 기호의 다양한 선택제공(2)
- 어휘와 기호정의 뜻 명료화(2.1)
- 글의 구문과 구조 명료화(2.2)
- 문자, 수식, 기호의 해독 지원(2.3)
- 언어 긴 이해 증진(2.4)
- 다양한 매체를 통한 의미의 분명한 제시(2.5)

표현, 의사소통의 다양한 선택제공(5)
- 의사소통을 위한 다양한 매체 사용(5.1)
- 작품의 구성, 제작을 위한 다양한 도구의 사용(5.2)
- 연습과 수행을 위한 단계별 지원 수준을 점차 줄이면서 능숙도 구축(5.3)

내면화

자기조절 능력을 기르기 위한 선택제공(9)
- 동기 부여를 최적화하는 기대와 신념 촉진(9.1)
- 개인 대치 기술과 전략 촉진(9.2)
- 자기 평가, 성찰 발전(9.3)

이해를 돕기 위한 다양한 다양한 선택제공(3)
- 제공 지식 활성화 또는 제공(3.1)
- 패턴, 중요한 특징, 빅 아이디어 및 관계 강조(3.2)
- 정보 처리와 시각화 안내(3.3)
- 전송 및 일반화 극대화(3.4)

실행 기능을 위한 다양한 선택제공(6)
- 적절한 목표 설정 안내(6.1)
- 계획, 전략 개발 지원(6.2)
- 정보, 자료 관리 촉진(6.3)
- 학습 전형 상황 점검능력 강화(6.4)

목표

다음과 같은 **전문적 학습자**를 목표로 한다.

목적의식과 학습동기 뚜렷한 학습자 | 풍부한 학습 자원과 지식을 갖춘 학습자 | 전략적이고 목표 지향적인 학습자

[그림 17-4] 보편적 학습설계의 영역과 가이드라인

출처: CAST (2018).

통합교육에서의 성공적인 음악교육을 위해 보편적 학습설계의 원칙을 바탕으로 창의적인 접근을 통해 수업을 설계, 적용하여 모든 학생에게 효과적인 학습 기회를 제공하도록 한다. 신경학적 네트워크에 기반한 보편적 학습설계의 3가지 원리와 음악교육에 적용할 수 있는 예시는 〈표 17-3〉과 같다.

〈표 17-3〉 보편적 학습설계의 3가지 원리와 음악교육에 적용할 수 있는 예시

원리	내용	예시
다양한 참여 수단 제공	학생의 흥미와 동기를 유발, 적당한 학업적 도전, 연령과 발달에 적합한 음악 경험을 제공하는 다양한 참여 방법을 개발	• 또래 교수 • 활동적인 음악 체험 • 교수집단 형태의 다양화 • 소집단 협동 과제 제공 • 생활 속의 의미 있는 음악 자료 활용 • 편안한 공간
다양한 표상 수단 제공	음악 활동에 적극적으로 참여할 수 있도록 시각·청각·촉각·운동 감각 등의 여러 형식을 활용하여 다양한 정보를 제공	• 장애에 따른 대안적 정보 접근 방법 고려 • 배경 지식 활성화 • 확대 교과서 또는 텍스트 • 그림 악보 제공 • 시각적·청각적 단서 활용 • 스마트 기기, 보조공학기기 활용 • 음악 소프트웨어 활용
다양한 행동, 표현 수단 제공	학생의 음악적 지식과 이해를 입증할 수 있는 다양한 선택 수단을 제공	• 장애에 따른 행동, 표현 수단 고려 • 과제 수준 고려 • 다른 악기로 바꾸어 연주 • 연주 도구·방법 변경 • 연주 활동 시 프롬프트 활용 • 평가 방법 난이도 조정

3) 차별화 교수

통합교육 환경의 교사는 학급의 다양한 요구를 가진 학습자에 맞춘 교수를 진행하는 데에 어려움을 보인다. 차별화 교수(Differentiated Instruction: DI)는 다양한 요구를 가진 학습자에게 맞게 교수를 차별화해야 함을 주장한다. 차별화 교수는 일반 학급의 다양한 요구를 가진 학습자에 맞도록 교수를 차별화하는 데에 그 기반을 둔다. 학습자의 준비도, 흥미, 학습 특성 및 양식 등의 차이를 이해하고 학습 내용, 학습 과정, 학습 결과에 대한 사항을 사전에 조율할 것을 요구한다.

차별화 교수는 크게 3가지 영역에서의 교수의 차별화를 다룬다. 첫째, 학습 내용(content)의 차별화이다. 학습 내용은 교육과정에 근거하여 가르치는 내용이며, 교육을 통해 학생이 성취할 성취기준이 될 수 있다. 둘째, 학습 과정(process)의 차

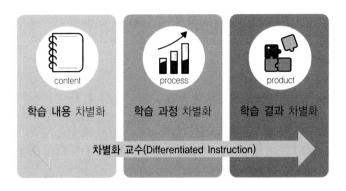

[그림 17-5] 차별화 교수의 3가지 영역과 적용의 지침

별화이다. 이것은 학습 내용을 어떠한 방식으로 가르칠 것인가와 관련이 있고 학습자의 학습 선호도에 달려 있다. 학습을 어떻게 촉진할 것인지, 어떠한 교수활동이 포함될지, 어떠한 집단 형태로 진행할지 등이 이에 해당한다. 셋째, 학습 결과(product)의 차별화이다. 학생이 학습한 결과물인 지식을 어떠한 형태로 표현할 것인지에 달려 있다. 즉, 학습의 결과를 어떻게 관찰하고 평가할 것인지에 대한 측면이다. 음악과에서 차별화 교수의 적용을 위한 지침은 〈표 17-4〉와 같다.

〈표 17-4〉 차별화 교수 적용을 위한 지침

영역	적용을 위한 지침
학습 내용	음악 교과의 핵심 개념을 중심으로 학습 내용을 구조화하여 학습량을 적정화하며 개인차를 고려하여 학습 내용을 구성한다.
학습 과정	음악적 개념의 이해를 촉진하고 학습 과정을 용이하게 하기 위해 구조화하고, 다감각적 수업을 실시하며 집단의 활동의 성격, 학생의 특성을 고려하여 다양화한다(대집단, 소집단, 개별수업). 학습 과정에서의 학생의 행동과 태도의 변화 등의 반응을 반영한다.
학습 결과	장애 특성, 평가 상황에 맞는 평가 목표, 평가 내용, 평가 방법, 평가 도구를 고려한다. 학생의 음악적 성장을 세심하게 확인할 수 있도록 음악 학습의 결과물뿐만 아니라 과정을 관찰하여 학습의 결과로서도 활용한다.

4) 협력교수

음악교육에 참여하는 모든 학생은 음악적 경험을 통해 음악적 지식을 습득하고,

음악으로 아름답게 표현할 수 있다. 또한 음악은 감정이 치유되고, 학생이 생각과 느낌을 표현하도록 도우며, 음악적으로 의사소통을 할 수 있게 하는 등의 개인의 발달을 돕는다. 궁극적으로 음악 활동은 사회 구성원의 일원인 학생이 자신이 속한 공동체 안에서 타인과 적극적으로 협력하고 참여하며 함께 즐기는 공동체적 태도를 기를 수 있도록 도와 개인의 삶을 풍요롭게 만든다.

통합교육 환경의 장애학생은 장애로 인해 음악교육에 참여에 어려움을 겪는 경우가 많다. 따라서 장애학생의 음악교육 참여를 촉진하도록 일반 교육 교사와 특수교육 교사의 전문가적 협력이 중요하다. 일반 교육 교사와 특수교육 교사가 다양한 요구를 가진 통합교육 환경 안의 학습자를 위해 협력적 파트너로 함께한다면, 모든 학생에게 통합교육의 본질과 가치에 부합하는 통합교육에서의 음악교육을 제공할 수 있을 것이다. 통합교육 환경에서의 음악에서의 협력을 위한 협력의 대표적인 방법이 협력교수(Co-Teaching)이다. 협력교수는 두 교사가 공동의 책무성을 가지고 학생 집단과 함께 수업하는 것으로 정의되며, 이때 두 교사는 물리적 공간뿐만 아니라 수업의 계획 · 조직 · 전달 · 평가를 공유한다(Bacharach, Heck, & Dank, 2004). 그러기 위해서는 일반교사와 특수교사 간의 전문성에 대한 인정과 각각의 역할 분담 및 서로에 대한 존중과 배려가 필요하다. 특수교사와 일반교사의 전문성 및 그에 따른 전문성의 균형 맞추기를 설명하면 [그림 17-6]과 같다.

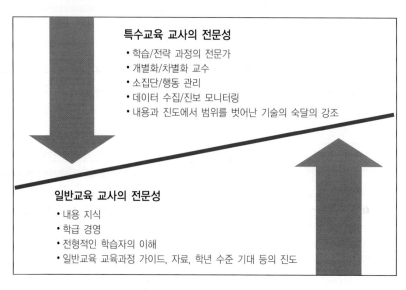

[그림 17-6] 협력을 위한 전문성의 균형 맞추기

출처: Stein (2016).

협력교수의 각 유형은 실시하는 교사에 의해 변형될 수 있고, 학생의 요구와 교육적 의도에 따라 결정될 수도 있다(Friend & Cook, 2010). 음악교육에서도 수업에 따라 다양한 유형의 협력교수를 실시할 수 있다. 협력교수의 유형은 일반적으로 〈표 17-5〉와 같이 5가지로 주로 실행된다.

〈표 17-5〉 협력교수의 5가지 유형

유형	설명	배치
1인 교수, 1인 보조	한 명의 교사가 수업을 주도하고, 다른 교사는 개별적인 지원이 필요한 학생들을 지원하며 수업을 보조한다.	
스테이션 교수	교수·학습 내용을 스테이션으로 나누고 학생도 소집단으로 구성하여 스테이션을 돌아가면서 수업을 진행한다. 두 개의 스테이션을 두 명의 교사가 진행할 수 있고, 독립적인 학습이 가능한 경우에는 세 번째 스테이션에서 학생 스스로가 과제를 수행하도록 구성할 수 있다.	
평행 교수	두 교사가 두 개의 동등한 집단을 대상으로 각각 교수한다. 같은 내용을 같은 시간에 배우도록 하는 평행 교수는 반복 연습형 학습이나 집중적인 지도가 필요한 학습에서 활용할 수 있다.	
대안 교수	한 교사는 대부분의 학생과 함께 활동을 하고, 다른 교사는 교정·심화·평가·사전 교육 등을 위해 소집단과 함께 활동한다.	
팀 교수	학급 전체를 한 학습 집단으로 두 교사가 공동의 역할을 공유한다. 협력교사 간의 상호 팀워크가 좋아야 가능한 유형이다.	

출처: Friend, Cook, Hurley-Chamberlain, & Shamberge (2010).

3. 통합교육을 위한 음악교육 교수 · 학습 방법의 실제

1) 장애 유형별 교수 · 학습 방법의 예

교사는 칠판에 글을 쓰고, 시각 자료를 사용하며, 시각적으로 설명적인 언어를 사용하는 시각 학습자일 수 있다. 음악교육에서 시각적 자료가 아닌 구두 설명을 통해 잘 학습할 수 있는 학생, 또는 말로 설명하는 것이 아니라 허벅지에 리듬을 두드리면서 더 잘 배우는 교실 학생이 있을 수 있다. 따라서 교사는 자신이 활용하기 편한 교수 · 학습 방법이 아닌 모든 학습자를 고려하기 위해 융통성이 있어야 하며, 학생이 수업에서 이해하는 가장 중요한 사항에 대해 생각해야 한다. 즉, 교실에서 장애학생을 포함한 모든 학생에게 의미 있는 음악교육을 제공하도록 교사는 대안적이고 창의적인 방법을 모색할 수 있어야 한다. 〈표 17-6〉에 제시된 장애 유형별 교수 · 학습 방법의 예를 참고하여 각 통합교육 현장에 융통성 있게 적용해 보도록 한다.

〈표 17-6〉 장애 유형별 교수 · 학습 방법 예시

장애 유형	교수 · 학습 방법의 예
지적장애	인지적 어려움이 있는 학생의 경우 지시 사항을 간결하고 명확하게 제시한다. 노래 부르기, 연주하기 활동 전에 미리 연습(리허설)의 기회를 제공하여 실수를 덜 할 수 있도록 지도한다. 또한 그림 악보 활용, 연주 활동 시 신체적 촉진, 모델링 제시 등을 할 수 있다.
자폐성장애	많은 학생이 특정 분야에 열정적으로 관심을 가지고 있으므로 학생이 좋아하는 사물, 노래(예: 광고에서 접한 음악), 강화제를 활용하여 활동을 구성 · 수정하거나 활동의 결과물로 제공한다. 청각 정보처리가 어려운 학생을 위해 시각적 자료 또는 멀티미디어를 제공하도록 한다. 주의력 결핍이 있는 학생은 2개의 좌석을 허용하거나 움직임의 공간을 조금 더 확보해 줄 수 있다.
지체장애	신체적 어려움으로 악기 연주 활동에서 해당 악기를 연주하지 못할 경우에는 보조 기구를 활용하여 연주를 돕거나 표현 방식을 변경해 준다. 컴퓨터 시스템, 스마트 기기, 음악 애플리케이션 등의 도움을 받을 수 있다.

시각장애	전형적인 다른 학생과는 다르게, 개념 제시에 있어서 시각 자극에 어려움을 보이는 학생에게는 청각, 촉각, 다양한 신체 활동 등을 통해 개념을 제시한다. 예를 들어, 론도 형식의 개념을 지도할 경우에도 여러 가지 방법을 제시한다(론도 형식의 작품 반복해서 듣기, 다른 형식의 작품과 비교하여 듣기, 구체물로 표현된 형식 촉각 또는 신체 활동으로 체험하기 등).
청각장애	청각 자극에 어려움을 보이는 학생이므로 다양한 신체 활동과 시각 · 촉각 등의 다른 감각을 통해 효율적으로 음악을 즐길 수 있도록 한다. 음악 소리를 크게 해서 진동을 느낄 수 있도록 해서 공기의 진동이 귀에 전달되지는 않지만 신체에 전달되게 하여 몸으로 음악을 느끼고 표현할 수 있도록 지도할 수 있다.
언어장애	자신이 배운 것에 대해 표현하는 방법에 대해 융통성 있게 조절해 줘야 한다. 예를 들어, 높은음, 낮은음을 구별하기에 대해 평가를 할 때 언어장애학생의 경우 몸짓이나 쓰기 등의 다른 표현 방식의 활동을 통해 음의 높낮이를 구별하는 과제를 해결할 수 있도록 제시한다.

2) 통합교육 분위기를 촉진하는 음악교육 활동의 예

통합교육 분위기를 촉진하기 위해서 모든 학생은 스스로에 대한 긍정적인 자아감을 형성하고, 또래와의 원만한 사회적 관계를 유지함으로써 우정을 형성하며, 자신이 속한 학교라는 공동체에 만족함으로써 즐거운 학교생활을 해야 한다. 음악과 교육과정에 제시된 교육 활동을 분석해 보면 통합교육 분위기를 촉진할 수 있는 활동이 많이 있다. 긍정적인 자아감 형성을 돕는 음악 활동, 우정을 나누는 노래가 있는 음악 활동, 즐거운 학교에 대한 노래가 있는 음악 활동, 공동체가 함께 하는 즐거운 놀이가 있는 음악 활동, 장애 이해를 돕는 음악 활동 등으로 나눌 수 있다. [그림 17-7]은 각 활동에 대한 제재곡과 그 활동을 설명하고 있다.

제재곡: 〈예쁘지 않은 꽃은 없다〉 활동: 친구의 이름을 넣어 노랫말을 바꾸어 　　　불러 보기 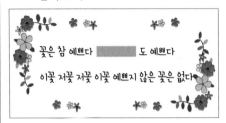 〈긍정적인 자아감 형성을 돕는 음악 활동〉	제재곡: 〈친구가 되는 멋진 방법〉 활동: 좋은 친구가 되는 방법을 생각하여 노 　　　랫말을 바꾸어 불러 보기  〈우정을 나누는 노래가 있는 음악 활동〉
제재곡: 〈즐거운 학교, 행복한 학교〉 활동: 즐겁고 행복한 학교의 모습을 생각하며 　　　노래 부르기  〈즐거운 학교에 대한 노래가 있는 음악 활동〉	제재곡: 〈강강술래〉 활동: 친구들과 함께 강강술래 놀이하기  〈공동체가 함께하는 즐거운 놀이가 있는 음악 활동〉
제재곡: 〈사랑의 노래〉 활동: 노랫말을 수화로 표현하며 노래를 불 　　　러 보고 느낌 이야기 나누기 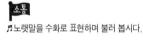 노랫말을 수화로 표현하며 불러 봅시다. 〈장애 이해를 돕는 음악 활동 1〉	제재곡: 각 음악가의 대표곡 활동: 장애 음악가의 음악을 감상하며 장애 　　　와 음악에 대해 이해하기  베토벤　　　　에벌린 글레니 〈장애 이해를 돕는 음악 활동 2〉

[그림 17-7] 통합교육을 촉진하는 음악교육 활동 예시

출처: 기본 교육과정, 금성출판사 6학년 음악교과서.

3) 통합교육에서 활용할 수 있는 아름다운 노랫말 동요

아름다운 노랫말 동요는 학교 공동체 안에서 개인이 긍정적인 자아감을 형성하고, 친구와 우정을 나누며, 즐거운 학교생활을 하도록 돕는다. 초등 음악 교과서의 수록곡 중에 통합교육에서 활용할 수 있는 아름다운 노랫말 동요 목록을 긍정적 자아감 형성을 돕는 노래, 우정에 대한 노래, 즐거운 학교, 공동체에 대한 노래로 구분하여 제시하면 〈표 17-7〉 〈표 17-8〉 〈표 17-9〉와 같다.

〈표 17-7〉 긍정적 자아감 형성을 돕는 노래

제목	주요 노랫말	수록 학년
새싹의 노래	이렇게 멋진 세상이 나를 반겨 주는구나 저렇게 멋진 나무로 나도 자라날 거야	3
'넌 할 수 있어'라고 말해 주세요	'넌 할 수 있어'라고 말해주세요 그럼 우리는 무엇이든 할 수 있지요	5, 6
주토피아 '최선을 다해'	포긴 없어 난 지지 않아 끝까지 가 다시 시작해 난 떠나지 않아 뭐든 다 해 볼 거야 실패한다고 해도 도전해	3
네 잎 클로버	한 줄기의 따스한 햇살 받으며 희망으로 가득한 나의 친구야 빛처럼 밝은 마음으로 너를 닮고 싶어	4, 5
예쁘지 않은 꽃은 없다	꽃은 참 예쁘다 풀꽃도 예쁘다 이 꽃 저 꽃 저 꽃 이 꽃 예쁘지 않은 꽃은 없다	3
새싹들이다	마음을 열어 하늘을 보라 넓고 높고 푸른 하늘 가슴을 펴고 소리쳐보자 우리들은 새싹들이다	4, 5, 6
힘내 라바 송	힘을 내봐봐- 소리를 질러봐 다같이 라바라바라바 라바라바라바 모두 외쳐봐 화이팅	6
바람의 멜로디	난 날아올라 내 꿈을 위해 비밀 날개를 달고 누구보다 난 설레여 가끔은 뒤로 밀려난대도 숨을 한번 꾹 참고 힘주고 걸음을 디뎌 또 어두운 밤이 온대도 난 행복한 걸 꿈을 꾸는 순간조차 날고 있으니까	4

꿈꾸지 않으면	꿈꾸지 않으면 사는 게 아니라고 별 헤는 맘으로 없는 길 가려네 사랑하지 않으면 사는 게 아니라고 설레는 마음으로 낯선 길 가려 하네	6
틀려도 괜찮아, 어때	자신 있게 말을 해봐 틀리는 걸 겁 내지마 손을 높이 번쩍 들고 큰 소리로 말을 해봐 틀린 답도 괜찮아 틀리면서 아는 거야	6

〈표 17-8〉 우정에 대한 노래

제목	주요 노랫말	수록 학년
친구가 되는 멋진 방법	첫 번째로 인사하기 친구 얘기 들어주긴 두 번째 세 번째엔 진심으로 맞장구치기	5
작은 세상	서로 나누면 커다란 기쁨 서로 나누면 조그만 슬픔	4
함께 걸어 좋은 길	문구점을 지나고 장난감 집 지나서 학교 가는 길 너랑 함께 가서 좋은 길	4, 5, 6
꽃게 우정	한 발 한 발 맞춰서 서두르지 않고서 앞서가고 싶은 마음 참고서 살금살금 천천히 급한 마음 버리고 나란히 걷는 마음 꽃게 마음	5
아름다운 세상	문득 외롭다 느낄 때 하늘을 봐요 같은 태양 아래 있어요 우린 하나에요 마주치는 눈빛으로 만들어봐요 나지막이 함께 불러요 사랑의 노래를	4
난 네가 좋아	난 네가 좋아 정말 난 네가 좋아 이세상에서 가장 소중한 친구 너는 특별해 네가 자랑스러워 너만 보면 난 행복해져	6
어여쁜 친구	정답게 얘기 나누던 친구를 생각해 봐요 언제나 환하게 웃던 어여쁜 친구를 꽃처럼 예쁘고 환하게 별처럼 하얗고 빛나게 우리의 미소 때문에 세상은 빛나요	4, 6
소낙비 친구	환한 웃음으로 다가와 우산 전해 주던 너 그렇게 우린 친구가 됐어 언제나 함께하는 소낙비 친구	6

| 얼굴 찌푸리지 말아요 | 얼굴 찌푸리지 말아요
모두가 힘들잖아요
기쁨의 그 날 위해 함께할
친구들이 있잖아요 | 3 |
| 연어야 연어야 | 푸르른 강물 거슬러 헤엄치는 연어야
너의 맑은 눈빛이 참 아름답구나
부푼 가슴 설레임 입가에 머금고
힘차게 오르는 너의 길 따라 나도 함께 가고파 | 6 |

〈표 17-9〉 즐거운 학교, 공동체에 대한 노래

제목	주요 노랫말	수록 학년
즐거운 학교 행복한 학교	싱그러운 꿈을 가득 안고 푸른 꿈을 가슴 깊은 곳에 간직한 나의 학교 즐거운 학교	6
나무의 노래	우리집 나무가 노래 부르면 이웃집 나무가 대답을 하고 탐스런 나뭇잎만큼 가득 열린 참새들 열린 참새만큼 고운 노래	4, 5, 6
내가 바라는 세상	사랑하는 친구와 매일같이 모여서 넓은 잔디밭에서 맘껏 뛰게 해 주세요 꽃과 새가 노래하고 동물들과 어울려 햇살 가득 받으며 미소 짓는 우리들	3
햇살처럼 달빛처럼	초록빛 나뭇잎 사이로 햇살처럼 따뜻한 마음 해맑은 웃음으로 어깨를 나란히	5
꿈이 크는 책가방	엄마 사랑도 가득가득 내 꿈도 가득가득 세상을 밝힐 푸른 등불을 메고 학교로 간다 내 꿈이 랄랄라 나무들처럼 노래한다	6
사랑의 노래(러브송)	흰 눈이 기쁨 되는 날 흰 눈이 미소 되는 날 흰 눈이 꽃잎처럼 내려와 우리의 사랑 축복해 온 세상에 눈이 내려 우리 마음 속 따뜻해요	6
노래로 세상을 아름답게	즐거운 일도 많지만 슬픈 일 걱정도 많아요 얼어붙은 마음을 따스한 노래로 녹여요 우리가 부르는 노래는 아름다운 사랑의 노래 우리가 부르는 노래는 평화를 전하는 노래	6

아름다운 세상	문득 외롭다 느낄 때 하늘을 봐요 같은 태양 아래 있어요 우린 하나예요 마주치는 눈빛으로 만들어 가요 나지막이 함께 불러요 사랑의 노래를	4, 6

💡 생각 넓히기

1. 통합교육을 위한 음악교육의 의의에 대해 토론해 봅시다.

2. 음악교육에서의 중재반응모형, 보편적 학습설계, 차별화교수, 협력교수의 의미와 통합교육에서의 적용 방안에 대해 토론해 봅시다.

3. 통합교육을 촉진하는 음악 활동과 노랫말이 아름다운 노래에 대해 이야기해 봅시다.

🌐 참고문헌

국립특수교육원(2009). 특수교육학 용어사전. 서울: 하우.

박승희(2003). 한국장애학생 통합교육: 특수교육과 일반 교육의 관계 재정립. 경기: 교육과학사.

박승희, 최재완, 홍정아, 김은하(2014). 장애학생의 일반 교육 교육과정 접근: 통합학급 수업참여 방안. 서울: 학지사.

Adamek, M., & Darrow, A. A. (2005). Music in Special Education. MD: American Music Therapy Association.

Basham, J. D., Isarael, M., Graden, J., Poth, R., & Winston, M. (2010). A comprehensive approach to RTI: Embedding universal design for learning and technology. *Learning Disability Quarterly, 33*(4), 243-255.

Campbell, P., Wang A., & Algozzine, B. (2010). *55 Tactics for Implementing RTI in Inclusive Settings.* CA: SAGE Publications.

CAST (2018). *Universal design for learning guidelines version 2.2* [graphic organizer]. Wakefield, MA: Author.

Darrow, A. (2010). Music Education for All: Employing the Principles of Universal Design to Educational Practice. *General Music Today, 24*(1), 43-45.

Friend, M., & Cook, L. (2010). *Interactions: Collaboration skills for school professionals* (6th ed.). Columbus, OH: Merrill.

Friend, M., Cook, L., Hurley-Chamberlain, D., & Shamberger, C. (2010). Co-Teaching: An Illustration of the Complexity of Collaboration in Special Education. *Journal of Educational and Psychological Consultation, 20*(1), 9-27.

Gordon, R. S. (1983). An operational classification of disease prevention. *Public Health Reports, 48,* 107-109.

Nolet, V., & McLaughlin, M. J. (2005). *Accessing the General Curriculum: Including Students With Disabilities in Standards-Based Reform.* CA: SAGE Publications.

Stein, E. (2016). *Elevating Co-teaching through UDL.* MA: CAST.

Wehmeyer, L. M., & Shogren, A. K. (2017). *Handbook of Research-Based Practices for Educating Students with Intellectual Disability.* NY: Routledge.

제18장

평생교육에서 성인장애인 음악교육

한수정

학령기 이후 성인장애인의 음악교육에 있어 그들의 특수성을 이해하고 배려하는 것은 중요하다. 성인장애인의 다채로운 주제의 음악 활동과 학습공동체의 활성화를 위하여 관련된 실제 사례들을 바탕으로 음악 프로그램의 실제적인 적용을 위한 논의는 의미가 있다. 이 장에서는 성인장애인의 평생교육에 대한 현황과 함께 장애인의 평생교육 관련 법과 정책적 배경에 대해 파악하고, 평생교육의 측면에서 성인장애인의 음악교육을 알아본다.

1. 평생교육에서 성인장애인 음악교육의 의의

1) 성인장애인 음악교육의 의의

음악교육은 학령기의 장애학생뿐만 아니라 비학령기의 장애성인에게 있어서도 생애의 전반에서 함께할 수 있는 생활의 필수적인 학습으로서, 정서적 치유 및 완화와 더불어 정신적·신체적인 건강을 향상하게 하는 중요한 기능을 한다. 성인장애인의 평생교육 현장 속에서 경험하는 음악 활동은 삶에 대한 긍정적인 동기의 유발을 촉진하여 새로운 생활환경과 타인과의 상호적인 적응능력을 신장할 수 있는 의미 있고 가치 있는 교육활동이라고 할 수 있다. 장애인의 특수교육과 공교육의 음악교육은 다양한 음악 활동이 시행되고 있다. 그러나 평생교육 차원에서 학령기 이후 노년의 시기까지 기나긴 성인기의 성인장애학습자의 삶 속에서 음악 문화 향유를 위한 학습의 권리 확보와 더 나은 여가생활, 재활 및 직업으로의 연계를 위한 음악교육의 실천과 지속적인 노력은 더욱 강조된다. 이러한 성인장애인의 음악교육은 장애인 자신의 개인적인 성장과 더불어 사회적 적응력의 함양과 평생학습 사회의 주체적인 학습자로서의 발전에 있어 의의가 있다.

2) 성인장애인 음악 활동의 필요성 및 요구

성인장애인 음악 활동의 필요성 및 요구에 관해 살펴보면 다음과 같다. 성인장애인의 삶의 질 향상과 배움의 욕구 충족을 위해 일반 비장애성인과 통합되는 교육환경의 변화를 고려한 평생교육 차원에서의 지속적인 음악 활동 수행은 중요하다. 성인장애인의 음악 프로그램은 당사자 본인의 실제적인 요구 반영을 기반으로 운영되어야 할 것이며, 생애 주기에 따른 음악교육 모형의 구체적인 구안 제시 및 제고가 필요하다. 교육기관에서는 성인장애인의 지역사회의 적응과 진출에 유용한 최신 흐름에 맞춘 양질의 음악 활동을 공급하도록 해야 하며, 세대별 음악학습 공동체의 활성화를 위해 노력해야 한다(한수정, 2019). 이를 위하여 성인장애인의 요구 분석에 따른 평생교육 체제 정비와 각 부처 간, 유관 교육기관 간의 연계적 지원과 더불어 전반적인 음악 프로그램 진행에 관한 실무자의 협력적인 인식 수용이 필요하다. 성인장애인을 담당하는 교육 관계자는 평생교육 연수에 대한 필수 시간 이수를 강조하여 실행해야 할 것이다. 또한 성인장애인의 원활한 음악교육을 위한 전문 음악지도 인력의 양성과 지원, 교육 여건의 조성, 효율적인 행정 업무의 처리를 위한 중앙행정기관의 협조적 관계망의 구축이 요구된다.

3) 성인장애인의 평생교육 현황

장애인의 평생교육에 대한 학습 권리는 일반인과 마찬가지로 동일하게 누릴 수 있는 권리로 보장받아야 하며, 장애인 당사자의 자발적이고 능동적인 음악 활동 참여는 보완적 · 대안적 예술학문의 가치로서가 아닌 주체적인 존재로서의 학습 수행을 목적으로 할 수 있어야 한다. 지금까지 평생교육에서 장애인의 음악교육에 대한 연구는 장애의 완화 및 개선을 위한 치료적인 음악 예술요법을 연계하여 활용되기도 하였다. 그리고 일반 장애를 비롯하여 다양한 유형의 장애를 가지고 있는 성인장애인에게 인지적 · 신체적 기능의 유지와 향상, 정서적인 안정을 위하여 가치 있는 음악교육으로서의 역할을 해 오고 있다. 학령기 이후 성인기 장애인의 음악교육은 대학의 고등교육 이외 다양한 형태의 평생교육기관에서 계속교육으로서 음악 활동의 학습 기회가 제공되어야 하며, 이는 평생학습의 절대적인 권리로서 인정되어야 할 것이다. 평생교육의 프로그램은 [그림 18-1]에 제시한 것처럼 문화예술교육, 기초문해교육, 학력보완교육, 직업능력교육, 인문교양교육, 시민참여교육 등의 6개 영역으로 분류할 수 있다.

최근 장애인을 위한 권리 보장과 「평생교육법」은 사회적인 관심으로 확대되고 있다. 2016년 개정된 「평생교육법」에서는 '국가장애인평생교육진흥센터'를 설치하여 운영하도록 하면서 장애인의 평생교육 조항을 광범위하게 규정하고 있다. 2016년을 기준으로 우리 사회의 장애인 수는 약 251만 명으로 전체 인구 중 4.9%를 차지하고 있다. 성인장애인에게 우선적으로 필요한 평생교육 프로그램은 진로 및 직업교육이다. 그다음으로 요구되는 프로그램은 여가교육, 정보화교육, 교양교육, 문해교육의 순으로 나타났다(이상진, 김창호, 2015).

장애인을 위한 평생교육 지원 정책은 개인적 · 가정적 · 지역적 · 사회경제적인

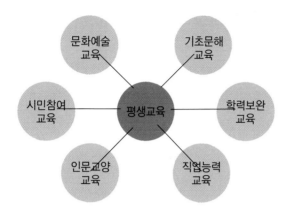

[그림 18-1] 평생교육 프로그램의 6개 영역 분류

요인으로서 발생하는 교육의 소외와 부적응, 교육여건의 불평등 현상 해소, 삶의 질 향상 및 사회통합, 국가 성장 동력 강화를 위한 정책적인 노력을 의미한다(윤점룡 외, 2010). 「평생교육법」에서는 장애인의 평생교육 시설에 의무적으로 평생교육사를 배치하도록 규정되어 있으나, 운영 지침, 자격, 역할, 배치, 기준 등에 관한 정책이 보다 더 구체화될 필요가 있다(홍정숙, 2018).

2018년 교육부의 『특수교육연차보고서』에 따르면, 전국 53개의 장애인 평생교육 시설(야학)에서 552명의 교사가 학생 2,028명을 지도하고 있으며, 운영되는 프로그램 수는 총 432개이다. 장애인 평생교육 시설(야학)을 위한 지원 예산은 약 33억 원이다. 다음의 〈표 18-1〉은 국내의 장애인 평생교육 시설의 현황을 보여 준다.

〈표 18-1〉 장애인 평생교육 시설의 현황   (단위: 명 / 개, 백만 원)

시·도	설립 형태 및 기관(수)	교사 수	학생 수	운영 프로그램 수					지원 예산
				문해	교양	직업	기타	계	
서울	학교 형태의 장애인 평생교육시설(4)	37	186	26	14	3	19	62	631
부산	민간단체(1)	22	45	–	1	–	2	3	50
대구	학교 형태의 장애인 평생교육시설(1)	15	59	4	8	1	1	14	130
인천	학교 형태의 장애인 평생교육시설(6)	93	169	6	8	3	3	20	125
광주	학교 형태의 장애인 평생교육시설(3)	26	88	5	13	4	–	22	300
대전	법인(1)	28	45	3	1	1	3	8	62

울산	학교 형태의 장애인 평생교육시설(2)	12	54	9	9	4	7	29	78
경기	학교 형태의 장애인 평생교육시설(14)	148	512	13	72	10	31	126	630
강원	민간단체(2) 학교 형태의 장애인 평생교육시설(1)	25	94	11	7	3	4	25	73
충북	학교 형태의 장애인 평생교육시설(2) 민간단체(1)	36	173	34	2	–	3	39	111
충남	법인(1)	21	94	4	1	2	1	8	48
전북	법인(2), 민간단체(2)	45	247	29	6	–	5	40	41
경남	학교 형태의 장애인 평생교육시설(9)	26	140	24	–	–	–	24	990
제주	학교 형태 평생교육시설(1)	18	122	6	2	–	4	12	70
계	53	552	2,028	174	144	31	83	432	3,339

출처: 교육부(2018).

　　장애인 평생교육을 위한 평생교육기관, 특수학교, 특수교육지원센터 등 216개의 기관에서는 674개의 프로그램이 운영되었으며, 총 지원 예산은 약 24억 원에 달한다. 〈표 18-2〉는 장애인 평생교육 프로그램 지원의 현황을 보여 준다.

〈표 18-2〉 장애인 평생교육 프로그램 지원 현황   (단위: 명 / 개, 백만 원)

시·도	평생교육기관			특수학교			특수교육지원센터			계		
	기관수	프로그램수	예산	학교수	프로그램수	예산	센터수	프로그램수	예산	기관수	프로그램수	예산
서울	78	84	183.5	1	1	1.4	–	–	–	79	85	184.9
부산	11	56	215	–	–	–	–	–	–	11	56	215
대구	9	46	20.5	–	–	–	–	–	–	9	46	20.5
인천	9	55	70.5	1	1	1.1	–	–	–	10	56	71.7
광주	5	5	8.5	–	–	–	–	–	–	5	5	8.5
대전	13	29	144	–	–	–	–	–	–	13	29	144
울산	2	29	78.4	–	–	–	1	1	.6	3	30	79
세종	–	–	–	–	–	–	–	–	–	–	–	–
경기	–	–	–	2	5	15	–	–	–	2	5	15
강원	5	51	211	–	–	–	–	–	–	5	51	211
충북	4	20	111.5	–	–	–	–	–	–	4	20	111.5

충남	10	92	66.5	2	3	5.8	1	1	3	13	96	75.3
전북	1	9	24	–	–	–	1	9	26	2	18	50
전남	21	94	99.4	–	–	–	–	–	–	21	94	99.5
경북	9	14	20	4	11	12	–	–	–	13	25	32
경남	23	47	1,022	–	–	–	–	–	–	23	47	1,022
제주	3	11	65	–	–	–	–	–	–	3	11	65
계	203	642	2,339.8	10	21	35.3	3	11	29.6	216	674	2,404.9

출처: 교육부(2018).

4) 장애인의 평생교육 법과 정책의 배경

'국가장애인평생교육진흥센터'에서는 「평생교육법」과 2019년도 장애인 평생교육 진흥을 위한 시행 계획, 그리고 제5차 특수교육 발전 5개년 계획 등을 기초로 하여 장애인의 평생교육을 통한 사회 참여의 증진과 삶의 질 향상을 도모하고 있다. 이는 누구나 교육을 받을 수 있는 평생교육의 환경 구축 등을 운영의 목표로 하고 있으며, 장애인의 평생교육 진흥을 통해 장애인의 행복과 비전을 실현하고자 힘쓰고 있다. 〈표 18-3〉은 국가장애인평생교육진흥센터에서 제시한 장애인의 평생교육 지원과 발달장애 성인의 교육 지원에 대한 주요 기능을 정리한 것이다.

〈표 18-3〉 장애인 평생교육 지원 및 발달장애 성인교육 지원에 관한 주요 기능

장애인 평생교육	발달장애 성인교육
• 장애인 평생교육 조사 및 연구 • 장애인 평생교육 프로그램 및 교재·교구 개발 • 장애인 평생교육 지원 인력양성 및 평생교육시설 운영(지원) • 장애인 평생교육 네트워크 구축 및 장애인 평생교육 운영 기반 구축 • 장애인의 평생학습 참여 기회의 증진	• 발달장애인의 평생교육 지원 • 발달장애인의 의사소통 지원 • 발달장애인의 의사소통 지원 인력 양성

「평생교육법」 개정 이후 장애인의 체계적인 평생교육 프로그램의 개발과 운영, 평가 절차가 강조되고 있으며, 장애인의 평생교육에 대한 문제 제기는 꾸준히 지속되고 있다. 제3차 평생교육 기본계획(2013~2017년)에서는 사회통합 맞춤형 평생학습

지원에 관해 성인장애인의 평생교육 환경 및 정책에 대한 지원 방안을 제시하였다. 최근 정부는 성인장애인의 평생교육 기회 확대와 여건의 개선을 위하여 특수교육발전 5개년(2013~2017년) 계획을 추진하였고, 평생교육시설, 교육지원청의 특수교육지원센터 등에서는 교육기자재 및 프로그램 운영을 위해서 지원을 해 주어 왔다.

2018년 교육부의 『특수교육연차보고서』에 따르면, 국가와 지방자치단체는 장애인의 평생교육 기회 부여를 위해 장애인 평생교육 정책을 수립하고 시행하여야 한다(「평생교육법」 제5조 제2항). 그리고 교육부장관은 5년마다 평생교육진흥기본계획을 수립하여야 한다. 또한 국가, 지방자치단체, 교육감은 장애인을 위하여 평생교육 시설을 설치하고 평생교육 프로그램을 운영하여야 한다(「평생교육법」 제20조의 2 제1항).

2. 평생교육에서 성인장애인의 음악교육

1) 성인장애인의 음악 활동 연구

평생교육에 참여하는 장애인은 생애 주기에 따라 여러 요구와 과업을 지니고 있다. 그러나 아직도 우리 사회는 장애인을 위한 평생교육 활동에 대한 인식이 부족하다. 학령기의 아동·청소년기 교육 이후 성인 및 노인 시기 장애인의 생활을 위한 음악 프로그램이나 다양한 주제의 음악교육에 관한 서비스 지원은 아직도 부족한 실정이다. 이에 성인장애인을 위한 여가와 직업재활을 포함한 평생교육은 그들의 삶의 질 향상과 사회적 적응을 위해 반드시 지속되어야 하며(한수정 외, 2020), 음악학습공동체 활성화와 더불어 일자리의 연계 등 지역사회에서 함께 누리고 즐기는 평생학습자로서 노후 시기의 미래지향적 음악교육의 가치 창출 도모를 위한 꾸준한 노력이 필요하다.

비학령기의 성인장애인에게 있어 음악을 통한 교육활동은 장애인 자기 자신과 방치될 수 있는 일과의 생활상에 있어 의미 있고 긍정적인 동기를 부여하는 활동이라 할 수 있다. 이에 성인장애인 평생학교에서의 음악 활동은 개개인의 개별적인 다양한 특성 차이를 고려한 평등한 교육 실천이 요구되며, 이에 따라 성인장애학습자의 생애 주기에 따른 수요자 중심 맞춤형 프로그램 개발 및 운영이 필요하다(한

수정, 2019). 기존 연구(박은혜 외, 2007)에 따르면, 성인장애인들은 문화예술 프로그램, 직업교육, 취업알선 프로그램에 대한 개설을 가장 많이 요구하였다. 이처럼 음악 활동을 포함한 문화예술교육의 중요성은 계속해서 강조되고 있는 추세이다.

적극적인 음악을 통한 여가 활동은 성인장애인의 우울증 감소에 효과가 있으며 (이경희, 2011), 음악 활동은 노인의 기분 상태를 개선하고 무력감을 감소시켜 삶의 질 향상에 유용하였다고 밝히고 있다(김두연, 양은아, 2013). 이 외에도 성인지적장애인을 대상으로 한 연구(오지은, 2016)에서는 성인장애인을 위한 음악 활동에서 가장 많이 나타나는 활동은 악기 연주라고 강조한다.

2) 성인장애인의 음악 프로그램의 중요성

장애학생의 음악교육은 개인적인 잠재능력을 계발하고 성장하게 할 수 있으며, 장애성인의 경우에 있어서도 음악 활동은 일반인과의 차이를 최소화하여 적용할 수 있는 유익한 교육방법이라 할 수 있다. 성인장애인을 위하여 체계적인 음악 활동 프로그램의 개발과 학습의 실천은 중요하다. 특히, 장애인을 위한 평생교육의 현장에서 시행되고 있는 음악 프로그램의 상황이나 기획 과정, 운영 방법, 음악 자본 관리 및 확보 등에 관한 연구는 매우 필요하다. 성인장애인에게 실제적으로 유용하고 편리하게 적용할 수 있는 음악 교수·학습 방법과 과정안의 개발은 끊임없이 이루어져야 한다. 단일 음악 프로그램 이외에도 여러 활동 영역이 융합된 프로그램이 개발되어야 할 것이다. 더 나아가, 성공적인 음악 프로그램의 수행을 위해서는 전문 음악가의 장애인에 대한 인식 개선과 협조적 태도가 중요하다.

성인장애인의 일상생활에서 음악 활동을 중재로 하는 예술적 감성의 자극과 체험은 긍정적인 시너지의 순환을 도울 수 있을 것이며, 학습자의 능동적인 참여는 새롭게 발견되는 삶의 시각과 태도에 변화를 가져올 수 있을 것이다. 평생교육에서의 성인장애인 음악 활동은 참여자 자신의 성숙된 성장을 이끌고, 이를 통한 음악 활동 프로그램의 가치와 중요성은 그들의 삶 속에서 생활의 활력소가 되어 줄 것이다. 장애인의 학령기 이후 성인기로 전환될 때 평생교육 차원의 지속적인 음악교육 지원과 지역사회로의 적응을 위한 실제적인 교육 실천은 매우 중요하다.

3. 성인장애인의 음악 활동 사례

1) 대학 평생교육기관의 성인장애인 음악 프로그램 사례

대학의 평생교육기관에서 운영하는 성인장애인의 음악 프로그램의 예를 들면, 경기도에 소재한 한국복지대학교의 부설 평생교육원을 들 수 있다. 해당 기관에서는 성인장애인에게 여가생활을 지원하는 비학위 교육과정을 진행하고 있으며, 이 외에도 음악 프로그램, 직업역량강화교육, 기초생활자립기술, 인문교양 등 성인장애인을 위한 다양한 과정을 개설하여 운영하고 있다. 분기에 따른 음악 프로그램의 단기과정으로는 두드림 북 난타, 합창 프로그램 등이 있으며, 음악 아카데미 과정의 운영으로 관심과 재능이 있는 발달장애인에게 피아노, 드럼, 기타, 키보드, 플루트 등 다양한 전공 실기를 체험하게 하여 음악적 재능과 잠재력 강화를 위해 노력하고 있다. 음악 아카데미의 교육과정은 음악 이론 2시간과 음악 실기 6시간의 구성으로 전공 악기를 실습하게 하며, 합주, 가창 시간을 포함하고 있다. 기관에서는 성인장애인이 음악 학습을 이수한 후 '음악 아카데미 정기연주회'를 개최하여 오르프, 북 난타, 합창, 악기 합주 등 다채로운 연주 발표의 기회를 부여하였다. 그리고 성인장애인의 사회적응력과 자립능력 강화를 위해 시행한 직업교육으로 '웰 투게더' 과정이 있으며, 여기에서 학습한 사물놀이 장단을 연주회에서 함께 발표하여 음악적 역량을 발휘하기도 하였다.

2) 성인장애인의 음악 프로그램 활동 사례

(1) 발달장애 청년 음악활동

발달장애청년들로 구성된 클라리넷 음악공동체인 '드림위드 앙상블'은 다양한 음악 장르를 연주하며, 초청 연주회, 찾아가는 음악회, 장애 인식 개선 콘서트 등의 적극적인 음악 연주 활동을 통하여 전문 연주자로서의 자립과 가능성을 발휘하고 있다. [그림 18-2]는 '드림위드 앙상블'의 정기 연주회 사진으로 활동 사례를 보여주고 있다.

[그림 18-2] '드림위드 앙상블'의 음악 프로그램 활동
출처: 드림위드 앙상블 홈페이지.

(2) 다양한 연령내의 장애인 연주활동

2017년 창단한 '어울림 예술단'은 발달장애인, 비장애인, 시니어 단원 등으로 구성된 다양한 연령대의 단체로서 직업의 새로운 패러다임과 장애인의 자립 및 역량 강화를 위한 연주 활동을 몸소 실천하고 있다. [그림 18-3]은 '어울림 예술단'의 앙상블 연주회에서의 음악 활동에 관한 사례 사진이다.

[그림 18-3] '어울림 예술단'의 음악 프로그램 활동
출처: 어울림 예술단 홈페이지.

(3) 시각장애인 음악활동

'한빛 예술단'은 시각장애인의 음악 연주 활동을 통해 장애인의 마음 치유와 회복의 기회를 제공하고 있다. 예술단은 음악 연주로 삶의 의미와 가치를 공유하고 지

지하여 공감대를 형성하고 있으며, 장애인과 비장애인 간 음악 연주와 합주를 매개로 한 화합과 장애인에 대한 편견 해소를 위하여 노력하고 있다.

(4) 장애인 야학 음악공동체 활동

경기도 동두천시 장애인 야학의 음악공동체 '이 빠진 동그라미'는 2014년부터 기타 동아리를 결성하여 거리 및 초청 공연, 평생학습 행사, 지역의 축제 참여 등 지역사회의 능동적인 음악 공동체로서의 역할을 수행하고 있으며, 활발한 음악 연주 활동을 진행하고 있다.

(5) 통합 앙상블 활동

'에이블 뮤직 그룹'은 장애인과 비장애인의 통합 전문 앙상블로 활동하고 있으며, 음악 연주 활동으로 다양한 세대 간에 소통하며 새로운 음악예술 문화 창조를 위하여 앞장서고 있다.

💡 생각 넓히기

1. 성인장애인의 특성을 이해하고 생애 주기에 따른 특징을 구분해 봅시다.

2. 성인장애인의 음악교육에 활용할 수 있는 곡을 알아봅시다.

3. 성인장애인의 평생교육기관 음악 프로그램 활용 사례를 찾아봅시다.

🌐 참고문헌

교육부(2014). 2014년 특수교육 실태조사. 서울: 교육부.

교육부(2018). 특수교육연차보고서. 서울: 교육부.

김경열, 장선철(2017). 장애인 평생교육 참여에 관한 관련 법규. 인문사회, 제8권 제3호,

877-892.

김두연, 양은아(2013). 음악치료프로그램이 경도인지장애 노인의 기분상태 및 무력감에 미치는 영향. 한국음악치료학회지, 제15권 제2호, 73-94.

김두영, 김영석(2016). 장애성인의 생애 주기별 여가생활 및 교육복지 욕구 분석. 장애인 고등교육연구, 제2권 제1호, 89-111.

김두영, 김호연(2017). 평생교육법령 등록기관의 장애성인 평생교육프로그램 공급 현황 및 패턴 분석: 2011~2015 평생교육 통계 자료를 중심으로. 통합교육연구, 제12권 제 1호, 189-209.

박은혜, 원종례, 김주영, 최옥이(2007). 장애성인의 평생교육에 대한 인식: E시를 중심으로. 특수교육연구, 제14권 제1호, 3-24.

보건복지부(2017). 2017년 장애인 실태조사. 서울: 보건복지부.

오지은(2016). 국내 성인지적장애인 음악치료 중재 현황. 인간행동과 음악연구, 제13권 제2호, 17-30.

윤점룡, 양종국, 원성옥, 강병호, 정인숙(2010). 성인발달장애인의 평생교육 모형 연구. 특수교육연구, 제17권 제2호, 3-141.

이경희(2011). 그룹 음악치료를 통한 여가활동이 후기 성인장애인의 우울감소 및 사회적 지지에 미치는 영향. 한국음악치료학회지, 제13권 제1호, 85-103.

이상진, 김창호(2015). 장애성인 평생교육 운영에 대한 특수교사의 인식. 정서행동장애연구, 제31권 제4호, 103-126.

한수정(2019). 성인장애인의 장애인 야학 음악활동 참여실태와 요구분석. 음악교육연구, 제48권 제4호, 253-284.

한수정, 민경훈, 임형택, 한경훈, 한정섭, 박영주, 임은정, 이보림, 김현미(2020). 4.0 평생학습 시대의 문화예술교육론. 서울: 어가.

홍정숙(2018). 한국 장애인 평생교육 관련 법률의 현황과 실천 과제. 대구대학교 특수교육문제연구소 학술대회 발표 자료집, 제1권, 294.

드림위드 앙상블 홈페이지 dreamwith.or.kr
어울림 예술단 홈페이지 eulmusic.com

제19장

장애인을 위한 음악교육의 연구 동향

한수정

장애인에 대한 음악교육의 연구 동향 분석은 장애인의 정서함양 및 사회성의 발달, 즐거움을 부여하는 음악의 생활화에 있어 의미가 있다. 이 장에서는 장애인의 음악교육에 관한 고찰을 기초로 하여 최근의 연구 학술지를 기반으로 연도별 논문의 수, 연구대상, 연구방법, 연구주제에 따른 분석의 결과를 파악해 본다. 이와 더불어 장애인의 음악교육 연구 과제와 발전 방안에 대해 알아보고자 한다.

1. 장애인의 음악교육 연구 동향

1) 연도별 논문의 수

여기에서 분석할 국내 연구물은 한국교육학술정보원 제공 사이트에서 검색된 자료를 기초로 하여 2010년부터 2018년까지 연도별로 나누어 범주화하였다. 이는 장애인의 전 연령대 및 음악치료를 포함한 국내 학술논문 등재지(후보) 이상을 대상으로 하여 '장애'와 '음악'으로 검색 키워드를 조합한 결과이다. 여기에서는 특수음악교육과 음악치료 관련 논문을 분석하였다. 분석의 결과, 총 680건 중 장애인의 음악교육과 관련 학술논문은 총 136편이며, 발표된 연구 논문은 2012년과 2013년에 가장 활발히 수행되었다. 그리고 2010~2012년까지는 학술논문의 수가 점차적으로 증가하다가 2014년부터는 감소와 증가를 거듭하는 추세를 보였다. 연도별 학술 논문의 수는〈표 19-1〉과 같다.

〈표 19-1〉 연도별 논문의 수

연도	2010	2011	2012	2013	2014	2015	2016	2017	2018	총계	평균
논문 수 (%)	7 (5.1)	13 (9.6)	22 (16.2)	22 (16.2)	12 (8.8)	18 (13.2)	15 (11.0)	10 (7.4)	17 (12.5)	136	15.1

2) 연구대상에 따른 분석

연구대상에 따라 분석한 연령대는 영·유아, 초·중·고등학교, 대학생 및 성인기, 노인기, 혼합 시기 등을 포함한다. 연구대상의 장애 유형은 시각장애, 청각장애, 지적장애, 지체장애, 정서행동장애, 자폐성장애, 의사소통장애, 발달지체, ADHD, 기타 장애 등으로 분류하였으며, 그 외에도 통합교육, 부모, 교사, 기타(인식 정도, 사람이 아닌 대상) 등으로 구분하여 분류하였다. 연구대상에 관한 분석 결과, 장애유형 중 지적장애, 시각장애, 발달지체에 관한 논문이 많았다. 그러나 지체장애와 정서행동장애에 관한 논문은 상대적으로 매우 적었다. 연구대상에 따른 분

〈표 19-2〉 연구대상에 따른 논문의 수

장애 유형	논문 수	구성 비율(%)
시각장애	18	13.2
청각장애	9	6.6
지적장애	28	20.6
지체장애	1	.7
정서행동장애	1	.7
자폐성장애	12	8.8
의사소통장애	2	1.5
발달지체	13	9.6
ADHD	4	2.9
기타 1(감각통합장애 등)	2	1.4
통합교육	10	7.4
부모	3	2.2
교사	15	11.0
기타 2 (인식 정도, 사람이 아닌 대상)	18	13.2
총계	136	100.0

석 결과는 〈표 19-2〉와 같다.

3) 연구방법에 따른 분석

연구 방법은 크게 네 가지로 양적연구, 질적연구, 양적·질적 병행연구, 문헌연구로 범주화하여 제시하였다. 여기에서 양적연구는 단일 및 집단 연구의 실험연구와 사례연구, 비교연구, 조사연구, 평가연구 등의 기술연구를 포함하고 있다. 한편, 문헌연구의 경우 음악교육에 관한 실태 및 개선, 연구동향 분석, 학습설계 및 프로그램 개발 등의 내용을 포함하고 있다.

학술논문 총 136편에 적용된 연구방법에 따른 분석결과는 다음과 같다. 연구방법 중 양적연구가 72편으로 가장 많았으며, 양적·질적 병행연구는 136편 중 단 두

편에 그쳤다. 분석 결과 〈표 19-3〉과 같이 양적연구, 문헌연구, 질적연구, 양적 · 질적 병행연구의 순으로 나타났다. 연구방법에 따른 분석의 결과를 구체적으로 살펴보면 다음과 같다.

〈표 19-3〉 연구방법에 따른 논문의 수

구분	양적연구	질적연구	양적 · 질적 병행연구	문헌연구	총계
논문 수	72	22	2	40	136
구성 비율 (%)	52.9	16.2	1.5	29.4	100.0

첫째, 양적연구에서는 단일 및 집단 연구 등 실험연구와 관련된 논문으로 모방과 반영 기법을 적용한 즉흥연주를 중심으로 한 음악치료가 자폐아동의 상동행동에 미치는 영향에 관한 연구(이은혜, 2011)가 있으며, 국악중심 음악치료가 시각장애청소년의 자아탄력성에 나타내는 영향 연구(남인숙, 2011)가 있다. 그리고 사례연구로는 지적장애인의 상동행동과 상호작용에 대한 음악치료 연구(최주희, 남상인, 2013)가 수행되었다. 조사연구로는 특수학교 음악교사의 전문성 인식과 직무만족도의 관계에 대한 연구(김영한, 2017), 서울시 초등학교의 통합교육 실태 및 특수, 통합학급 교사들의 의견에 대해 조사한 연구(승윤희, 2012)가 진행되었다.

둘째, 문헌연구로는 특수학교 음악교과서의 국악 제재곡 및 학습 내용 분석에 관한 연구(박정은, 박원희, 2012)가 있는데, 여기에서는 음악 교과서와 지도서를 단계별로 분석하여 지도의 방향성을 제시하였다. 그리고 특수교육 및 특수음악교육의 활용 방법을 모색하여 음악교과교육의 학문적 기초에 관해 다룬 연구(승윤희, 2010)가 있다.

셋째, 질적연구로는 비시각장애 교사의 시각장애를 가진 학생의 피아노 교수경험에 대한 자문화기술지 연구(박부경, 2017)가 이루어졌으며, 장애전담교사들의 관점에서 바라본 통합 어린이집 발달지체유아의 음악 활동 경험에 관한 연구(장혜성, 2012), 자폐스펙트럼장애학생 치료과정에서 음악치료사와의 관계 형성 경험에 관한 합의적 질적연구(유예지, 2018) 등이 수행되었다.

넷째, 양적 · 질적 병행연구로는 오르프 슐베르크를 활용한 음악교육활동이 자폐성 장애학생의 과제수행과 주의집중 행동에 미치는 효과성 연구(박아름, 김진호, 2010), 그리고 그룹음악치료를 활용한 여가활동이 후기 성인장애인의 우울감소와 사회적 지지에 미치는 영향력에 관한 연구(이경희, 2011)가 있다. 그러나 연구방법을 혼합하여 병행한 연구는 아직 한정적임을 알 수 있다.

4) 연구주제에 따른 분석

연구 주제 및 내용에 따라 범주화된 분석의 결과는 〈표 19-4〉에서 보여 주고 있다. 이는 인지적·언어적·행동적·사회적·정서적·신체적 요소들과 기타 1(음악 경험, 이론 지식, 인식 정도 등), 기타 2(연구물 및 내용 분석), 기타 3(개발 및 수업 모형), 기타 4(요소의 혼합) 등 모두 열 가지로 구분해 볼 수 있다. 기타 주제의 내용 영역을 제외하고 분석 결과의 비율을 살펴보았을 때, 사회적 요소, 언어적 요소, 정서적 요소, 행동적 요소 및 인지적 요소, 신체적 요소의 순위로 나타났음을 확인할 수 있다. 연구주제에 따른 주된 요소를 살펴보면, 인지적 요소는 집중력, 인지발달, 집행기능을, 언어적 요소는 언어발달, 자기표현력, 어휘력, 의사소통능력을, 행동적 요소는 주의집중행동, 참여행동, 의사표현행동을, 사회적 요소는 사회적 상호작용 기능, 협응력, 의사소통발달, 대인관계를, 정서적 요소는 공감능력, 음악정서, 자아 존중감을, 그리고 신체적 요소는 운동발달, 건강체력 등을 포함하고 있다. 연구의 주제에 따른 관련 학술논문을 구체적으로 살펴보면 다음과 같다.

첫째, 사회적 요소로는 방과 후의 음악 활동이 지적장애를 가진 아동의 사회적 상호작용의 향상에 미치는 영향력에 대한 연구(홍은숙, 김의정, 2012), 사회성을 촉진하는 음악 활동이 통합 어린이집의 발달장애유아의 사회성 발달에 미치는 영향에 대한 연구(장혜원, 2011) 등이 진행되었다.

둘째, 언어적 요소에서는 노래 활동이 통합보육기관 발달지체유아의 언어적 발달에 미치는 효과에 대한 연구(장혜원, 2012)가 있으며, 연구 결과, 노래 활동은 표현언어 발달과 수용언어 발달에 긍정적인 영향을 미치는 것으로 나타났다. 그리고 음악 활동이 청각장애 아동의 어휘력 향상과 관련된 사례 연구(박찬희, 2013) 등이 수행되었다.

셋째, 정서적 요소에서는 정서 유도 음악에 대한 시각장애인과 정안인의 음악정서적 반응의 차이에 관한 연구(박혜영, 2015)가 진행되었으며, 건청학생과 청각장애학생의 정서지능과 음악정서지각의 관계에 대한 연구(이드보라, 최성규, 2012)가 다루어졌다.

넷째, 행동적 요소에서는 악기를 활용한 음악 활동이 중도·중복장애학생의 자기표현 및 수업참여행동에 나타내는 영향에 관한 연구(양경옥, 김정연, 김시원, 2015)가 있으며, ADHD 성향을 가진 유아를 위한 음악치료가 행동에 미치는 영향에 관련된 연구(신소정, 이재모, 2011) 등이 있다.

다섯째, 인지적 요소로는 자기생성 배경음악(SG-BGM)을 활용한 지적장애학생의 과제집중력 및 과제수행 능력 향상에 대한 연구(강은정, 강이철, 2015)가 이루어졌다.

여섯째, 신체적 요소에서는 음악줄넘기 운동이 청각장애를 가진 청소년의 건강 관련 체력에 미치는 효과성에 대한 연구(손승우, 이중숙, 이범진, 2012)가 있으며, 음악 활동이 어린이집에 통합된 발달지체유아의 운동발달에 나타내는 영향 연구(장혜원, 2013) 등의 논문이 있다.

〈표 19-4〉 연구주제에 따른 논문의 수

주제	주된 요소	논문 수	구성 비율(%)
인지적 요소	집중력, 인지발달, 집행기능	4	2.9
언어적 요소	언어발달, 자기표현력, 어휘력, 의사소통능력	9	6.6
행동적 요소	주의집중행동, 참여행동, 의사표현행동	4	2.9
사회적 요소	사회적 상호작용 기능, 협응력, 의사소통발달, 대인관계	14	10.3
정서적 요소	공감능력, 음악정서, 자아존중감	8	5.9
신체적 요소	운동발달, 건강체력	3	2.2
기타 1(음악 경험, 이론 지식, 인식 정도 등)	음악적 능력, 음악치료 활동, 음악수업 인식, 부모 인식, 교사 인식	43	31.7
기타 2(연구물 및 내용 분석)	음악 연구동향 분석, 음악 수업연구 분석	23	16.9

기타 3(개발 및 수업 모형 등)	수업모형개발, 음악교육 프로그램 개발, 음악학습 설계, 평가도구 검증	14	10.3
기타 4(요소의 혼합)	언어문제해결력, 문제행동, 사회정서발달, 사회적 지지	14	10.3
총계		136	100.0

2. 장애인 음악교육의 연구 과제 및 발전 방안

장애인을 위한 음악교육은 학령기의 교과과정상 음악교육뿐만이 아니라 전환적인 성인기와 연계되어 자립이나 재활, 생활 및 사회적 적응상에 있어 더 나은 능력 향상을 목적으로 현 시대의 교육적 요구와 흐름의 필요에 따라 확대되어야 할 것이다. 이 장에서는 2010년에서부터 2018년까지의 장애인 음악교육과 관련된 논문의 내용을 분석하여 최근 연구 흐름을 탐색하였으며, 전체 연령대를 대상으로 하였다. 그리고 특수음악교육 및 음악치료에 관련된 등재지(후보) 이상의 학술논문 136편을 연도별 논문의 수, 연구대상, 연구방법, 연구주제에 따라 분석하였다.

연도에 따른 논문의 수를 2010년부터 2018년까지 분석한 결과에 따르면, 발표된 학술논문은 2012년과 2013년에 가장 활발히 수행되었으며, 2010~2012년까지는 점차 양적인 성장이 이루어지다가 2014년부터는 감소와 증가를 거듭하였음을 알 수 있다. 연구대상의 전체적인 장애 관련 유형구분에 따른 분석에 따라서는 지적장애, 시각장애 및 기타 2(인식 정도 및 사람이 아닌 대상), 교사, 발달지체, 자폐성 장애, 통합교육, 청각장애, ADHD, 부모, 의사소통 장애, 기타 1(감각통합장애 등), 지체장애 및 정서행동장애의 순위였다.

여러 장애유형과 관련된 연구과제로 음악교수법과 치유적 기법, 정서적 심리, 정신 및 질병의 문제, 행동적 측면 등 다양한 요소에 대한 연구뿐만 아니라 교육전문가들의 협업 및 적극적인 개입으로 가정과 학교, 사회적인 관계망에서 장애인에게 현실적으로 적용할 수 있는 음악 교수·학습 모형의 구축과 새로운 프로그램의 개발로 장애유형별에 적합한 음악학습이 이루어져야 한다. 그리고 이를 근거로 일선 특수음악교사와 평생교육 현장에서의 음악교육 관계자의 연계적인 연구가 활발히 진행될 필요가 있다.

연구방법에 따른 분석결과에 있어서는 양적연구, 문헌연구, 질적연구, 양적·질적 병행연구의 비율 순위였다. 연구방법 중 양적연구가 72편으로 가장 많았고, 양적·질적 병행 연구는 단 두 편에 그치는 것으로 나타나 향후 다양한 연구방법을 모색하고 이를 병행하여 연구할 필요가 있다. 연구주제에 따른 결과에서는 사회적 요소, 언어적 요소, 정서적 요소, 행동적 요소 및 인지적 요소, 신체적 요소의 순위로 나타났다. 이에 교육부와 지역의 교육청에서는 장애인 음악교육 관련 교사의 역량 강화를 위한 연수 프로그램과 재교육 참여의 기회를 지속해서 제공하도록 하고, 교육과정에 대해 더욱 세밀한 연구가 이루어져야 한다. 이러한 점들을 고려하여 미래에는 다음과 같은 방안과 연구들이 있어야 할 것이다.

첫째, 학령기의 정규 교육과정에 있는 장애학생을 위해 음악을 중재로 활용한 연구들의 객관적인 분석을 위한 지표 개발이 이루어져야 하며, 다양한 변수와 중재 방법에 따른 음악교수법이 활성화되어야 한다. 이와 더불어 비학령기의 성인 및 노인 시기에 속한 장애인의 특수성을 고려해야 하며, 장애인의 생애 시기 구분에 따라 생활상의 연령에 맞는 맞춤형 음악 프로그램이 운영되어야 할 것이다.

둘째, 최근 9년간의 국내연구를 중심으로 분석하였으므로 기간의 설정 및 분석 논문의 기준을 변경하여 음악 프로그램의 개발과 중재의 효과성 검증을 살펴보는 연구가 이루어져야 하겠다. 특히, 현대 사회의 세계화 흐름 속에 국외의 장애인 음악교육에 대한 전체적인 연구 동향은 어떠한지에 대한 연구의 시도는 의미가 있을 것이다.

셋째, 장애인의 음악교육과 타 교과 학문의 영역을 융합한 프로그램도 다채롭게 개발되어야 한다. 장기적으로 지속성을 지닌 학습의 관점에서 특수음악교육 및 음악치료 전문가의 내용 지식과 더불어 다양한 학문 교과 간 영역의 융합교육이 활성화되어야 할 것이다.

넷째, 장애인의 음악교육은 평생교육의 차원에서 더욱 깊이 있게 연구되어야 한다. 장애학습자 본인의 요구를 고려한 교육과정의 재구성을 기반으로, 장애유형에 따른 적절한 학습의 기회 제공과 적성 및 흥미를 고려한 음악 프로그램이 활성화되어야 한다. 또한 학령기 장애학생의 학교생활 그리고 비학령기 성인장애인의 일상 및 직업 연계 등과 관련하여 이에 적합한 음악교육 환경이 조성되어야 할 것이다.

마지막으로, 유아기에서 노년기에 이르기까지 장애인의 여러 연령대를 고려하여 생애 주기별 특성에 맞는 심도있는 음악교육 연구가 필요하다. 이와 더불어 재활 및 직업 관련 교사, 특수학교 교사, 음악교육 전문가, 평생교육사의 협력적인 태도 및 긍정적인 인식 수용, 원활한 네트워크의 구축으로 장애인의 다양한 음악 활동에 관한 연구가 확대되어야 할 것이다.

🔆 생각 넓히기

1. 학령기의 장애학생과 비학령기 성인장애인의 음악교육 과제를 비교해 봅시다.

2. 여러 장애유형에 적합한 음악 프로그램의 사례를 살펴보고, 적절한 활용 방안을 제시해 봅시다.

3. 장애인의 정규 교육과정 음악교육과 지역사회 음악 프로그램의 활성화에 대해 토론해 봅시다.

🌐 참고문헌

강은정, 강이철(2015). 자기생성 배경음악(SG-BGM)을 활용한 지적장애학생의 과제집중력 및 과제수행능력 향상에 관한 연구. 교육공학연구, 제31권 제3호, 603-630.

김영한(2017). 특수학교 음악교사의 전문성 인식과 직무만족도의 관계. 특수교육재활과학연구, 제56권 제2호, 147-168.

남인숙, 정광조, 최애나(2011). 국악중심 음악치료가 시각장애 청소년의 자아탄력성에 미치는 영향. 예술심리치료연구, 제9권 제4호, 53-74.

박경화, 최애나(2010). 카이즈 발달척도에 따른 창작곡이 발달장애학생의 음악치료에 미치는 효과. 예술심리치료연구, 제6권 제3호, 105-129.

박부경(2017). 비시각장애 교사의 시각장애 학생 피아노 교수경험에 대한 자문화기술지. 음악교수법연구, 제18권 제2호, 51-82.

박아름, 김진호(2010). 오르프 슐베르크를 활용한 음악교육 활동이 자폐성 장애학생의 과제수행 및 주의집중 행동에 미치는 효과. 정서·행동장애연구, 제26권 제4호, 232-253.

박영혜, 김진숙(2018). 난타활동을 활용한 음악치료 프로그램이 지적장애 청소년의 사회적 기술에 미치는 효과. 청소년학연구, 제25권 제3호, 249-267.

박정은, 박원희(2012). 특수학교 음악교과서의 국악 제재곡 및 학습내용 분석. 국악교육연구, 제6권 제2호, 41-74.

박지은(2010). 국내 지적장애인 합창단의 역사. 한국음악치료학회지, 제12권 제3호, 39-61.

박찬희, 이명순, 박현(2013). 음악 활동이 청각장애 아동의 어휘력 향상에 미치는 사례 연구. 발달장애연구, 제17권 제4호, 1-15.

박한나, 이해균(2013). 시각장애학교 중등학생의 음악감상 교육 실태와 선호도 연구. 시각장애연구, 제29권 제4호, 1-25.

박혜영, 정현주(2015). 정서 유도 음악에 대한 시각장애인과 정안인의 음악 정서 반응 차이. 시각장애연구, 제31권 제3호, 1-17.

손승우, 이중숙, 이범진(2012). 음악줄넘기 운동이 청각장애 청소년의 건강관련 체력에 미치는 영향. 한국운동재활학회지, 제8권 제3호, 161-170.

승윤희(2010). 통합교육을 위한 음악교과교육의 학문적 기초에 관한 연구. 음악교육연구, 제38권, 1-29.

승윤희(2012). 서울시 초등학교 통합교육 실태 및 특수, 통합학급 교사들의 의견 조사: 통합학급 음악교육 연구. 예술교육연구, 제10권 제3호, 57-82.

신소정, 이재모(2011). ADHD성향을 가진 유아를 위한 음악치료가 행동에 미치는 영향 연구. 교정복지연구, 제21호, 177-205.

양경옥, 김정연, 김시원(2015). 악기를 활용한 음악 활동이 중도, 중복장애학생의 자기표현 및 수업참여행동에 미치는 영향. 예술교육연구, 제13권 제2호, 79-98.

유예지(2018). 자폐스펙트럼장애학생과의 치료에서 음악치료사의 관계형성 경험에 대한 합의적 질적 연구. 질적탐구, 제4권 제4호, 137-165.

이경희(2011). 그룹음악치료를 통한 여가활동이 후기 성인장애인의 우울감소 및 사회적 지지에 미치는 영향. 한국음악치료학회지, 제13권 제1호, 85-103.

이드보라, 남선화, 정미라(2016). 청각장애초등학생을 위한 음악교육프로그램 개발 연구. 특수교육학연구, 제50권 제4호, 21-39.

이드보라, 최성규(2012). 건청 학생과 청각장애학생의 정서지능과 음악정서지각 관계 연구. 특수교육학연구, 제46권 제4호, 195-218.

이은혜, 강경선(2011). 모방과 반영 기법을 적용한 즉흥연주 중심의 음악치료가 자폐아동의 상동행동에 미치는 영향. 발달장애연구, 제15권 제3호, 47-68.

정은경, 김성애(2010). 전래동요를 활용한 교육 방안이 지적장애 유아교육에 주는 의미. 국악교육연구, 제4권 제2호, 229-252.

장혜성(2012). 장애전담교사들의 관점에서 바라본 통합어린이집 발달지체유아의 음악 활동 경험에 관한 질적연구. 발달장애연구, 제16권 제4호, 1-24.

장혜원(2011). 사회성을 촉진하는 음악 활동이 통합어린이집 발달장애유아의 사회성 발달에 미치는 영향. 지적장애연구. 제13권 제4호, 223-249.

장혜원(2012). 노래 활동이 통합보육기관 발달지체유아의 언어발달에 미치는 영향. 유아특수교육연구, 제12권 제3호, 185-206.

장혜원(2013). 음악 활동이 어린이집에 통합된 발달지체유아의 운동발달에 미치는 영향. 특수교육연구, 제20권 제2호, 287-308.

조수진(2016). 상호적 악기 연주 프로그램이 자폐범주성장애성인의 사회적 상호작용 기능 향상에 미치는 효과. 인간행동과 음악연구, 제13권 제1호, 89-110.

최주희, 남상인(2013). 지적장애인의 상동행동과 상호작용에 대한 음악치료 사례연구. 한국예술치료학회지, 제13권 제2호, 153-175.

홍은숙, 김의정(2012). 방과 후 음악 활동이 지적장애 아동의 사회적 상호작용 향상에 미치는 영향. 지적장애연구, 제14권 제4호, 1-25.

홍정원(2014). 즉흥연주기법을 중심으로 한 음악치료가 지적장애근로자의 자기효능감 증진에 미치는 효과. 예술심리치료연구, 제10권 제1호, 123-148.

⊕ 찾아보기

인명

내용

✄ 저자 소개 ✄

민경훈(Min, Kung-Hoon)
독일 뮌스터대학교 대학원 졸업(음악교육/교육학 박사)
한국교원대학교 음악교육과 교수
한국음악교육학회 회장 및 한국예술교육학회 회장 역임

김희규(Kim, Hee-Gyu)
단국대학교 대학원 졸업(학습장애아교육/교육학 박사)
나사렛대학교 특수교육과 교수

조대현(Cho, Dae-Hyun)
독일 뷔르츠부르크 음악대학교 대학원 졸업(음악교육학 · 교육심리학 · 음악학/철학 박사)
경상대학교 사범대학 음악교육과 교수
한국음악교육학회, 한국예술교육학회, 한국음악교육공학회 이사

한수정(Han, Su-Jeong)
전남대학교 대학원 졸업(평생교육/교육학 박사)
웨스트민스터신학대학원 교수, 한국교원대학교 음악교육과 외래교수
한국음악교육학회, 한국예술교육학회 이사, 한국문화교육학회 학술위원장

임영신(Lim, Young-Shin)
한국교원대학교 교육대학원 졸업(초등음악교육/음악교육학 석사)
서울 개봉초등학교 수석교사

박희선(Park, Hee-Sun)
한양대학교 교육대학원 졸업(교육공학/교육학 석사)
공주대학교 대학원 특수교육과 박사과정 수료
세종 반곡중학교 특수학급 교사

최근영(Choi, Kun-Young)
단국대학교 대학원 중도 · 중복장애아교육 박사 수료
충남교육청연구정보원 파견교사

한선영(Han, Sun-Young)
한국교원대학교 일반대학원 졸업(상담 및 특수교육/교육학 석사)
이화여자대학교 박사과정
대전 만년초등학교 교사

이미선(Lee, Mi-Seon)
공주대학교 특수교육대학원 졸업(중등특수교육/교육학 석사)
서울서진학교 교사

조수희(Cho, Su-Hee)
한국교원대학교 교육대학원 졸업(음악교육학 석사)
경기 광주 태전고등학교 교사

이지선(Lee, Ji-Sun)
공주대학교 대학원 졸업(특수교육/교육학 박사)
대전혜광학교 교사

KOMCA 승인 필

장애학생을 위한
음악교육의 이론과 실제
Theory and Practice of Music Education for Students with Disabilities

2020년 9월 25일 1판 1쇄 인쇄
2020년 9월 30일 1판 1쇄 발행

지은이 • 민경훈 · 김희규 · 조대현 · 한수정 · 임영신 · 박희선
　　　　최근영 · 한선영 · 이미선 · 조수희 · 이지선
펴낸이 • 김진환
펴낸곳 • ㈜ 학지사

　　　　04031 서울특별시 마포구 양화로 15길 20 마인드월드빌딩
대표전화 • 02)330-5114　　　팩스 • 02)324-2345
등록번호 • 제313-2006-000265호

홈페이지 • http://www.hakjisa.co.kr
페이스북 • https://www.facebook.com/hakjisa

ISBN 978-89-997-2209-7 93370

정가 22,000원

이 도서의 국립중앙도서관 출판시도서목록(CIP)은 서지정보유통지
원시스템 홈페이지(http://seoji.nl.go.kr)와 국가자료공동목록시스템
(http://www.nl.go.kr/kolisnet)에서 이용하실 수 있습니다.
(CIP 제어번호: CIP2020038342)

출판 · 교육 · 미디어기업 학지사

간호보건의학출판 학지사메디컬 www.hakjisamd.co.kr
심리검사연구소 인싸이트 www.inpsyt.co.kr
학술논문서비스 뉴논문 www.newnonmun.com
원격교육연수원 카운피아 www.counpia.com